DELIUS KLASING

E.C. HISCOCK

ZU FERNEN KÜSTEN

Viel Spaß beim Lesen!
Uschi u. Toni
Juni 88

DELIUS KLASING VERLAG

Englische Paperbackausgabe, Verlag Adlard Coles Ltd.,
London, 1987: Beyond the West Horizon

Zum Titelbild:
WANDERER III, für ihre zweite Weltumseglung schenkten wir unserer 9-m-Sloop Amwindsegel aus gelohtem Terylene und eine schwarz-goldene Erdkugel als Bugschmuck.

Die Deutsche Bibliothek – CIP-Einheitsaufnahme

Hiscock, Eric C.:
Zu fernen Küsten / E. C. Hiscock. [Aus dem Engl. von
Wolfgang Rittmeister]. – Bielefeld: Delius Klasing, 1998
(Segeln & Abenteuer)
Einheitssacht.: Beyond the west horizon <dt.>
ISBN 3-7688-1032-1

1. Auflage
ISBN 3-7688-1032-1

Die Rechte für die deutsche Ausgabe liegen beim Verlag
Delius, Klasing & Co., Siekerwall 21, 33602 Bielefeld
Aus dem Englischen von Wolfgang Rittmeister
Umschlaggestaltung: Buchholz / Hinsch / Hensinger, Hamburg
Zeichnungen: Eric C. Hiscock
Alle Fotos stammen vom Verfasser und seiner Frau
Gesamtherstellung: Clausen & Bosse, Leck
Printed in Germany 1998

Susan

zugeeignet, ohne deren aufmunternde und fröhliche Kameradschaft diese Reise niemals erfolgreich zu Ende geführt worden wäre.

INHALTSVERZEICHNIS

1	Eine zweite Weltumseglung und ihre Rechtfertigung	9
2	Südwärts zu den Kapverdischen Inseln	19
3	Der Atlantik und Britisch-Guayana	44
4	In den Pazifik	53
5	Dreitausend Meilen zum „Fernen Berg“	68
6	Paradies der Inselsüchtigen	82
7	Den Fidschi-Inseln entgegen	93
8	Wir verlassen die Tropen	114
9	Das Korallenmeer	133
10	Die Strandung auf Crocker Island	151
11	Über den Indischen Ozean	164
12	Das Rote Meer und der Suez-Kanal	177
13	Durch das Mittelmeer heimwärts	197
	Anhang 1 *Wanderer III*	215
	Anhang 2 Fahrzeiten und Distanzen	221

DANKSAGUNG

Der Verfasser möchte hierdurch den Herausgebern der Zeitschriften *Yachting* und *Yachting World* für ihre erstmalige Veröffentlichung von Teilabschnitten dieses Berichtes Dank sagen.

KARTEN

	Seite
Trackkarte der *Wanderer III* auf ihrer zweiten Weltumseglung	10
Marokko und die Kanarischen Inseln	30
Ostteil des Südpazifiks mit Nebenkarten eines Teils der Galápagos-Inselgruppe und der Ansteuerung von Mangareva	59
Westteil des Südpazifik mit Nebenkarte des Großen Astrolabe-Riffs	100/101
Der Große Nordost-Kanal	146
Croker Island und Ansteuerung	153
Westteil des Indischen Ozeans	170
Das Rote Meer mit Nebenkarte der Straße von Gûbal	180
Das Mittelmeer	198

PLÄNE

Wanderer III: Linienriß	216
Wanderer III: Allgemeiner Einrichtungsplan	217
Wanderer III: Segelriß	218

Die Wiedergabe der Pläne von *Wanderer III* erfolgt mit freundlicher Genehmigung der Konstrukteure, Laurent Giles & Partners Ltd., Lymington, Hampshire, denen Verfasser und Verleger für ihre Mitwirkung danken.

ERSTES KAPITEL

Eine zweite Weltumseglung und ihre Rechtfertigung

Vor einigen Jahren segelten meine Frau Susan und ich auf unserer neun Meter langen Yacht *Wanderer III* rund um die Welt. Die Reise dauerte drei Jahre, bereitete uns viel Freude und manche Aufregung, hinterließ aber das befriedigende Gefühl, etwas erreicht zu haben. Nach unserer Heimkehr waren wir überrascht zu erleben, welches Interesse unserer Reise überall entgegengebracht wurde, und wir fanden uns zu unserem eigenen Erstaunen vier Winter lang weitgehend damit beschäftigt, das Land zu bereisen und Bildervorträge zu halten. Diese Vortragsreisen führten uns in zahlreiche Städte und Ortschaften, die uns vorher nicht einmal dem Namen nach bekannt gewesen waren, und wir brachten es schließlich auf eine Zuhörerzahl von über 60 000 Personen. Dabei besaßen wenige unserer Zuhörer überhaupt eine unmittelbare Beziehung zur See; manche hatten das Meer sogar noch nie gesehen. Ich glaube, sie kamen, weil unser Thema eine Reise mit einem nicht alltäglichen Verkehrsmittel in nicht leicht zugängliche Gegenden behandelte, und wir dabei keineswegs den Eindruck hartgesottener Seeleute, sondern eines (hoffentlich) normalen Ehepaares machten, so daß es ihnen in ihrer Phantasie nicht schwer fiel, sich an unsere Stelle zu versetzen und sich vorzustellen, eines Tages vielleicht einmal dasselbe zu tun. Bei unseren Bildern handelte es sich nicht um das bläulich-weiße Geflimmer des Fernsehschirms, sondern um Farbdias,

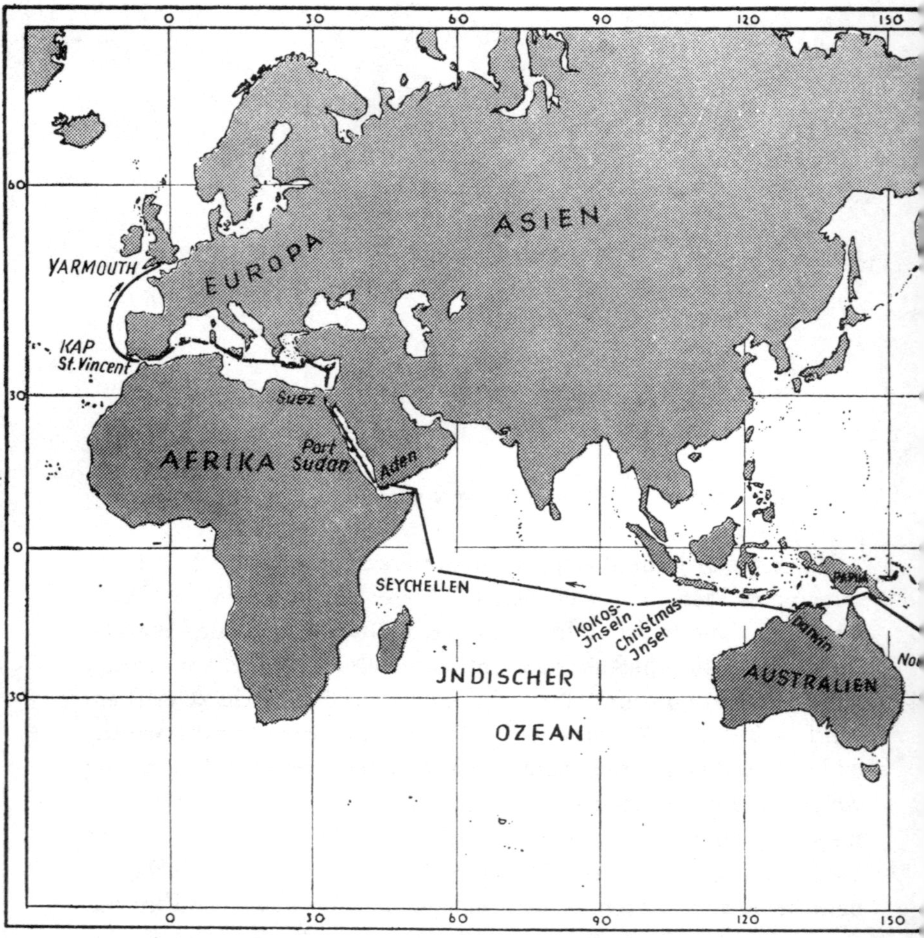

DIE ROUTE DER *WANDERER III*

deren Schönheit an einem dunklen, nassen Winterabend in einer düsteren, eintönigen Industriestadt doppelt wirksam hervortrat. Vor allem aber waren wir *rund um die Welt* gesegelt, und in diesen Worten allein liegt ein magischer Zauber beschlossen.

Der Reiz, Abend für Abend anderen Zuhörern gegenüberzuste-

R ZWEITEN WELTUMSEGLUNG

hen, deren Verhalten sich nie vorhersagen ließ, die Freude, wenn Gelächter des Auditoriums dann erfolgte – oder Stillschweigen eintrat – wenn es sich gehörte, der Beifall, mit dem sich die Anerkennung äußerte – alles das machte unsere Vortragstätigkeit zu einer lohnenden Beschäftigung.

Wenn wir aber auf dem Fährschiff vom Festland zur Insel Wight, wo wir leben, zurückfuhren, schweiften unsere Blicke häufig durch die Hurst Narrows über den Needles Leuchtturm hinaus zum Horizont im Westen in dem Bewußtsein, daß wir nur mit *Wanderer III* durch diese enge Pforte hindurchzuschlüpfen und in südwestlicher Richtung weiterzusegeln brauchten, um schließlich jene Breitengrade zu erreichen, in denen die warmen Passate wehen. Diese Winde könnten uns über die blauen, rollenden Wogen bringen, bis sich eines Tages ein Land mit fremdländisch klingendem Namen voraus am Horizont erhob – vielleicht eine farbenprächtige Tropeninsel mit schräg aufragenden Palmen und verlockenden Melodien (wobei wir vor allem an die Südsee dachten). Das Salzwasser, das den Strand der Isle of Wight bespült, bricht sich auch an den schützenden Riffen von Tahiti.

Auf unserer ersten Reise hatten wir eine ganze Reihe von Freundschaften in allen Teilen der Welt geschlossen. Welche Freude würde es machen, alle diese Menschen wiederzusehen, und welche Überraschung würde es auch für sie bedeuten! Wir dürften uns aber nicht zu eng an unsere frühere Route halten; es gab viele, viele Plätze, die wir damals nicht anlaufen konnten, aber jetzt gern besucht hätten. Dieses Mal würden wir uns wohl auch (vornehmlich aus Gründen der Selbstachtung) dem Roten Meer stellen müssen, anstatt den schnelleren und einfacheren Weg heimwärts um das Kap der guten Hoffnung zu nehmen. Der Panamakanal ließe sich allerdings nicht vermeiden; für ein kleines Segelfahrzeug bietet er die einzig vernünftige Möglichkeit, in den Pazifik zu gelangen.

Etwa hundert Meter flußaufwärts oberhalb der Brücke von Yarmouth auf der Isle of Wight, schwoite *Wanderer* beschäftigungslos und vielleicht ungeduldig vor den Tiden an ihrem Ankergeschirr. Obgleich noch allerlei zu tun übrig blieb, um das Fahrzeug in jeder Beziehung seeklar zu machen, so ließe sich doch viel davon mit eigener Kraft bewerkstelligen. Es dürfte auch kaum schwierig sein, einen Mieter zu finden, um Haus und Garten in Ordnung zu halten. Ich selbst konnte keine neuen Bücher verfassen und illustrieren, bis ich nicht neue Anregungen zum Schreiben und Photographieren gefunden hatte. Außerdem wollten wir uns dieses Mal an Film- und Tonbandaufnahmen versuchen. Die Bücher, die ich bereits geschrieben hatte, brachten damals gerade genug Tantiemen, um jedenfalls den Start der Reise sicherzustellen. Nachher müßte ich durch Artikelschreiben Geld hinzuverdienen. So ersannen wir jede nur mögliche Begründung und Entschuldigung für einen Plan, dessen Verwirklichung wir im tiefsten Herzen ersehnten.

Die Schwierigkeiten und Gefahren, der Mangel an Komfort, die problematische Navigation durch die Korallenriffe, die Schiffsführung bei schlechtem Wetter, die langen, dunklen Nächte, in denen es weh tut, wach zu bleiben und einen zuverlässigen Kompaßkurs zu steuern, die Hitze, Fliegen, Mosquitos und die Hafenbürokraten – spielten bei diesen Überlegungen keine Rolle. Kurz, wir bekamen Reisefieber.

Vielleicht hätte diese Krankheit noch etwas längere Zeit gebraucht, um sich richtig zu entwickeln, wenn nicht die Frauen von Rochdale gewesen wären. Unsere Agenten hatten uns für einen Vortrag im Rathaus von Rochdale vor dem dortigen Women's Luncheon Club verpflichtet. Wir hatten die vorhergehenden zehn Tage Mittelengland und den Norden bereist, jeden Tag einen, manchmal auch zwei Vorträge gehalten und fühlten uns daher vielleicht ein wenig abgehetzt und nervös. Auf jeden Fall empfanden wir es als Gedankenlosigkeit der Rochdaler Damen, nicht daran gedacht zu haben, den Raum, wo wir die Farbdias zeigen sollten, zu verdunkeln, schlimmer noch, den Bildschirm zwischen zwei hellen und unzugänglichen Fenstern aufzustellen (die Vorhänge, sagten sie, seien zum Reinigen abgenommen worden) und während des ganzen Vortrags lauthals gegenseitig über ihre Hüte zu diskutieren.

An jenem Abend mußten wir in Todmorden umsteigen, und während wir auf den Anschlußzug warteten, machten wir unserem Ärger über die Frauen von Rochdale Luft und ebenso über die Kinder in der Burnley-Bibliothek (die mit harten Gegenständen warfen), oder die Vereinigung von Lehrern und Eltern in Rothwell (wo mit Kaffeetassen geklappert wurde) und vergaßen dabei vorübergehend ganz unseren wunderbaren Empfang in der Caird Hall in Dundee, wo 1800 Zuhörer erschienen waren, und jedes Dia applaudiert wurde, oder die große Veranstaltung in Church House, Westminster, an der eine distinguierte und verständnisvolle Gesellschaft teilnahm.

Eine Weile herrschte Schweigen zwischen uns. Ich verschwendete nutzlose Gedanken an neue Ungemütlichkeiten, die uns abends im

Hotel erwarteten. Eine rote Glut brannte in dem riesigen alten Ofen, und die vom Rauch und Ruß gedunkelten Plakate nahmen im fahlen Licht eines einsam zischenden Glühstrumpfs eine gelbliche Färbung an. Unsere Mitreisenden trampelten sich mit ihren Füßen auf dem schmutzigen Fußboden warm und flöteten dazu falsche Melodien; aus der nebelverhüllten Nacht draußen erklang die klagende Sirene einer Lokomotive und das metallene Rattern rangierender Güterwagen.

„Nun", sagte Susan schließlich, „ich finde, wir sollten eine neue Reise mit *Wanderer* unternehmen, solange wir es können. Eigentlich gibt es nichts, was uns davon abhält."

Wanderer III war nun sieben Jahre alt und hatte uns zuverlässig, wenn auch nicht mit dem letzten Komfort, einige 40 000 Seemeilen weit gebracht. Sie befand sich in gutem Zustand (wir sind stolz darauf, sie so zu erhalten), aber die Kupferplatten, mit denen ihr Unterwasserschiff zum Schutz gegen Wurmbefall beschlagen ist, hatten sich durch die Einwirkung warmer tropischer Gewässer stark verdünnt. Wir mußten die Unterwasserkupferung durch stärkeres Kupferblech ersetzen und verkauften das alte Kupfer für die gleiche Summe, die wir für die Entfernung des Beschlags hatten zahlen müssen, an einen Wanderzirkus zur Verwendung im Autodrom, wo Kupfer für die elektrischen Kontakte benötigt wird. Der alte 4-PS-Zweitakt-Stuart-Turner-Hilfsmotor war zwar eine zuverlässige Maschine, aber nicht stark genug für ein Fahrzeug von 9 Tonnen Wasserverdrängung und beträchtlichem Windfang. Während unserer ersten Reise hatten wir auf den Besuch einer Reihe interessanter Plätze verzichten müssen, weil die Maschine nicht ausreichte, um einen mäßigen Gegenwind zu überwinden, oder einen 3 Knoten Gegenstrom in schmalen Passagen oder Kanälen zu überwinden, wo das Fahrwasser zu eng oder zu schwierig zum Aufkreuzen unter Segel war. Wir ersetzten daher die alte Maschine durch einen neuen Motor des gleichen Fabrikats, aber von 8 PS, ohne allerdings das Fassungsvermögen der Benzintanks entsprechend zu vergrößern. Unser Aktionsradius betrug daher unter ruhigen und stromlosen Verhältnissen nicht mehr als 80 Seemeilen. *Wanderer* ist und bleibt eben im Wesentlichen ein Segelschiff, und für den größeren Teil der Reise waren Lebensmittel und Wasser wichtiger als Treibstoff.

Die Segel, neun an der Zahl, waren noch ganz gut, aber wir hielten es doch für richtig, das alte Großsegel und die große Fock, beide noch aus Baumwolle, zu erneuern. Nach eingehender Rücksprache mit unseren Segelmachern Cranfield & Carter entschieden wir uns für Terylene. Dieses im Rennsegelsport bereits weitverbreitete Material besitzt den Vorzug, bei Nässe kaum an Gewicht zuzunehmen, seine Form nicht zu verändern und stockfleckenfest zu sein. Da es stärker ist als Baumwolle, kann leichteres Tuch verwendet werden. Allerdings hatte man damals noch wenig Erfahrung mit diesem neuen Material auf langen Ozeanreisen und man hatte Bedenken wegen der größeren Schamfilgefahr als Folge der hervorstehenden Nähte.

Wir ließen daher jede Naht des Großsegels durch eine handgenähte Naht verstärken. In der Praxis stellte sich dann heraus, daß die Schamfilgefahr gar keine ernsthaften Probleme aufgab, während der handgenähte Saum dagegen leider Falten warf, die zwar keinen Schaden anrichteten, aber doch das Aussehen des Segels beeinträchtigten.

Auch schenkten wir unserem Schiff eine kleine Verzierung, die es bei besonderen Gelegenheiten tragen sollte: einen Bugschmuck in Form einer Erdkugel, mit den Meeren in Schwarz und den Landmassen in Gold, ein Geschenk der Künstler David und Jean Cobb. (Nach unserer Heimkehr malte David ein ausgezeichnetes Bild von der *Wanderer* vor dem Wind im Nordostpassat.)

Nach Erledigung aller wichtigen Fragen machten Susan und ich uns an die Indienststellungsarbeiten. Jedes einzelne Stück der Takelage und Ausrüstung wurde geprüft, aber wir fanden nur weniges erneuerungsbedürftig. Dann malten wir das Schiff vom Flaggenknopf bis zur Wasserlinie mit Farbe, Lack und Emaille, bis alles glänzte. Anschließend verholten wir die Yacht in den Haupthafen, vertäuten sie vorn und achtern zwischen zwei Pfählen und machten uns an die Besorgung und Verstauung des Materials und Proviants.

Von allen Vorbereitungen für eine Reise ist dies für Susan und mich immer die aufregendste Beschäftigung. Da es sich um die letzten, abschließenden Arbeiten handelt, kommt es uns dabei plötzlich mit klopfendem Herzen und einem merkwürdig hohlen Gefühl in der Magengrube zum Bewußtsein, daß der Zeitpunkt der Abreise unweigerlich naherückt und sich die behaglichen Tage der

Vorbereitungsarbeiten in der Ruhe des geschützten Hafens dem Ende zuneigen. Während wir die Kisten mit Konserven, die Kartons mit Film- und Bandmaterial, die Tropenkleidung, die Ersatzteile für Motor, W. C., Herd, Lampen und Winschen, die Farbkanister, Schäkel, Blöcke, Tauwerk und Drahtrollen und hundertundeins andere Posten wegstauten und auf der Liste abhakten, fragten wir uns im stillen, unter welchen Verhältnissen wir die Sachen wohl wieder in die Hand nehmen würden – vielleicht draußen auf See, meilenweit von Land entfernt; an einem warmen, entlegenen Küstenstrich oder von einer plötzlichen Gefahrensituation überrascht. Wir verdoppelten daher unsere Aufmerksamkeit, unter keinen Umständen Lebenswichtiges zu vergessen, denn obgleich die Welt keine Einöde ist, gibt es doch genug Plätze, wo gewisse Dinge einfach nicht aufzutreiben sind. Erst einmal unterwegs, muß man natürlich, wenn man wirklich etwas vergessen hat, auch so zurecht kommen oder sich einen Ersatz einfallen lassen.

Und während sich die Schränke, Schubladen, Tanks und die verborgenen Ecken und Winkel füllten, wobei noch Platz genug für die allerletzten Einkäufe wie eingefettete Eier, Butter, Früchte, Gemüse und Brot übrig bleiben mußte, sank das Schiff tiefer und tiefer. Seeklar für große Fahrt schwamm die Yacht tatsächlich 22 Zentimeter unter ihrer Konstruktionswasserlinie, wobei allerdings zugegeben werden muß, daß daran nicht unsere Ausrüstung allein, sondern auch die Tatsache schuld war, daß *Wanderer III* wesentlich schwerer gebaut worden ist als ihr Konstrukteur Jack Giles ursprünglich vorgesehen hatte.

In Yarmouth, wo jeder sich lebhaft für die Angelegenheiten seines Nachbars interessiert, ist es unmöglich, Vorbereitungen für eine weite Reise lange zu verheimlichen. Jedesmal, wenn wir am Pier festmachten, einkaufen gingen oder andere Yachten besuchten, fragte uns mit Bestimmtheit irgend jemand, wann wir lossegeln wollten und wohin. An und für sich waren wir so weit, Mitte Juli auslaufen zu können. Da wir aber keine Lust hatten, aus dem Kanal herauszukreuzen, wollten wir uns auf keinen bestimmten Tag festlegen, da der Wind gerade dann widrig sein könnte. Die zweite Frage war schwieriger zu beantworten. Nannten wir nämlich kein Ziel, würden die Leute leicht annehmen, daß wir aufs Geratewohl lossegelten und es den Winden überließen, wohin wir gelangten. Ich denke grundsätzlich anders und behaupte, daß nur eine geplante Reise erfolgreich verlaufen kann und zwar umso erfolgreicher und erfreulicher, je sorgfältiger die Planung gewesen ist. Viele Leute nahmen an, daß wir ein zweites Mal um die Welt segeln würden und versuchten tatsächlich, uns in dieser Richtung festzulegen. Natürlich war dies auch unser Ziel, aber wir scheuten uns, davon zu sprechen, solange irgendein unglücklicher Umstand oder ein uns aufgezwungener Programmwechsel unsere Absichten zunichte machen konnten. Obgleich die zu Sensationen neigende Presse dauernd kleine Yachten für Reisen „rund um die Welt" verabschiedet, gibt es meines Wissens bisher erst fünf britische Yachten unter 40 Tonnen, die auf eine Erdumsegelung hinweisen können. Um aber von den Zollbehörden die Genehmigung zum Bezug von Transitwaren zu erhalten (wir nehmen gewöhnlich Whisky, Tabak, manchmal auch eine Kiste Rum mit) mußte ich die geplante Reiseroute der ersten drei Monate angeben, und so erwähnte ich Georgetown in Britisch Guayana als Reiseziel am Schluß dieser Zeit. Wir erhielten die Genehmigung unter der Voraussetzung, daß wir auch nach Georgetown ausklarierten, was wir taten. Das hatte den Vorteil, die Neugierde der Leute zu stillen, die dabei keine Ahnung hatten, wo Georgetown lag, sich aber scheuten, danach zu fragen. Wir hatten im übrigen die feste Absicht, dort anzulaufen, vorausgesetzt, daß wir es fanden, denn infolge seiner niedrigen Küste, davor liegender Untiefen und einer starken Strömung gilt der Landfall dort als nicht einfach.

Sonntag, den 19. Juli 1959 legten wir von Yarmouth ab, blieben aber nicht unbeobachtet. Obgleich wir unseren Entschluß erst nach dem Frühstück faßten, verbreitete sich die Neuigkeit rasch. Es war an diesem Wochenende sonnig und warm, und der kleine Hafen war so vollgepackt mit Yachten, daß die Durchfahrt zwischen den Pfahlreihen sehr eng war. Während wir langsam unseren Weg hindurch suchten, erklangen mehrere Sirenen, und verschiedene Leute kamen an Deck, um uns Gute Reise zu wünschen. Unser Freund Harold Hayles, Steuermann des Rettungsbootes und der einzige, dem wir unsere eigentlichen Absichten anvertraut hatten, begleitete uns ein Stück Weges mit seinem Motorboot. Ein letztes Händewinken, und die Ebbe entführte uns rasch durch die Hurst Narrows, wo wir unseren geliebten Heimathafen aus den

Augen verloren. Wir waren allein und empfanden in diesem Augenblick mit Dankbarkeit, wieviel Freundschaft und Zuneigung wir hinter uns zurückließen.

Jetzt öffneten wir den uns vom Royal Solent Yacht Club mitgegebenen Briefumschlag, der den Vermerk trug: „Erst nach Abfahrt von Yarmouth zu öffnen", und fanden darin die folgende Mitteilung:

‚Die Flaggoffiziere und Mitglieder dieses Klubs wünschen ihren hochverehrten, lebenslänglichen Ehrenmitgliedern Eric und Susan Hiscock Glück und *bon voyage* für ihre bevorstehende Kreuzfahrt mit *Wanderer III*.'

ZWEITES KAPITEL

Südwärts zu den Kapverdischen Inseln

Den ganzen Weg durch den Kanal hatten wir schönes Wetter mit leichten, meist aus dem westlichen Quadranten wehenden Winden, so daß wir schließlich doch kreuzen mußten, aber die Küsten von Dorset, Devon und Cornwall boten im Sonnenschein einen heiteren und lieblichen Anblick. Wir liefen kurz Falmouth an, um einen defekten Beschlag in der Außenhaut reparieren zu lassen, und passierten bald darauf bei günstigen Winden Ushant auf der Seeseite.

Die Biskaya behandelte uns den größten Teil des Weges gnädig, und wir bewältigten die 453 Seemeilen nach La Coruña in fünfeinhalb Tagen.* Allerdings mußten wir zwölf Stunden dicht gerefft und hoch am Wind schwer gegen eine steile See anstampfen. Unsere Landmägen rebellierten gegen so rauhe Behandlung; es gelang uns aber mit Hilfe von Avomine, ihren aufgewühlten Inhalt festzuhalten, und bald gewannen wir unsere alte, gewohnte Seefahrtsroutine zurück, die nur das eine Problem ungelöst ließ, genug Schlaf zu finden. Da es oft schwierig ist, am Ruder wachzubleiben, gehen wir gewöhnlich Wachen von nur zwei oder zweieinhalb Stunden, kurze Törns für den Rudergänger, aber nicht lang genug, um der Freiwache ausreichenden ungestörten Schlaf zu gewähren, um

* Alle Entfernungsangaben in diesem Buch erfolgen in nautischen Meilen von 1852 Metern.

so weniger als die Freiwache häufig zum Segelsetzen oder -bergen an Deck gerufen werden muß. Unsere Versuche, dadurch einen Ausgleich zu schaffen, daß jeder von uns nachmittags auf zwei Stunden zur Koje ging, erwiesen sich als nicht ganz erfolgreich, am wenigsten in den Tropen, wo der Nachmittag die heißeste Zeit des Tages ist. Außerdem haben weder Susan noch ich, trotz aller Müdigkeit und jahrelanger Bemühungen, die Fähigkeit entwickelt, am Tage zu schlafen.

Während wir die Biskaya kreuzten, erlebten wir jedoch weit außerhalb der Schiffahrtsrouten eine Nacht, die so ruhig war, daß wir unser Ankerlicht ausbringen und beide zur Koje gehen konnten. An jenem Tag (mit „Tag" bezeichne ich den Zeitraum von Schiffsmittag bis Schiffsmittag, für den der Seemann traditionsgemäß sein tägliches Etmal berechnet) kamen wir nur 23 Meilen voran. Hierdurch ließen wir uns aber nicht bekümmern, denn nach unserem gesunden Schlaf waren wir beide von neuer Unternehmungslust und freudiger Erwartung erfüllt.

Während Susan sich in der Kombüse mit den Bewegungen des Schiffes wiegte und mit ihren Kochtöpfen und Pfannen hantierte, sang sie fröhlich vor sich hin, und wenn sie das tut, weiß ich, daß mit ihr und in der Küche alles im Lot ist.

Vor einigen Jahren war ich dumm genug, die Theorie zu vertreten, daß Kochen keineswegs so schwer sei, wie die Hausfrauen häufig behaupteten, und daß es möglich sein müsse, gleichzeitig zu kochen und sich zu rasieren. Seitdem gehört das Frühstück zu meinen Obliegenheiten. Die Verantwortung für Vorbereitung und Anrichten aller anderen Mahlzeiten liegt dagegen bei Susan. Das Mittagessen an Bord wird stets kalt gereicht, aber das Wetter muß schon sehr schlecht sein, um Susan an der Zusammenstellung einer warmen Abendmahlzeit zu hindern, obgleich ihr selbst manches Mal der Appetit dabei verging.

Bei gutem Wetter pflegte ich die Stunde vor dem Abendessen ganz besonders zu genießen. Ich saß dann im Schutz des wasserdichten Kockpits, gut abgestützt gegen alle Bewegungen des Schiffes, eine Hand an der Pinne, in der anderen den abendlichen Apéritif, und ließ Frieden in mich einkehren. Außer in Küstengewässern oder in der Nähe häufig befahrener Dampferrouten führten wir, solange einer von uns Wache ging, keine Positionslaternen. Während unser Schiff sich geschäftig seinen Weg durch das Wasser bahnte, die ragende, dunkle Silhouette der Segel gegen den Himmel schwankte und die schwach leuchtenden Kämme der Bugwelle mit leisem Zischen an beiden Bordwänden entlang liefen und sich in dem gurgelnden Aufruhr des Heckwassers wieder vereinigten, wollte uns unser Schiff in der Dunkelheit größer und bedeutender erscheinen als im hellen Tageslicht. Nahe vor meinen Augen, unter unzerbrechlichem Glas im Brückendeck zwischen Kockpit und Niedergang eingelassen, leuchteten schwach die drei Linien des Gitterkompasses, der mittags eingestellt worden war, so daß ich lediglich so zu steuern brauchte, daß die hin und her pendelnde Nord-Süd-Linie parallel zu den anderen beiden Linien blieb.

Die Niedergangsklappe war offen, und da Susan die beiden kardanisch aufgehängten Kajütslampen angezündet hatte, konnte ich in dem milden, gelben Licht, das Lack und Emaillefarben in ihrem schönsten Glanz erstrahlen ließ, das ganze Innere unseres kleinen schwimmenden Heims übersehen. Vier Stufen führten nach unten auf den Fußboden aus gescheuertem Irokoholz. Unmittelbar an Backbord befand sich die Kombüse mit dem nirostabeschlagenen Arbeitstisch, darüber und darunter die schlingerfesten Borte für Geschirr, die Schränke und Schubladen für andere Ausrüstungsgegenstände und Vorräte, die stets zur Hand sein müssen. Davor stand der zweibrennige Paraffin-Herd, den Susan gerade im Begriff war anzustecken; der Appetit anregende Geruch des zum Vorheizen eingefüllten Sprits lag in der Luft. Gegenüber befand sich das Ölzeugspind; daneben der Kartentisch mit einer Reihe von Schubladen darunter, angefüllt mit 300 Seekarten, die darauf warteten, uns die Ansteuerung zahlloser fremder Ankerplätze zu weisen. Anschließend an diese Arbeitsräume lag die eigentliche Wohnkajüte mit etwa 6 qm Raum. Auf beiden Seiten des Mahagonitisches befanden sich die Sofakojen mit gepolsterten Seiten- und Rückenlehnen, mit grünem, wasserdichtem, weißgepaspeltem Stoff bezogen. Über den Vorderenden der Sofakojen waren Borte angebracht, auf denen Sextant, Chronometer und Barograph ihren festen Platz hatten. Auch ein Stapel ungelesener Zeitschriften lag dort durch Schlingerleisten gesichert. Unser Bettzeug wurde zusammengerollt in den Nischen unter den Borten weggestaut, und beim Schlafen verschwanden dort unsere Füße. Zwischen den Borten stand unser hohler Mast aus Silberspruce, 12,50 m hoch und der ganzen Länge nach weiß gemalt, um ihn und seinen Leim in den Tropen gegen die Hitze zu schützen. Um in die Vorpiek zu gelangen, wo Ankerketten, Trossen, Lampen und alle nicht in Gebrauch befindlichen Segel verstaut lagen, mußte man sich bei dem Mast vorbeidrücken, ein Kunststück, das manche unserer wohlbeleibteren Freunde nicht fertigbrachten. Über beiden Sofalehnen waren in der ganzen Länge der Sofas die gefüllten Bücherregale angebracht, und am Querschott vorn hingen einige unserer bevorzugten Besitztümer – eine schwarze Muschel aus Tahiti, ein von Thurnburn gemaltes Bild vom Helford Fluss im Schnee, die Blue-Water-Medaille des Cruising Club of America, mit unseren beiden Namen eingraviert. Es sah alles so wunderschön hell und gemütlich aus, in ausgesprochenem Kontrast zu der draußen herrschenden Dunkelheit.

Susan erschien im Niedergang und warf die Kartoffelschalen über Bord. Sie blieb einen Augenblick stehen, sah um sich und prüfte die Windrichtung auf ihrem Gesicht.

„Wie geht es dir hier draußen?" fragte sie. Ihre Stimme war klar und wohlklingend, so wie ich sie von jeher gekannt habe.

„Ganz gut, wir machen 5 Knoten und mehr. Was gibt's zum Abendessen?"

„Pommes frites mit Zwiebeln. Aber was willst du dazu haben, Nierensteakauflauf oder Würstchen?"

Mir war es einerlei, solange es Pommes frites gab, eine Lieblingsmahlzeit von uns beiden wenn wir auf See waren, wahrscheinlich weil es zum Braten häufig zu rauh ist und wir dann auf gekochte Kartoffeln angewiesen sind. „Wir haben eine ruhige Nacht. Warum machen wir keine Würstchen? Nierensteak können wir immer noch haben, wenn es ungemütlich wird."

Sie verschwand unter Deck. Die Bratpfanne, ein altes, gutes Stück, das uns auf allen unseren Schiffen begleitet hat, schimmerte matt, als Susan sie aus dem Schrank unterm Kocher hervorholte, und bald entstiegen dem Niedergang anregende Düfte, während die klare, bläuliche Gasflamme des Kochers unter der Pfanne zischte.

Ich erhob mich, klemmte mein Glas zwischen zwei Parten des Drahtbackstags und blickte um mich. Nichts zu sehen außer der dunklen, ungewissen Horizontlinie und den Sternen. „Wir sind ein gutes Stück außerhalb des Dampfertracks", dachte ich im stillen und setzte mich wieder hin. Nach einer Weile zog Susan ihren Anorak über, kam ins Kockpit an meine Seite und legte ihre Hand auf meine an der Pinne. „Ich möchte vor dem Essen noch etwas frische Luft schnappen", sagte sie, „iß du zuerst."

Ich wußte, daß es aussichtslos war, sich mit ihr zu streiten, denn sie spielte dieses kleine Spiel stets, wenn es Pommes frites zum Abendessen gab, weil sie an Geschmack verlieren, wenn man sie lange stehen läßt. Als ich begann, meine Portion herunterzuschlingen, damit ihre nicht kalt und weich würden, rief Susan:

„Langsam, langsam, Seemann, wir haben Zeit genug, dreihundert Nächte auf See, bevor wir wieder nach Hause kommen."

Nach ereignisloser Überquerung der Biskaya liefen wir nachts in den Hafen von La Coruña ein. Das Einlaufen erwies sich um so schwieriger, als eine Flotte offener Boote ohne Lichter vor der Einfahrt fischte, Sprühregen zeitweise alles verhüllte und ein neuer Wellenbrecher von der westlichen Küste vorsprang, der auf der Karte oder in der jüngsten Ausgabe des *Pilot* nicht verzeichnet stand. Am äußeren Ende seewärts brannte kein Licht. Es sind gerade diese von Menschenhand ganz willkürlich vorgenommenen Veränderungen, wie der Wechsel eines Navigationsfeuers oder die Schaffung unbeleuchteter Hindernisse, welche die nächtliche Einfahrt in einen Handels- oder Marinehafen so gefährlich für den Besucher ohne Ortskentnisse machen. Wir erinnerten von einem früheren, zehn Jahre zurückliegenden Besuch, wo der Club Nautico lag und machten uns auf die Suche, sobald wir glücklich das Innere des Hafens erreicht hatten. Aber alles, was wir anstelle der zusammenhängenden Masse des Klubhauses als Silhouette gegen den nächtlichen Widerschein der Stadt am Himmel sehen konnten, war ein Netzwerk von Masten und Radarsuchern. Schließlich gelang es uns, das neben dem Klub gelegene Hafenbecken zu finden. Wir motorten vorsichtig hinein, fanden es dicht besetzt und erfüllt von den starken mitternächtlichen Gerüchen und Geräuschen einer spanischen Stadt, und ließen den Anker fallen.

Als wir am nächsten Morgen an Deck kamen, um die Flagge zu setzen, sahen wir die Vordersteven von drei Kriegsschiffen über das Klubhaus hinausragen; zu ihnen gehörten die Masten und Radarsucher der vergangenen Nacht. Wir nahmen natürlich an, daß es sich um spanische Kriegsfahrzeuge handelte. Mit um so größerer Freude sahen wir Schlag acht Uhr, daß drei britische Kriegsflaggen vorgeheißt wurden. Es handelte sich um die Zerstörer *Saintes, Armada* und *Camperdown,* die bei der Feier zum 150. Jahrestag der Beerdigung von Sir John Moore, dessen von Bäumen beschattetes Grab in Carlos Gardens lag, mitwirken sollten. Das Hafenbecken war so gedrängt voll und schmutzig, die Landestellen so dick mit Öl bedeckt (heutzutage ist das Anlandgehen in den meisten Handelshäfen, zu Hause genauso wie im Ausland, ein Problem, sei es infolge Schmutz, herumlungernder Jungen oder der Wellen vorbeifahrender Schiffe), daß wir bald einen sauberen Ankerplatz außerhalb des Bassins aufsuchten, wo wir unter dem wachsamen Auge unserer Marine liegen konnten. Nachdem wir Freundschaft mit der *Camperdown,* dem an der Außenseite liegenden Zerstörer, geschlossen hatten, durften wir an ihrem weiß geschrubbten Fallreep anlegen und dort auch unser Beiboot sicher vertäut zurücklassen.

Charakteristisch für den alten, östlichen Stadtteil ist die große Anzahl von Gebäuden mit vorspringenden, kleinscheibigen Glasfassaden, die in starkem Gegensatz stehen zu den an die engen Hinterstraßen grenzenden dunklen Häuser, wo man den Eindruck hat, daß jedes vierte Tor in eine kühle, halbdunkle Schenke mit Reihen riesiger Weinfässer führt. Der Markt mit seinem tollen Durcheinander und dem Verkauf von Fischen im obersten, von Brot im mittleren Stockwerk und von Gemüse und Früchten in farbenprächtiger Vielfalt im Parterre ist das Paradies einer Schiffsfrau. Wir verbrachten dort längere Zeit, um uns anschließend in einem der Nirosta-Badezimmer und in der ventilatorgekühlten Offiziersmesse der gastfreundlichen *Camperdown* zu erholen.

Es war eines Nachmittags in La Coruña, als die Sonnenstrahlen heiß und blendend von dem weißen Pflaster der Neustadt zurückschlugen, die Augen schmerzten und uns der Schweiß den Rücken herablief, daß wir uns inmitten einer ständig wachsenden Menge nach dem Plaza de Toros auf den Weg machten, um uns einen Stierkampf anzusehen. Da das Gebäude rund ist und der Kampf überall in der Arena stattfinden kann, ist es gleichgültig, wo man sitzt. Der einzige Unterschied besteht darin, ob man *sol* oder *sombra* kauft. Wegen der Hitze zahlten wir einen Zuschlag für *sombra* und waren froh, es getan zu haben. Die Einstellung der Fremden zu diesem Nationalsport Spaniens ist unterschiedlich und es ist natürlich, daß ihnen die feineren Punkte entgehen. Mein eigener Eindruck ist (ich habe einmal mit Stieren zu tun gehabt und gelernt, sie zu achten und zu bewundern), daß der Stier überhaupt keine Chance hat. Er macht einen verwirrten Eindruck und unternimmt in den seltensten Fällen den Versuch, den Matador selbst anzugreifen anstelle des blutroten Mantels, mit dem man ihn reizt. Fraglos entfaltet der Matador große Geschicklichkeit und Tapferkeit, besonders wenn er seinen eigenen farbenfroh und untadelig gekleideten Körper zwischen den Mantel und die gesenkten Hörner wirft. Aber selbst wenn er aufgespießt wird, wie es den Stierkämpfern häufig geschieht, tötet jemand anderes den Stier. Die Mitwirkung eines Pferdes, dem man die Augen verbunden hat und das gerade hoch genug steht, daß der Stier seine Hörner unter seinen Leib setzen kann, erscheint grausam, aber wie gesagt, allen diesen Dingen muß eine größere Bedeutung zukommen, als der gelegentliche Beobachter ahnen kann. Als traurigsten Vorfall jenes Nachmittags empfanden wir, als ein nicht gerade als kühn zu bezeichnender Matador, der mit fortschreitenden Jahren an Geschicklichkeit und Nervenkraft verloren haben mochte, von der ungeduldigen Menge mit Buh-Rufen und ironisch gemeintem Beifall bedacht wurde. Als er zum Ausgang eilte, standen Tränen in seinen Augen. Wir sahen, wie drei von den Stieren dahingeschlachtet wurden. Ihre blutigen Kadaver wurden aus der Arena geschleppt, während die Menge, die zu einem großen Prozentsatz aus Frauen bestand, laut applaudierte und dem siegreichen Matador Hüte, Handtaschen und Weinschläuche vor die Füße warf. Da uns dabei ein wenig übel zumute wurde, suchten wir unseren Ausgang durch die uringetränkten Unterführungen und begegneten am Schluß noch Schwierigkeiten, aus dem verschlossenen Gebäude herausgelassen zu werden.

Von La Coruña segelten wir west- und südwärts um Kap Finisterre herum, entlang der spanischen Küste, machten an verschiedenen Orten halt, die wir auf früheren Kreuzfahrten besucht hatten, und verbrachten – für uns der höchste Luxus – jede Nacht vor Anker. So gelangten wir langsam zur Einfahrt in die Arosa Bay, die interessanteste der vier großen Förden, die in diesen Teil Spaniens hineinschneiden. Als wir die Bucht bei unsichtigem Wetter ansegelten, ohne die Bergspitzen ausmachen zu können, an denen sich der Seemann eigentlich orientieren soll, trafen wir auf eine Flotte von 24 kleinen Fischerbooten, alle vollgepfropft mit Männern, die ihre Netze an einer engbegrenzten Stelle auswarfen; es sah so aus, als wäre die gesamte männliche Bevölkerung eines Dorfes ausgefahren und setzte dort ihren Dorfklatsch fort. Wir segelten 10 Meilen in die Bucht hinein und ankerten vor Puebla del Caramiñal, dessen Häuser auf den Sand und die Muscheln eines halbmondförmigen Strandes herabblickten, über den sich die lebhaften Farben der tiefstehenden Abendsonne ergossen.

Diese Ortschaft, die ausschließlich vom Fischfang lebt – Tunfisch, Sardinen und Muscheln, die alle an Ort und Stelle gepackt werden – erwies sich als so reizvoll und gastfreundlich, so typisch für die kleineren spanischen Küstenorte, daß ich mich entschloß, Susan beim Einkauf auf dem kleinen Marktplatz beim Brunnen zu filmen, wo schwarzgekleidete Frauen mit einem Lächeln in den verwitterten Gesichtern über ihren Verkaufsständen sitzen oder auf ihren Köpfen metallbeschlagene Behälter balancieren, in denen sie Wasser vom Brunnen holen. Dieses kleine Stück Filmarbeit kostete uns fast eine Woche Planung, Einstudierung und Abwarten richtigen Wetters und guter Beleuchtung. Wir begannen zu begreifen, daß es nur Verschwendung von kostspieligem Filmmaterial bedeutete, Aufnahmen aufs Geratewohl zu schießen; daß die Wiedergabe einer Geschichte auf der Bildleinwand, die Nah- und Fernaufnahmen, Wechsel des Blickwinkels und Schnitt erfordert, eine ganz eigene Ausdrucksform verlangt, die wir zu erlernen hatten, wenn unsere belichteten Filme nicht nur uns, sondern auch einen größeren Kreis interessieren sollten. Wir trösteten uns jedoch mit der Erinnerung an den Fernsehfilm, der vor unserem Auslaufen aus Yarmouth von *Wanderer* und uns selbst gedreht worden war: 5 professionelle Filmoperateure mit einem Haufen kostpieliger Apparaturen und einem Motorboot in ständiger Bereitschaft hatten 8 Stunden für die Herstellung des Fünf-Minuten-Films gebraucht. Das war ein interessantes, lehrreiches, teilweise auch amüsantes Erlebnis für uns gewesen. Mit allen Fünfen zusammengedrängt auf dem Vordeck, einer riesigen Kamera auf einem stählernen Stativ, dessen Beine das Kajütsdach zwischen sich nahmen, und einem Tonbandgerät mit einem Satz darunter verborgener Akkumulatoren, lief *Wanderer* für einen Nachmittagsschlag in den Solent hinaus. Die Flut lief auf, und der Wind stand gegenan, so daß wir zahlreiche Schläge machen mußten, und jedesmal, wenn wir durch den Wind gingen, mußte die ganze Ausrüstung neu aufgestellt werden.

Die Arosa Bay ist eines der hübschen, jetzt aber so selten gewordenen Gewässer, auf denen sich gewöhnlich zahlreiche kleine Segel- und Ruderboote herumtreiben. Die einen verbringen ihre Zeit mit Fischen, andere befördern Frauen und Kinder von einem Ort zum anderen; oder sie bringen Holzladungen für die Herstellung von Fischkästen heran, während sich einige wenige einer besonderen Industrie, der Muschelzucht, widmen. Diese besteht darin, daß man junge Muscheln mit einem Netzwerk an 5–6 Meter langen, starken Tauenden festbindet, wobei etwa 1 Meter am Ende jedes Taues frei bleibt. Die Enden läßt man dann von Flößen, die in der Bucht verankert werden, senkrecht herabhängen und läßt sie so etwa ein Jahr lang liegen. Innerhalb dieser Zeit entwickeln sich die Muscheln zu voller Größe, fertig zum Einmachen, und eine Kolonie junger Muscheln hat sich auf dem freien Ende des Taues gebildet und liefert den Kern für die nächstjährige Ernte.

Wir liefen noch verschiedene andere Plätze an der spanischen Küste an, von denen wir die meisten schon früher besucht hatten, und segelten dann die Portugiesische Küste hinunter nach Leixoes, den Hafen von Oporto. Dies ist ein von zwei massiven Molen gebildeter, künstlicher Hafen; ein dritter, noch nicht fertiggestellter und bei Ebbe von Wasser bespülter Wellenbrecher, sprang in südwestlicher Richtung vor. Ein kleines Feuer markierte sein äußerstes Ende. Als wir uns ihm mit dichtgeholten Schoten näherten, um gegen den frischen Nordwind in den Hafen zu kreuzen, kamen uns verschiedene Fischerfahrzeuge unter Motor entgegen und rundeten das Feuer. Hätten wir nur die leiseste Vorstellung gehabt, was jetzt folgte, würden wir kehrt gemacht und die nächste halbe Stunde oder so draußen geblieben sein. Ahnungslos liefen wir weiter dem Hafen entgegen. Die Leixoes-Sardinen-Fischerflotte bestand damals aus 148 schönen, schnittigen Fahrzeugen, jedes mit einer Besatzung von 30 Mann oder mehr. Die gesamte Flotte geht jeden Wochentag um etwa 6 Uhr abends in See und kehrt in den Frühstunden des folgenden Tages zurück. Wir trafen genau um

6 Uhr abends ein, als die gesamte Flotte in Pulks von jeweils einem Dutzend Fahrzeugen mit gut 12 Knoten Fahrt aus der Deckung der hohen östlichen Mole hervorbrach. Auf jedem Fahrzeug hörte man die Männer sich im Chor anfeuern, während sie gemeinsam ihre Prahmboote auf die niedrigen Hecks hievten.

Mit allen Segeln gesetzt, die wir bei dem Wind noch eben tragen konnten, stürmte *Wanderer* mitten in die Flotte hinein, hin- und hergeworfen zwischen ihren aufgeregten Heckwellen und von Spritzwasser überschüttet. Als zusätzlichen Beitrag zu diesem allgemeinen Durcheinander bei unserer Ankunft, wählte ein Bagger, der in Lee des überspülten Wellenbrechers gearbeitet hatte, genau diesen Augenblick, um Ankerauf zu gehen, auszulaufen und seinen Sand draußen loszuwerden. Es war ein aufregendes, farbenprächtiges Schauspiel voll pulsierenden Lebens, aber wir waren doch heilfroh, als wir schließlich ohne Unfall eingelaufen waren. Unter Motor suchten wir unseren Weg in das innere Hafenbecken, wo ein lebhaftes Kommen und Gehen bis an die Reling beladener Kähne stattfand, die Mannschaften zu den verspätet aufbrechenden Fischerbooten brachten.

Mit Hilfe eines Bootsmannes, der ein wenig Englisch sprach, gingen wir in der kleinen Stadt einkaufen. Dort wirbelte ein böiger Wind Miniatur-Sandstürme auf, die uns scharf und schmerzend ins Gesicht wehten. Wir bestiegen die Linie 1 der Straßenbahn nach Oporto, die in gemütlicher Fahrt am Douro-Fluß entlangfuhr, außer wenn sie an einen Hügel kam, der nur im Anlauf genommen werden konnte. Dreimal wurde unsere Tram von anderen Fahrzeugen gestört und mußte wieder zurückfahren, um einen neuen Anlauf zu nehmen. Da aber kaum einer der Passagiere auch nur von seiner Zeitung aufblickte, mußten wir annehmen, daß es sich um ein alltägliches Vorkommnis handelte. Wir beschritten den oberen Bogen der Hochbrücke über den Douro, von dem eine untere Brücke herabhängt, und beobachteten die Lastkähne, die sich, jeder nur unter einem einzigen, tiefschwarzen Rahsegel, wie Spielzeuge auf dem braunen Wasser des Flusses tief unter uns bewegten; eines Flusses, der unter bestimmten Voraussetzungen, vier Meter über Normalwasserstand anschwellen und eine Geschwindigkeit von 16 Knoten erreichen kann.

Wir besuchten noch andere Plätze in Portugal, von denen wir

Barreiro an der Einfahrt zu einer an der Südküste des Tajo-Flusses gelegenen Bucht am schönsten fanden. Freunde von uns, Reynolds, besitzen dort eine Korkenfabrik, und als sie von unserem Kommen hörten, kam uns Tony Reynolds mit seinem Bootsmann entgegen und lotste uns herein, denn die Bucht ist eng und gewunden und wird nur selten von einem Fahrzeug mit *Wanderers* Tiefgang besucht. Ganz drinnen machten wir längsseits der Außenwand des Bootsschuppens fest, in dessen Schatten Tony seinen 10-Tonnen-Kutter liegen hatte, dessen Mast sich durch einen Schlitz im Dach erhob. Dort blieben wir mehrere Tage und ließen *Wanderer* neun von jeden zwölf Stunden trocken fallen. Jeden Abend dinierten wir an kerzenbeleuchteter Tafel in dem gastfreundlichen Reynolds-Heim und genossen es, endlich wieder Englisch zu sprechen und der eigenen Sprache zu lauschen. Der Portugiesische Passat, wie der Nordwind seiner Beständigkeit wegen genannt wird, starb am Abend unserer Ankunft ab, so daß es an Bord sehr heiß und infolge der Nähe der Korkenfabrik auch recht staubig wurde. Die Maschinen brummten Tag und Nacht, in ihrem Klang anschwellend und abebbend wie der Ton einer Dreschmaschine. Aber nur wenige Meter entfernt und inmitten der Reynolds'schen *quinta* lag ein blaß-grünes, schattiges Frischwasser-Schwimmbassin, wohin wir uns mehrmals am Tage, zusammen mit den anderen Bewohnern dieser kleinen britischen Oase, zur Abkühlung flüchteten. Von unserem, durch Sonnensegel beschattetem Deck aus konnten wir jenseits der sandigen Landzunge und außerhalb der Bucht die grauen Segel und farbenprächtigen Schiffsrümpfe der *frigatas*, der motorlosen Frachtkähne des Tajo, mit der Tide vorbeiziehen sehen.

Der Wind ging länger als eine Woche lang schlafen, aber beim ersten Anzeichen seiner Wiederkehr verabschiedeten wir uns von unseren liebgewordenen Freunden, liefen auf den Tajo hinaus und gingen nach einer in Sesimbra verbrachten Nacht nach Casablanca in Marokko in See.

Von jetzt ab segelten wir in Gewässern, die neu für uns waren. Als das Feuer von Kap St. Vincent achteraus unter dem Horizont verschwand, hatten wir das Gefühl, daß unser Abenteuer erst jetzt richtig begann. Ohne Zweifel würde noch viel passieren, bevor dieses starke Blitzfeuer wieder am Horizont auftauchte. Wenn alles gut ging, hätten wir in dem Augenblick den Kreis um die

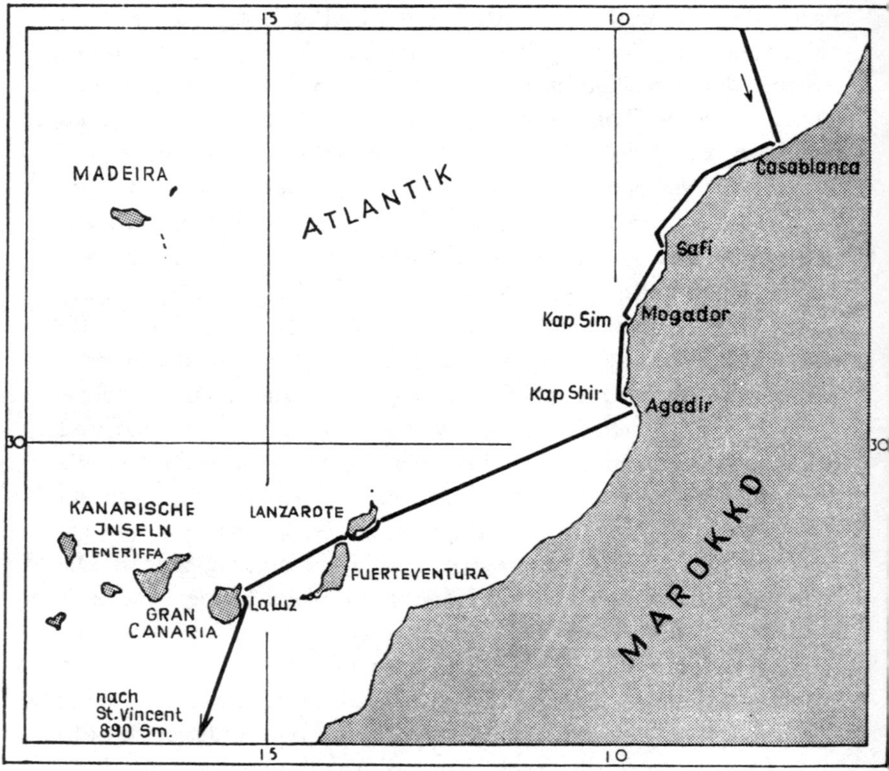

MAROKKO UND DIE KANARISCHEN INSELN

Erde geschlossen, wenn wir das Feuer nach Passieren der Straße von Gibraltar von Osten kommend wieder vor uns aufblitzen sahen.

Während des größten Teils der 305 Seemeilen langen Passage nach Casablanca blieb der die ganze Zeit achterlich wehende Wind so leicht, daß er das Großsegel nicht füllte. Wir stellten aber fest, daß das Terylenesegel weniger heftig schlug als es das alte, schwerere Baumwolltuch unter ähnlichen Verhältnissen getan hatte. Sonst war das Wetter gut mit wolkenlosen Tagen und sternbesäten Nächten.

Der *Africa Pilot*, Band I, enthält eine Liste auffälliger Wahrzeichen, die der Orientierung des sich Casablanca nähernden Seemanns dienen könnten – ein Wasserturm, ein Schornstein und einige Radiomasten. Aber das erste, was wir im Dunst des Nachmittags ausmachen konnten, war die weiße Masse der Stadt selbst und einige Schiffe vor Anker hinter der etwa eine Meile langen Hafenmole, die sich bald aus dem Wasser erhob. Als wir uns der Heulboje auf der Höhe des Molenkopfs näherten, schoß uns ein kleines Segelboot zur Begrüßung entgegen.

„Willkommen in Marokko!" rief der Mann am Ruder. „Laufen Sie direkt in das Hafenbecken bis ans äußerste Ende."

Das taten wir auch und trafen dort Oberst („Nennen Sie mich Leigh") Rankin von der Nachbaryacht, dem Schoner „Penella" unter australischer Flagge, der uns half, vor dem gastfreundlichen Yachtklub Societé Nautique zwischen zwei Bojen festzumachen. Er und seine Frau Dorrie waren im Herbst des vorhergehenden Jahres von England gestartet in der Absicht, um die Welt zu segeln und ihre Kinder und Enkel in verschiedenen Ländern zu besuchen. Leider verschoben sie ihre Abreise, bis es schon fast zu spät geworden war, gerieten in einige sehr schwere Stürme, die sie an den Rand der Erschöpfung brachten und ihnen den Verlust ihres Ruders kosteten, so daß sie sich durch ein Bergungsfahrzeug nach Casablanca einschleppen lassen mußten. Ohne den Mut zu verlieren, hatten sie die Reparaturarbeiten während des Winters durchführen lassen und waren jetzt im Begriff, ihre Reise fortzusetzen.

Der größere Teil der Stadt hatte mit seinen breiten Straßen, modernen Gebäuden und den auf die Anziehung des Touristenverkehrs bedachten Läden nur wenig Reiz für uns, während wir die Medina, die ursprünglich französische Stadt, die aber jetzt von Arabern bewohnt wird, mit ihren engen, gewundenen Gassen, durchdringenden Gerüchen und ihrer wimmelnden Bevölkerung fremdländisch und faszinierend fanden. Eines Abends luden uns John Pierre Cuny und seine Frau Marie-José (deren langes blondes Haar der Stolz jedes skandinavischen Mädchens gewesen wäre) zum Abendessen ein und führten uns auf unsere Bitte in ein Restaurant in der Medina. Die Gaststätte war erstaunlich schlecht gepflegt. Weder der von blauem Tabakqualm erfüllte Raum noch der Tisch, an dem wir aßen, schienen seit vielen

Tagen gesäubert worden zu sein, und frische Papierservietten, die auf dem Tisch ausgebreitet wurden, verfärbten sich sofort mit der Suppe und dem Wein vorhergehender Mahlzeiten. Aber die Speisen waren interessant und schmackhaft, besonders das im ganzen Stück gebratene Fleisch, das im gleichen Raum über offenem Feuer gebraten und direkt vom Spieß mit den Fingern gegessen wurde, wobei der Rauch des Feuers die Fliegen abhielt.

Es wurde ein lärmend lustiger Abend in außerordentlich unterhaltender Gesellschaft. Als ich Jean Pierre, einen dortigen Journalisten, fragte, ob man die Medina nachts immer noch als einen gefährlichen Aufenthaltsort für die Fremden betrachtete, antwortete er nur: „Ab zwei Uhr — Bäng!" und tat so, als schlüge er mir über den Kopf und räuberte mir die Taschen aus.

Da es unsere Absicht war, uns an der wenig besuchten Küste von Marokko südwärts entlangzuarbeiten, bis wir uns den Kanarischen Inseln näherten, blieben wir nicht lange in Casablanca, um so weniger, als es in der Bevölkerung zu gären schien und der Britische Konsul, bei dem wir unsere Post abholten, uns riet, das Land bis zum 20. September wieder zu verlassen. Nach sechstägigem Aufenthalt kreuzten wir, von unseren Freunden begleitet, aus dem Hafen heraus und nahmen Kurs nach Westen und Süden. Nach zwei Tagen und einer Nacht Küstensegelei liefen wir den künstlichen Hafen von Safi an, den wir auf Grund der Karte für einen der besten Marokkos halten mußten, was leider ein schwerer Irrtum war. Wir liefen bei Dunkelheit ein und suchten unter Motor vorsichtig unseren Weg in den inneren Hafen, der an und für sich schon eng genug ist, aber in jener Nacht noch enger wurde durch die Anwesenheit einer dicht zusammengedrängten Flotte von Fischerfahrzeugen, die auf beiden Seiten mit dem Bug zu den Molen vor achtern ausgebrachten Ankern lagen. Mitten dazwischen ließen wir den Anker auf beunruhigend kleinem Raum fallen. Als wir die Maschine abgestellt hatten, fühlten wir uns von einer unheimlichen Stille umfangen, die nur unterbrochen wurde von den gruseligen, schmatzenden Sauggeräuschen des Schwells an den Molenwänden und den gelegentlichen, langgezogenen Klagetönen, die von dem Scheuern der hölzernen Schiffswände gegeneinander herrührten und an das Wehklagen von Tieren in höchster Not erinnerten. Geräuschlos, fast verstohlen, so schien es uns, glitten Fahrzeuge hierhin und dorthin. Niemand sprach ein Wort, und das Gefühl böser Vorahnung vertiefte sich noch durch das schwindsüchtige Husten eines Fischers in der Ferne – er hustete noch, als der Tag anbrach. Der Gestank von verrotteten Fischen und der Kloaken war ekelerregend. Wir verbrachten eine unruhige Nacht mit nur einer Waffe an Bord, einer 12kalibrigen Schrotflinte, die geladen bereitlag, um Eindringlinge abzuweisen. Dann setzte ich Susan an Land, um einen Laib Brot und eine Kanne Benzin zu kaufen und brachte es fertig, uns beide und das Dingi mit dem dicken, schwarzen Öl zu besudeln, von dem die Mauern und Landestellen schmierig glänzten. Unmittelbar nach ihrer Rückkehr legten wir ab, ohne den geringsten Wunsch zu spüren, unseren Aufenthalt in einem so niederdrückenden Ort auszudehnen. Was für eine Erleichterung bedeutete es, nach dem Gestank und Schmutz des Hafens wieder auf die saubere See zu gelangen, wo ein frischer Nordwind die Segel füllte. Während wir südwärts eilten, töteten wir die scheußlichen, schwarzen und fetten Fliegen, die sich in Safi an Bord festgesetzt hatten; aber lange noch waren wir machtlos gegen den Geruch, den wir mit der Ankerkette eingehievt hatten und der jetzt die ganze Vorpiek erfüllte.

Unser nächstes Ziel war Mogador, 60 Meilen weiter südwärts an der Küste. Mogador stellt an der ganzen marokkanischen Küste den einzigen Versuch der Schöpfung dar, einen Naturhafen zu schaffen. Die niedrige, sandige Küstenlinie wird dort durch einen Einschnitt unterbrochen, der teilweise durch vorgelagerte Inseln und Riffe geschützt ist; trotzdem rollt dort aber bei starken, auflandigen Winden eine schwere See hinein. Die Ruinen verschiedener portugiesischer Forts an der Küste, auf den Felsen und der Insel geben Zeugnis von der ehemaligen Bedeutung dieses Platzes, den auch Francis Drake auf seiner Weltumsegelung anlief. Die Karte zeigte außerdem einen kleinen von Molen umgebenen Hafen an der Nordküste, der uns aber zu flach zu sein schien.

An dieser Küste wird ein niedriger Barometerstand oft von einer hohen Dünung aus Nordwest begleitet, während gleichzeitig Tiefdrucksysteme über den Nordatlantik ziehen. So war es auch an jenem Tag, und als der Wind in den Abendstunden flau wurde und wir nur zu deutlich die Brandung an die Küste donnern hörten und später, im Licht des Vollmonds als weißen Streifen sehen konnten, fragten wir uns ernsthaft, ob die Umstände wirklich danach beschaffen waren, Mogador einen Besuch abzustatten.

Bei Dunkelheit standen wir vor dem Hafen, entschlossen uns aber mit dem Einlaufen zu warten, bis es hell würde und drehten inzwischen einige Stunden lang bei. Innerhalb dieser kurzen Zeit und bei steigendem Barometer ließ die Dünung merkbar nach, so daß wir bei Tagesanbruch die Reede ansegelten und südöstlich des Eingangs am Fischereihafen auf sandigem Boden ankerten. Der Wind wehte aus Nordost, und wir rollten schwer in der Dünung, zu der wir quer lagen und die nur teilweise von einem bei Hochwasser überfluteten Riff gebrochen wurde. Wir fanden uns in einer ungewöhnlichen und reizvollen Umgebung. Im Norden lag die von einer Mauer umschlossene Stadt, ein hübsches Durcheinander von weißen und cremefarbigen Flachdachhäusern, Minaretts und Forts. Östlich und südlich von uns erstreckte sich in weitem Bogen ein breiter Strand mit goldgelbem Sand; dahinter weiße Sandhügel, über die einige Kamele schwankenden Ganges ihres Weges zogen. Südwärts in Richtung des 9 Meilen entfernten Kap Sim entzog sich die Küste im Dunst der Sicht. Auf der Karte gibt es in der Nachbarschaft dieser Küste keine Tiefenangaben. Statt dessen nur das Zeichen für die Brandung zusammen mit der einen Anmerkung: „Nicht vermessen“. Im Südwesten lag die Insel, und auf ihr befanden sich ein Fort, ein Grabhügel und ein Minarett. Die Grabhügel, die für uns einer wie der andere aussahen, bildeten praktisch die einzigen Landmarken an dieser eintönigen, uninteressanten Wüstenküste. Im Westen lag die offene See und im Nordwesten das Riff, an dem die Dünung brandete. Viele Gerüche hingen in der Luft; es roch gleichzeitig nach Sand und Gewürzen, nach Sardinen und Kameldung. Bei ruhigem, klarem Wetter hätten wir von unserem Ankerplatz wahrscheinlich die schneebedeckten Gipfel des Atlasgebirges ausmachen können, was bei frischen Winden niemals möglich ist, weil dann immer ein dunstiger Schleier über der Landschaft liegt.

Nach dem Frühstück brachten wir das Dingi zu Wasser – ein schwieriges Manöver von Deck einer rollenden Yacht. Wir nahmen die Kameras mit, ruderten zum Hafen und landeten. Sobald wir den Rücken gekehrt hatten, fiel eine Rotte von Kindern über das Dingi her, bis ein alter hagerer Mann sie verjagte. Gleichzeitig gab er uns zu verstehen, daß er während unserer Abwesenheit an Land aufpassen würde. Ein Polizist (vielleicht handelte es sich auch um einen Soldaten) eskortierte uns sehr langsam, was bei der vorherrschenden brennenden Hitze wahrscheinlich vernünftiger war als unser eigenes, ungeduldiges Landgangstempo, zu einem sehr großen, kühlen und düsteren Gebäude, wahrscheinlich der Polizeistation. Dort wurden unsere Pässe eingehend studiert und zwischen mehreren Beamten herumgereicht. Da wir kein Wort ihrer Sprache kannten, vermochten wir den Grund unseres Besuches nicht zu erklären. Offenbar waren Besucher in Mogador eine Seltenheit. Wir waren ungeduldig, die Stadt kennenzulernen und dann an Bord zurückzukehren, aber in Marokko, ebenso wie in anderen arabischen Ländern, spielt die Zeit überhaupt keine Rolle, so daß wir uns in Geduld üben mußten. Doch nach einer Stunde waren wir, nach manchem höflichen Lächeln und zahlreichen freundschaftlichen Gesten, frei zu gehen, wohin wir wollten, und so durchforschten wir die Stadt, auf welche die Sonne ihre Hitze herabschüttete und in dem grellen Licht tiefschwarze Schatten warf. Von den breiteren, sonnenhellen Straßen zweigten sich enge, dunklere ab, auf deren beiden Seiten schwarze Torbögen in fensterlose Häuser führten, in denen sich Menschen drängten, überall Menschen, Männer in langen Gewändern, verschleierte Frauen und zahllose Kinder. Über der Stadt lag etwas wie Zeitlosigkeit. Wir hatten das Gefühl, daß die moderne Zivilisation noch nicht bis hierher gedrungen war; wir sahen kein einziges Motorfahrzeug, wir hörten kein Radio und in den Läden lagen Waren aus, die uns fremd waren. Die älteren Leute zeigten eine bemerkenswerte Würde und Höflichkeit.

Als wir am nächsten Tag die Reede unter Segel verließen, hatten wir die Absicht, die nächste Nacht in Lee von Kap Sim zu verbringen, wo die Karte einen Ankerplatz anzeigte. Als wir aber das Kap erreichten, sah der Himmel schmutzig aus; dicke, schmierige Wolken zogen von Südwesten herauf, so daß wir uns entschlossen, lieber nach See zu halten. Und es war gut, daß wir es taten, denn abends um 6 Uhr 30 fingen die Ereignisse an, sich zu überstürzen. Der schnell auffrischende Wind veranlaßte uns, unverzüglich ein doppeltes Reff einzubinden d. h., die Großsegelfläche um mehr als die Hälfte zu verringern, aber schon eine halbe Stunde später erwies sich auch dieses kleine Segel als zuviel, so daß wir es bargen und statt dessen das Trysegel von nur 7 qm setzten. Da wir aus dem Zug der Wolken auf ein Rückdrehen des Windes schlossen, wodurch wir auf Legerwall der gefährlichen Küste geraten würden, änderten wir den Kurs weiter seewärts. Vor raumem Wind machte *Wanderer* schnelle Fahrt, blieb aber in ihren Bewegungen verhältmäßig ruhig und lag leicht auf Ruder, da sich noch keine See hatte bilden können. Eine Stunde später aber wurde die See schon steil und warf bei weiter zunehmender Windstärke Wellenkämme auf, so daß wir auch das Trysegel bargen und nur unter der kleinen Fock mit fast unveränderter Geschwindigkeit von etwa 6 Knoten weiterliefen. Und selbst dieses Segel mußten wir bald bergen und beidrehen, d. h., wir ließen uns vor Topp und Takel breitseits zum Wind und zur See treiben, während der plötzlich ausgebrochene Sturm mit eindrucksvollen Noten machtvoller Wut in unserer Takelage orgelte. Wir befanden uns zu diesem Zeitpunkt in Gesellschaft einer kleinen Flotte von Fahrzeugen, die wir für Sardinenfischer hielten. Auch sie lagen, wie wir selbst, beigedreht. Mit ihrem geringeren Tiefgang und größeren Windfang trieben sie schneller als wir nach Lee, so daß es notwendig war, sie im Auge zu behalten.

Dies war das erste wirklich schlechte Wetter, dem wir seit unserer Abfahrt von England begegneten. Ich glaube, der Wind erreichte abends zwischen 9 und 11 Uhr volle Sturmstärke, als der Barograph eine scharfe Zacke auf seine Karte zeichnete, dauerte aber glücklicherweise nicht lange an; bald nach Mitternacht wehte nur noch ein sanftes Lüftchen. Gleichzeitig lief die See aber weiter so konfus durcheinander und die Bewegungen blieben so heftig, daß ich mich um das Segelsetzen bis Tagesanbruch drückte, als wir Kap Ghir gerundet und ruhigeres Wasser gefunden hatten. Leider nützte es uns wenig, denn der Wind wurde unbeständig und erstarb schließlich ganz; grauer, feuchter Nebel rollte von See herein. So motorten wir die restlichen 15 Meilen bis Agadir, allerdings nicht ohne eine gewisse Besorgnis, denn wir hatten keine Lust, an unserem Bestimmungsort vorbeizufahren und uns in den Brechern wiederzufinden, die an die Wüstenküste südlich dieses Hafens brandeten. Kurz vor Mittag entdeckte Susan durch einen jener merkwürdigen Tunnels klarer Luft, die man manchmal im Nebel findet, die alte von Mauern umgebene Stadt hoch über dem Hafen und nahm eine Peilung, bevor sie wieder verschwand. Damit waren alle Schwierigkeiten beseitigt, und bald darauf ließen wir in dem von den Franzosen kürzlich fertiggestellten Hafen den Anker fallen, dankbar, angekommen zu sein, denn fast unmittelbar danach fiel der Nebel dichter denn zuvor und blieb bis zur Abenddämmerung.

Die alte Stadt liegt auf dem Gipfel eines den Hafen beherrschenden, 235 m hohen Hügels und erweckt mit ihren Zinnen, Mauern und Minaretts den Eindruck eines Märchenschlosses. Eines heißen Nachmittags machten wir uns auf den Weg und erstiegen die im Zickzack zum einzigen Stadtzugang führende Straße. In den dunklen Torbogen streiften Mengen schmutziger, schlecht ernährter Kinder herum; die meisten litten an Hautkrankheiten; Kopfhaut und Glieder waren von Schorf und schwärenden Wunden entstellt. Ein Araber in undefinierbarer Uniform heftete sich an unsere Fersen und bestand darauf, uns die üblichen Sehenswürdigkeiten zu zeigen, den Aussichtsturm, die Befestigungsanlagen und den Laden, in dem es Lederwaren und Teppiche zu hohen Preisen zu kaufen gab. Wir waren aber entschlossen, die Wohnungen kennenzulernen und waren entsetzt über das, was wir zu sehen bekamen — Überfüllung und Armut, Lichtlosigkeit und Mangel an sanitären Einrichtungen, Fliegen, die offenbar unbemerkt auf den Gesichtern der Menschen herumkrochen, und die Gerüche! Und doch herrschte auch hier, genau wie in Mogador, eine gewisse würdevolle Haltung, die zu verstehen gab, daß die Gegenwart ohne Bedeutung sei. Während wir zwischen den Kakteen unseren Weg auf einer Abkürzung nach unten suchten, fragten wir uns, was wohl die Einwohner des alten Agadir über das neue Agadir dachten, das sich auf der Ebene unter ihnen ausbreitete und dessen moderne Läden, glitzernde Wagen und Touristenhotels sie den ganzen lieben langen Tag betrachten konnten, denn sonst hatten sie offenbar wenig zu tun.

Es tat wohl, in *Wanderers* saubere, wohlriechende Kajüte zurückzukehren und sich zu waschen, aber während unseres ganzen Aufenthaltes mahnte uns das alte Agadir an seine Gegenwart. Nicht nur, daß es von unserem Ankerplatz aus wie ein geweißtes Grabmal hoch über uns im hellen Sonnenlicht leuchtend sichtbar war, sondern allmorgentlich vor Tagesanbruch drang die Stimme des heiligen Mannes, die Menschen zum Gebet aufrufend, klar zu uns herab und weckte uns – eine Stimme höchster Tonstufe, lang ausgezogen und plötzlich abbrechend. Sie sandte eine Gänsehaut über unseren Rücken.

Wenige Monate nach unserem Besuch richtete ein Erdbeben, dem, wie so häufig, eine Flutwelle folgte, unbeschreiblichen Schaden in Agadir an. Mehr als 10 000 Menschen verloren ihr Leben, viele von ihnen wurden lebendig begraben. Der Kronprinz von Marokko, Moulay Hassan, gab den Befehl, die kläglichen Reste der Stadt wegen Seuchengefahr und anderer durch Horden von Ratten hervorgerufener Krankheiten dem Erdboden gleichzumachen.

Von Agadir auslaufend, entfernten wir uns in schrägem Winkel von der afrikanischen Küste. Mit Kurs WSW legten wir die 225 Meilen nach Lanzarote, der am weitesten östlich gelegenen Kanarischen Insel, zurück. Die Reise war ein reines Vergnügen. Das Wetter war gut, der mäßig starke Wind wehte aus günstiger Richtung, und die See war so ruhig, als befänden wir uns eben innerhalb der nördlichen Grenze des NO-Passatgürtels. Wir wollten nach Lanzarote, weil es, der Karte nach zu urteilen, den einzigen Naturhafen der Inselgruppe besaß, eine kleine Einbuchtung an der Südost-Küste namens Port Naos, die, wie auch der *Pilot* bestätigte, von der Seeseite durch Riffe und eine kleine Insel geschützt war.

Wir kamen nachts an und standen bis zum Hellwerden auf und ab. Dann liefen wir durch die westliche Einfahrt ein, waren aber unangenehm überrascht, den Hafen so voll belegt mit offenbar herrenlosen Handelsketschen und -schonern anzufinden, daß es uns nur mit Schwierigkeiten gelang, unseren Weg bis zu einem beengten Ankerplatz mitten zwischen ihnen zu finden. Dort lagen wir und rollten genau so schwer wie sie in der Dünung, die durch beide Eingänge hineinstand, in der Mitte aufeinander traf und an den felsigen Küsten entlang dröhnte.

Das Schlingern dieser großen Segelschiffe hatte etwas von niederdrückender Verlorenheit an sich. Einen Augenblick lang schwebten die zersplitterten, entfärbten Schanzkleider dicht über dem Wasser, und im nächsten boten sich unseren Augen die riesigen

Flächen ihrer unkraut- und muschelbewachsenen Unterwasserschiffe. Manchmal sah es fast so aus, als würde unsere kleine *Wanderer* von ihren unansehnlichen, unförmigen Nachbarn erdrückt, die alle vor drei Anker lagen, was auf schlechten Ankergrund schließen ließ. Zwei Verkehrsboote kamen heran und hängten sich wie die Kletten an uns; die Insassen gaben uns zu verstehen, daß wir mit größerer Sicherheit im Hafen von Arrecife eben um die Ecke herum liegen würden. Wir waren der gleichen Ansicht, hatten uns aber auf einen so engen Liegeplatz manövriert, daß es nur unter Motor möglich war, wieder herauszukommen. Ich brauchte fast zwei Stunden, um die Maschine mit dem in Agadir gekauften Benzin, dem wahrscheinlich Petroleum zugesetzt war, in Gang zu setzen. Natürlich lief der Motor nicht, wie er sollte und blieb stehen, als wir die Ausfahrt erreicht hatten. Inzwischen hatten wir aber die Segel setzen können und gelangten ohne weiteren Zwischenfall nach draußen.

In Arrecife mußten wir feststellen, daß der Hafen ebenso überfüllt und fast so unruhig war wie Port Naos, so daß wir unsere Fahrt entlang der Südseite der Insel fortsetzten. Wir genossen den Anblick der malerischen, vulkanischen Bergspitzen, die uns an Ascension erinnerten, und beabsichtigten, durch die Straße zwischen Lanzarote und Fuerteventura nach La Luz, dem Hafen von Las Palmas auf Gran Canaria zu laufen. In der Enge fühlten wir uns aber von einer Bucht an der Nordseite angezogen, und kreuzten hinein. Wir folgten dabei der von H. M. S. „Etna" im Jahre 1835 aufgestellten Lotungslinie und verbrachten, dort angekommen, eine ungestörte Nacht vor Anker auf sandigem Grund, außer Sicht menschlicher Ansiedlungen. Nur die Leuchtfeuer sandten ihre Blitze von beiden Seiten der Enge. Dies war die erste stille und von Grund auf erholende Nacht, die wir seit Wochen genossen hatten. Mit Bedauern nahmen wir am nächsten Morgen Abschied und machten eine schnelle Reise hinüber nach Gran Canaria. Das große Feuer auf La Isleta kam schon vor Mitternacht in Sicht. Inzwischen hatten wir unser verdächtiges Benzin über Bord geworfen, und da wir keine Lust verspürten, bei Dunkelheit in den künstlichen Hafen von La Luz einzulaufen, drehten wir bis Hellwerden bei – was offenbar zur Gewohnheit werden sollte – liefen dann ohne die geringsten Schwierigkeiten ein und ankerten im inneren Hafenbecken zwischen anderen Kandidaten für die Atlantiküberquerung, einem Amerikaner, einem Deutschen, einem Franzosen und zwei englischen Einhandseglern.

Sechs volle Tage blieben wir mangels Wind an diesem schmutzigen und nicht besonders interessanten Ort liegen und erlebten so die totale Sonnenfinsternis vom 1. Oktober. Der Tag war bewölkt, und viele Leute waren nach Fuerteventura hinübergefahren, weil diese Insel nur halb so hoch ist wie Gran Canaria und man dort die Chancen für besser hielt, klaren Himmel zu finden. Mitte des Vormittags begann das Licht zu schwinden; dann brach wie durch ein Wunder die Wolkendecke auf, und wir konnten abwechselnd durch die Schattengläser des Sextanten beobachten, wie der schwarze Mondschatten langsam das Gesicht der Sonne bedeckte. Während der Morgen sich verdunkelte, breitete sich Stille über La Luz aus. Ich möchte kaum annehmen, daß der brausende Verkehr tatsächlich zum Stillstand kam, obgleich es sich so anhörte, aber bestimmt verstummten die Hunde, die auf jedem Kümo und Fischkutter zu Hause sind und gewöhnlich vom Morgengrauen bis zum Dunkelwerden bellen, und wir konnten sogar ein abendliches Vogelgezwitscher vernehmen. Als die Sonne vollkommen vom Mond verdeckt war, sah es genau wie auf einer Photographie aus, die wir zu Hause haben und die von Susans Vater, einem Mitglied der Royal Astronomical Society vor vielen Jahren aufgenommen worden war, — eine schwarze Scheibe, umgeben von einem Kranz perlenweißen Lichtes, das Strahlen verschiedener Form und Intensität in den verdunkelten Himmel hinaussandte (die sog. Korona). Es war ein wunderschöner, eindrucksvoller Anblick. Die totale Verdunkelung dauerte zwei Minuten; dann bewegte der Mond sich langsam weiter, und nach und nach kehrte das Tageslicht zurück. Im gleichen Maße, wie das Licht wieder zunahm, kehrte auch La Luz zum Leben zurück und sehr bald, als hätte dieses ungewöhnliche Schauspiel der Natur nie stattgefunden, begann der Verkehr von neuem zu rollen und zu brausen, man hörte das Geschrei der Menschen, und die Hunde nahmen ihr rauhes, hitziges, wütiges Gebell wieder auf.

Von La Luz nach St. Vincent auf den Kapverdischen Inseln sind es 900 Seemeilen, und wir legten diese Entfernung in 8¼ Tagen zurück, obgleich wir 24 Stunden lang bewegungslos in der Windstille trieben, die in Lee der hohen Insel Gran Canaria entsteht. Es lief nur eine schwache Dünung, so daß die Ruhe nicht unangenehm war. Bevor wir anfingen, uns zu langweilen, kam ein leichter Luftzug aus Nordost durch, der langsam auffrischte, so daß wir bald *Wanderer* unter doppelten Vorsegeln sich selbst überlassen konnten. Am vierten Tag erzielte sie ein Etmal von 140 Seemeilen, das beste, das sie jemals unter dieser kleinen Besegelung von nur 22 qm erreicht hat. Der Wind legte jedoch weiter zu, und am nächsten Tag bargen wir eines der beiden Segel, erreichten aber trotzdem unter dem anderen ein Etmal von immer noch 120 Meilen, wobei wir dann allerdings Ruder gehen mußten. Wir machten schnell südliche Breite, zu schnell für unseren Seelenfrieden und unsere Gemütlichkeit. Im allgemeinen war das Wetter nämlich unangenehm. Die See lief steiler und schwerer als es gewöhnlich in den Passaten zu erwarten ist, und das Schiff rollte mit solcher Heftigkeit, daß es wiederholt die Reeling tief ins Wasser tauchte. Der Himmel sah düster aus und war, obwohl weder bedeckt noch sehr wolkenreich, von einem Schleier überzogen. Sonne und Mond hatten einen Hof, und die Sterne waren ohne Glanz.

Als Navigator nahm ich an, St. Vincent ohne Schwierigkeiten auffinden zu können, denn es liegt keineswegs niedrig über dem Wasser, und sein nahgelegener Nachbar, Santo Antão, erhebt sich zu einer Höhe von 1200 m. Als wir uns aber näherten, begann ich an der Genauigkeit meiner Beobachtungen zu zweifeln, denn der Himmel blieb weiter diesig, der Horizont war verschwommen und zeigte bis zu einer Höhe von zehn Grad einen gelblichen Streifen, genau so, als wäre die Luft wie bei einem Harmattan (trockener, Staub bringender Landwind) mit Wüstensand gesättigt. Der Oktober ist aber normalerweise kein Harmattan-Monat.

Am Nachmittag unseres achten Tages auf See und nach Auswertung unserer Beobachtungen, nach denen wir unmittelbar vor unserem Bestimmungsort stehen mußten, die aber vielleicht unzuverlässig waren, traten hoch am Himmel auf Steuerbord voraus undeutlich die Konturen der Berggipfel von Santo Antão aus dem Dunst hervor, und bald darauf erblickten wir vor uns die konischen Hügel von St. Vincent.

Wieder einmal kamen wir nachts an und wurden von Feuern und unbeleuchteten Hindernissen, die weder auf der Karte eingezeichnet, noch im letzten Nachtrag zum *Pilot* erwähnt waren, irregeführt. Am nächsten Tag entdeckten wir, daß die Ursache aller dieser Schwierigkeiten ein im Bau befindlicher neuer Wellenbrecher war, dessen unter Wasser liegende Teilstücke nachts für Fremde eine ernsthafte Gefahr bedeuteten. Trotz aller Besorgnisse gelang es jedoch, uns hindurchzutasten und unseren Ankerplatz in der großen Bucht von Porto Grande anzusteuern, wo wir fast sofort den Besuch eines Lotsen empfingen.

„Passen Sie gut auf, Kapitän", sagte er, „hier gibt's viele Diebe."

Bei Tagesanbruch kehrte er zurück und wies uns freundlicherweise einen geschützteren Ankerplatz an, inmitten malerischer Handelsschoner und Kutter, von denen einige so altersschwach aussahen, daß man sich nur wundern mußte, wie sie es fertig brachten die offenen Seestrecken zwischen den Inseln zu bewältigen, noch dazu mit hochaufgetürmter Decksladung und Passagieren oben darauf.

Seitdem Heizöl an die Stelle von Bunkerkohle getreten ist, sind magere Tage für St. Vincent angebrochen, und es gibt so gut wie keine Beschäftigung für die schnell anwachsende Bevölkerung. Diebstahl ist daher an der Tagesordnung, und die Diebe benehmen sich ziemlich unverfroren. Man erzählte sich, daß ein Schiff, das St. Vincent zum Bunkern angelaufen hatte, eines seiner Rettungsboote durch Diebstahl verlor, und daß am darauffolgenden Tag das gleiche, aber inzwischen umgemalte Boot in der Bucht gesichtet wurde. Yachten werden ebenfalls als leichte Beute betrachtet. Die Ketsch *Scolopax* beschäftigte, wenn die Besatzung an Land war, einen eigenen Wachmann, der aber gleichzeitig das Essen aus den Dosen im Schrank stahl und die Leerdosen so geschickt wieder hinstellte, daß der Diebstahl nicht entdeckt wurde, bis die Yacht sich auf dem Wege nach Galveston, Texas, befand. Das sie zu diesem Zeitpunkt bereits vor dem Nordost-Passat segelte, kam eine Rückkehr nicht mehr in Frage.

Jedesmal, wenn wir an Land die herzliche Gastfreundschaft der kleinen britischen Kolonie in Anspruch nahmen, nahmen wir uns ebenfalls einen Wachmann, aber eingedenk der *Scolopax*, riegelten wir das Schiff ab und ließen ihn draußen an Deck Wache gehen. Stets kam er vor der verabredeten Zeit, vielleicht in der Hoffnung, ein paar Escudos extra zu verdienen, saß im Kockpit und beobachtete aufmerksam jede Bewegung von Susan und mir, während wir uns wuschen und landfein machten.

Die Armut dieser Menschen ist ergreifend. Da es keinen sicheren Ort gab, wo wir unser Dingi lassen konnten, ließen wir uns gewöhnlich von einem Verkehrsboot abholen und an Land bringen, und wenn wir an Bord zurückkehrten, nahm dasselbe Boot unseren Wachmann zurück. Als wir eines Abends gemütlich mit dem britischen Konsul und seiner Frau zu Abend gespeist hatten und wieder an Bord gegangen waren, brachte das Verkehrsboot unseren Wachmann zurück.

„Darf ich bitte mein Sandwich haben?" sagte er.

Ich fand es auf dem Brückendeck liegen, nichts als ein Stück muffigen alten Brotes.

Einmal warf Susan unser verdorbenes, verschimmeltes Brot über Bord, und wir waren entsetzt zu sehen, wie drei Bootsmannschaften benachbarter Kümos sofort herbeieilten, um es aus dem Wasser zu holen und herunterzuschlingen, durchweicht mit Salzwasser, wie es war. Das Traurigste aber war, daß die Maisernte, welche die Haupternährung der Inselbewohner bedeutet, infolge völliger Regenlosigkeit in jenem Jahr ausgefallen war, und daß die Felder, die in jungem Wuchs hätten grünen sollen, braun und dürr dalagen. Es gibt keine Wasserquellen auf St. Vincent; jeder Tropfen muß mit Lastkähnen aus Santo Antão herangebracht werden.

Das portugiesische Vermessungsschiff *Comandante Almeida Carvalho* lag in der Bucht vor Anker, um sich eine kurze Weile von seinen Arbeiten zwischen den Inseln zu erholen. Wir erfuhren von Kapitän und Offizieren viele Beweise freundschaftlichen Interesses. Eines Abends gaben sie für uns ein Diner an Bord, und Susan erwähnte in der Unterhaltung beiläufig, daß wir in St. Vincent keinen guten Weißwein hätten auftreiben können. Der Kapitän sagte nichts, aber das Boot, das uns spät nachts zur *Wanderer* zurückfuhr, brachte uns gleichzeitig drei 5-Liter-*garafons* Sanguinhal als Geschenk des Schiffes.

DRITTES KAPITEL

Der Atlantik und Britisch-Guayana

Die Überquerung des Atlantik von den Kapverdischen Inseln aus bedeutet die Wahl der kürzesten südlichen Route, 2100 Seemeilen nach Barbados, im Vergleich zu 2700 Seemeilen von den Kanarischen Inseln und 3000 von Madeira. Unser Bestimmungsort war aber nicht Barbados, sondern der Demerarafluß in Britisch-Guayana, der einzigen britischen Kolonie in Südamerika, wohin die Entfernung etwa 2000 Seemeilen beträgt. Am 19. Oktober verließen wir St. Vincent. Jedes einzelne der zwischen den Inseln verkehrenden Schiffe gab uns einen Cheer, als wir vorbeisegelten. Bei frischem Nordostwind erreichten wir an jedem der ersten beiden Tage ein Etmal von 131 Meilen und gelangten so rasch von den Inseln und Schiffahrtsrouten hinaus in die Weite des Ozeans.

Susan und ich sind uns beide sehr ernsthaft der Gefahren bewußt, die sich als Folge von Körperverletzungen, wie von Verbrennungen oder Knochenbrüchen, auf einer langen Reise außer Reichweite jeder ärztlichen Hilfe ergeben können, und durchweg sind wir geradezu lächerlich vorsichtig. Aber in der zweiten Nacht auf See hatte ich einen kleinen Unfall, der geeignet war, mich von neuem an die Notwendigkeit dauernder Wachsamkeit zu erinnern. Sehr müde saß ich in Luv und steuerte, so müde, daß ich unterließ, mich festzubinden, und auch Susan hatte, schläfrig wie sie war, vergessen, sich davon zu überzeugen. Nach einer Weile muß ich eingenickt sein, stürzte quer über das Kockpit nach Lee und schlug mit meinem Kopf, ich glaube, auf die Schotwinsch; gleichzeitig riß ich mir einen großen Fetzen Haut vom Unterarm. Nachdem ich mich, mit einer Beule am Kopf so groß wie ein Hühnerei, von den Schrecken erholt hatte, überlegte ich mir, wie leicht ich mein Auge hätte verletzen oder bewußtlos unter der Seereling hindurch über Bord gehen können – ohne daß Susan jemals erfahren hätte, wie es passiert war. Auf lange Zeit hinaus vergaß keiner von uns, die Sicherheitsleinen um den Leib zu nehmen.

Am dritten Tag holte der Wind etwas östlicher und ließ an Stärke nach. Wir packten das Großsegel ein, setzten die Doppelspinnaker und ließen *Wanderer* nach passender Einstellung der Schoten und Vorholer während der nächsten acht Tage sich selbst steuern. Während dieser Zeit betrug der Durchschnitt der täglichen Etmale 105 Seemeilen. Glücklicherweise blieb der Wind in seiner Richtung stetig, denn die Doppelspinnaker sind in ihrer Verwendbarkeit sehr begrenzt und ziehen nur dann gut, wenn der Wind fast genau von achtern kommt. Da sie gar keine stützenden Eigenschaften besitzen, rollt das Schiff gewaltig, aber wir finden uns lieber damit ab, als mit der Last ununterbrochenen Rudergehens. Außerdem gewährt das Vorwindsegeln unter Doppelspinnakern eine besondere Art von Befriedigung: der Wind ist achterlich, es besteht keine Notwendigkeit, Wachen zu gehen, weder die Takelage noch die Segel schamfilen, kurz, es ist als bekäme man etwas umsonst. Abgesehen von dem ermüdenden und lästigen Rollen verbrachten wir eine angenehme und interessante Zeit. Wir beschäftigten uns mit kleineren Arbeiten und versuchten durch eine Serie von Fotos zur späteren Unterhaltung unserer Freunde ein wenig von unserem täglichen Leben einzufangen. Wir machten auch einige Film- und Bandaufnahmen in der Hoffnung, daß sie sich als geeignet für das Fernsehen erweisen würden, aber bei einem Hin- und Herrollen von 25 Grad alle zwei Sekunden war dies eine Arbeit für Akrobaten. Planung und Ausführung der Filmaufnahmen erforderten die meiste Zeit; während dieser acht Tage taten wir kaum etwas anderes, und wir redeten vom Filmen sogar mitten in der Nacht, wenn wir aufwachten und an Deck kontrollierten, ob die Lichter brannten und alles in Ordnung war.

Eine unserer Hauptschwierigkeiten beim Filmen war, daß wir keinen Kameramann an Bord hatten. Außer bei den seltenen Gelegenheiten, wo wir ein Stativ und einen Selbstauslöser verwenden konnten, war es natürlich unmöglich, beide gleichzeitig im Bilde zu erscheinen. Trotzdem galt es den Eindruck zu erwecken, als ob wir es täten. Die einfache Darstellung einer Handlung, z. B. wie Susan einige Bananen durch die Niedergangsluke nach oben reichte und ich sie in Empfang nahm und aß, erforderte viele Proben und in den entscheidenden Momenten einen Austausch von Kamera und Bananen gleichzeitig mit einem Wechsel von Linse und Einstellung. Aufnahmen in der Kajüte mußten wegen des schlechteren Lichtes unten und der geringeren Empfindlichkeit des von uns benutzten Farbfilms manchmal mit acht Bildern anstatt mit 24 Bildern per Sekunde, wie der Rest des Films, belichtet werden. Jede Handlung mußten wir entsprechend verlangsamen, was eine große Anzahl von Proben, die alle mit der Stoppuhr gemessen wurden, notwendig machte. Es gab Augenblicke, in denen die Schwierigkeiten unüberwindlich groß erschienen und wir nahe daran waren, die Filmerei ganz aufzugeben. Schließlich waren wir aber doch froh, durchgehalten zu haben, denn bald nach unserer Rückkehr wurden einige unserer Filme vom BBC im Rahmen von zwei halbstündigen Programmen gesendet, und da *Wanderer* gleichzeitig auf der International Boat Show in Earls Court ausgestellt wurde, sprachen uns zahlreiche Menschen darauf an. Offenbar hatte der Film ihnen viel Spaß gemacht, und unsere listigen Kniffe müssen erfolgreich gewirkt haben, denn eine große Anzahl von Besuchern war davon überzeugt, daß wir einen Kameramann an Bord gehabt hätten. Wurde dies bezweifelt, bestanden sie darauf, uns beide gleichzeitig auf der Leinwand gesehen zu haben. Ein anderes Handicap war, daß wir von den 2400 m exponierten Films, bevor die Reise vorbei war, höchstens ein paar Meter zu sehen bekamen. Farbfilme können nach der Belichtung so leicht durch Hitze und Feuchtigkeit verdorben werden, daß wir die Filmrollen bei der ersten sich bietenden Gelegenheit per Luftpost zum Entwickeln einsandten. Anschließend gingen sie an Peter Guinness weiter, der ebenfalls Mitglied des Royal Cruising Clubs ist und dazu ein Filmexperte. Er und seine Frau sahen sich die Filme freundlicherweise auf ihrer eigenen Leinwand an, berichteten uns über die gemachten Fehler, gaben uns Ratschläge für zukünftige Aufnahmen und bewahrten die Filme für uns auf.

Als wir weiter westwärts vordrangen, holte der Wind überraschenderweise herum, bis er südlicher als Ost wehte, und anstelle der nördlichen Dünung, die man im Herzen des Nordostpassats wohl erwarten darf, lief sie aus südöstlicher Richtung. Wir mußten daher den Eindruck gewinnen, daß die Doldrums, die Gegend der Windstillen, durch den Südostpassat, der jetzt weit auf die Nordseite des Äquators hinübergriff, ausgeschaltet worden waren. Auch der Himmel sah ungewöhnlich aus. Die kleinen, bauschigen Wolken, die für das Passatwetter charakteristisch sind, fehlten völlig; viel häufiger war der Himmel diesig oder von dünnen Cirruswolken durchsetzt, ähnlich wie es an der afrikanischen Küste der Fall gewesen war, und Wolkenbrüche, manchmal begleitet von Böen von annähernder Sturmstärke, wurden um so häufiger, je weiter wir nach Westen gelangten. Das einzige Schiff, das wir in unmittelbarer Nachbarschaft erblickten, gerade als eine dieser Regenböen uns beide umhüllte, war ein Tanker. Wir sahen keinen Fisch außer den fliegenden Fischen, die von schläfrig aussehenden Tümmlern gejagt wurden, und die einzigen Vögel waren die allgegenwärtigen Sturmschwalben.

Erst als wir uns der südamerikanischen Küste näherten und ernsthaft anfingen, an unseren Landfall zu denken, drehte der Wind auf Nordost zurück, wohin er gehörte. Das machte natürlich die Küste von Britisch-Guayana zu einer Leeküste, und wir fragten uns im stillen, was wohl geschehen würde, wenn die großen Wogen des weiten Ozeans begannen, Grund unter sich zu spüren, denn das Wasser ist viele Meilen vor der Küste flach. Das Handbuch enthielt nur magere Informationen, außer dem Hinweis, daß die Wellen dort für schwer beladene Kleinfahrzeuge (in welche Kategorie *Wanderer* wohl fiel), gefährlich seien, setzte aber hinzu, daß keine Roller dort entstünden, wo der Meeresboden weich sei.

Der Demerarafluß ist ohne Verwendung eines Funkpeilers (den wir damals noch nicht besaßen) keineswegs einfach zu finden, denn die Küste von Britisch-Guayana ist flach und niedrig. Auffällige Merkmale fehlen ganz. Die East G. T. Tonne, die wir zur Ansteuerung finden mußten, ist nicht sehr groß und liegt außerdem zehn Meilen vor der Küste, also außer Landsicht. Verpaßten wir die

Boje und segelten nur etwas zu weit, konnten wir leicht zwischen die flachen, der Mündung des Essequiboflusses vorgelagerten Sandbänke geraten, die schon manchem Schiff zum Friedhof geworden sind, wie auch aus der Karte mit der großen Anzahl eingezeichneter Wracks hervorging. Weitere Sorgen bereitete uns die südäquatoriale Strömung, die mit ein bis vier Knoten in westnordwestlicher Richtung setzt, sowie die Tidenströme, die zwischen der südlichen Kante jener Strömung und der Küste laufen.

Wir nahmen daher jede Gelegenheit wahr, unseren Schiffsort durch Höhenbeobachtungen von Sonne und Sternen zu bestimmen, in ständiger Sorge, daß der Himmel sich beziehen könnte, wozu er immer wieder Anstalten zu machen schien. Am Vormittag unseres neunzehnten Tages auf See fanden wir uns durch trübes, muddiges Wasser hellbrauner Färbung segeln. Der Wellengang war wie durch ein Wunder über Nacht heruntergegangen, ohne daß sich die geringsten Anzeichen von Rollern oder kabbeligem Wasser bemerkbar machten. Die Erklärung hierfür lag offensichtlich in dem Umstand, daß wir unsere Ansteuerung dort vorgenommen hatten, wo der Boden laut Seekarte aus weichem Schlick bestand. Was die Höhe des Wellengangs anbetraf, hätten wir uns genauso gut auf einer großen, von allen Seiten eingeschlossenen Wasseroberfläche bewegen können.

Glücklicherweise konnte ich an jenem Morgen einige gute Sonnenbeobachtungen machen und mittags zu Susan sagen: „Die Ost-G. T. müßte jetzt 25 Seemeilen voraus liegen; wenn der Wind so bleibt, sollten wir sie um etwa 4.30 Uhr in Sicht bekommen.“ Zu meiner unendlichen Erleichterung kam es auch so. Nie kann ich genug die Tatsache bestaunen, daß ich meinen Standpunkt auf der Oberfläche dieser kleinen Erdkugel durch einen Blick auf ein so entferntes Objekt wie die Sonne oder die unendlich viel weiter entfernten Sterne bestimmen kann. Wenn dann das Land zu der vorher berechneten Stunde wirklich in Sicht kommt, gedenke ich bescheiden und voll Dankbarkeit der Männer, die so etwas möglich gemacht haben. – Die Tonne selbst ist nur ein kleines Ding aus Gitterwerk und bestimmt keine auffällige Ansteuerungsmarke am Ziel einer Seereise von 2000 Meilen; allerdings darf man wohl nur die letzten Beobachtungen als wirklichen Ausgangspunkt zählen.

Damit waren unsere navigatorischen Sorgen vorbei, denn acht Meilen weiter stand ein Leuchtfeuer, und von da an führte eine Reihe von Leuchtbojen in die Flußmündung hinein. Die Nacht war hereingebrochen, bevor wir in den Fluß einliefen. Der Passatwind blies nur noch als leichte Brise; auf der strömenden Flut glitten wir in rascher Fahrt an den Lichtern von Georgetown, der Hauptstadt, und den vor Anker liegenden Schiffen vorbei und ließen unseren Anker abseits von aller Welt nahe dem westlichen Ufer vor einer Reihe von Fischerpfählen fallen, die im Kegel unseres Scheinwerfers deutlich hervortraten. Tiefe Stille herrschte in der Nacht, und nachdem wir unsere Segel zusammengepackt und die Ankerlaterne ausgebracht hatten, blieben wir eine Weile entspannt an Deck sitzen, lauschten den Geräuschen der Grillen und Frösche und atmeten tief den zuckersüßen Duft von Britisch-Guayana ein.

Für Kleinfahrzeuge gibt es vor Georgetown infolge des Schiffsverkehrs auf dem Fluß und der starken Tidenströme keinen guten Ankerplatz. Trotzdem verlegten wir uns am nächsten Morgen auf die andere Seite des Flusses, um vorübergehend vor dem Segelklub zu ankern. Das Flußwasser war so dick durchsetzt mit aufgewühlten Ablagerungen, daß Mast und Takelage kräftige und klargezeichnete Schatten auf das Wasser wie auf festen Erdboden warfen. Der Klubvorsitzende machte sofort seinen Besuch und stellte uns Major Atkinson, den Chef der Feuerwehr vor, der uns liebenswürdigerweise einen Liegeplatz für *Wanderer* zwischen den Pfählen am Feuerwehrpier besorgte. Dort lagen wir von Feuerlöschbooten umgeben und gegen die Zuckerleichter und Flöße von Baumstämmen geschützt, die mit der Ebbe den Fluß herabtrieben. Rührige Feuerwehrmänner bewachten die Yacht und halfen uns in jeder nur denkbaren Weise. Mit diesem Tag begann eine Kette von Einladungen und Veranstaltungen, wie wir es selten außerhalb Neuseelands erlebt haben, die sich ohne Unterbrechung während unseres ganzen vierzehntägigen Aufenthalts in Britisch-Guayana fortsetzten.

Das Land ist etwa von gleicher Größe wie Großbritannien, aber von weniger als dem hundertsten Teil dessen Bevölkerung bewohnt; hiervon leben und arbeiten etwa 90 Prozent auf dem schmalen, flachen Küstenstreifen, der vorwiegend dem Anbau von Zuckerrohr dient. Die sauber gehaltenen Felder der Plantagen sind scharf durch Entwässerungs- und Transportkanäle abgegrenzt – man hat die Manati, die tropische amerikanische Seekuh eingeführt, um die Kanäle frei von Unkraut zu halten – und die rauchenden Schornsteine der Zuckerfabriken beherrschen die Landschaft. Die Karte verzeichnet merkwürdigerweise mehr als hundert Plantagen mit ihren Namen: Better Hope, Paradise, La Bon Intention, Profit, Success, Covent Garden, Mary and Harlem etc. Im Rücken des Küstenlandes steht der Busch, wimmelnd von Insekten und Schlangen, Heimat des todbringenden Bushmasters. Dahinter erstreckt sich der Urwald, unermeßlich in seiner Weite, dunkel und schweigend. Die Flüsse sind die einzigen Straßen, aber die Vegetation ist so üppig, daß viele Seitenarme des Flusses vollständig zugewachsen sind; Tunnels, die sich aus der Luft nicht mehr ausmachen lassen. Das Land ist reich an Mineralschätzen, unter denen Bauxit, der Ausgangsstoff von Aluminium, die größte Bedeutung besitzt. Dank dem Entgegenkommen der britischen Kolonie war es möglich, viel zu sehen und kennenzulernen.

Die Mitglieder des Georgetown Segelklubs, im Gegensatz zu den meisten anderen Clubs dieser Art, mit denen wir in Berührung gekommen sind, versuchten nicht, uns zu gemeinsamen Segelfahrten zu überreden. Statt dessen charterten sie ein Flugzeug, eine alte Frachtmaschine des Typs DC 3, und dreiundzwanzig von ihnen nahmen uns beide auf einen Flug landeinwärts über den grünen, pfadlosen Urwald zu einem Picknick-Lunch an der brasilianischen Grenze. Sie sorgten sogar für eine riesige Wanne, gefüllt mit in Brucheis liegenden Bierflaschen. Abwechselnd wurden Susan und ich aufgefordert, auf dem Sitz des Ko-Piloten Platz zu nehmen, von wo man den besten Blick hatte. Wie erregt waren wir vor Begeisterung, als wir nach Passieren einer Bergschlucht, in der die Flügelspitzen manchmal die Bäume auf beiden Seiten zu berühren schienen, eine Biegung rundeten und plötzlich den Kaieteur-Wasserfall zu Gesicht bekamen. Hier stürzt sich der Fluß, ein Nebenfluß des Essequibo, über den Rand des Abgrunds und fällt in einer braun-weißen Wasserflut tosend 225 Meter senkrecht herab. Er läßt die Victoria- und Niagarafälle mit einem Fall von 104 bzw. 50 Metern vergleichsweise als klein erscheinen.

Die meisten gemeinsamen Flüge, an die Susan und ich uns erinnern können, hatten in DC 3's stattgefunden, deren Robustheit wir in hohem Maße zu schätzen gelernt haben. Da das Innere von Britisch-Guayana mich aber als eine besonders unwirtliche Landschaft beeindruckte, fragte ich den Flugzeugführer, neben dem ich gerade saß, was wohl im Falle einer Notlandung aus uns werden würde.

„Nun", sagte er lächelnd, „zunächst einmal müßten wir versuchen, ein Stück Landeplatz zu finden, denn diese Bäume da sind nicht ganz so weich, wie sie aussehen. Wenn wir dann noch heil geblieben sind, maschieren wir los und suchen nach einem Fluß – es gibt viele von ihnen – und der Fluß führt uns zur Küste zurück. Die Leute, denen es das letzte Mal passierte, brauchten sechs Wochen, bis sie Georgetown wieder erreichten."

Er brachte uns jedoch zurück, ohne daß wir einen Fluß zu suchen brauchten, und die nächsten drei Tage waren wir Gäste der Demba (The Demerara Bauxite Company). Keith Tisshaw, der Public Relations Manager dieses Riesenkonzerns, holte uns in seinem 30 Meilen laufenden Motorboot ab und brachte uns unter komfortabelsten Verhältnissen (Drinks und Lunch wurden von zwei Stewards serviert) den Demerara-Fluß hinauf, durch Wälder hindurch und an Holzfällercamps vorbei nach Mackenzie, in dessen Nähe Bauxit gewonnen wird. Diese Stadt mit ihren 8 000 Einwohnern liegt in einer freigeschlagenen Lichtung mitten im Urwald, ohne Zufahrtsstraßen außer dem Fluß und den Luftlinien. Trotzdem verfügt sie über 80 Meilen Eisenbahnstrecken, die sie mit den Bergwerksanlagen verbinden, von denen aus jährlich zwei Millionen Tonnen Bauxit exportiert werden. Im Gästehaus stellte man uns ein großes, kühles, mit Ventilatoren versehenes Zimmer zur Verfügung, ließ uns geeiste Getränke und ausgezeichnete Mahlzeiten servieren – in bemerkenswertem Kontrast zu *Wanderers* kleiner, heißer Kajüte – und vor der Tür lag ein schönes Schwimmbassin. Drei Tage blieben wir hier und ließen uns verwöhnen, und Keith, der, wie wir hörten, die ganze Reise nur unseretwegen unternommen hatte, widmete uns seine ganze Zeit. Nacheinander stellte er uns allen Managern vor, und jeder von ihnen machte uns persönlich mit seinem Arbeitsgebiet bekannt. Wir beobachteten, wie die Riesen-*dragline* die Überlast fortbeförderte, Brocken von 15 Tonnen auf einmal faßte und auf eigenen Beinen vorwärts schwankte wie ein Mann, der sich noch nicht an seine künstlichen

Gliedmassen gewöhnt hat. Dann luden mechanische Schaufeln das Erz in Eisenbahnwagen, die es zu den Wasch- und Trocknungsanlagen nach Mackenzie brachten, wo dann die Weiterverladung auf Schiffen erfolgte. Wir lernten auch einige Sozialeinrichtungen, wie das Krankenhaus und die Schule kennen, wo ich eine Rede halten mußte; das meiste ging leider in einem wolkenbruchartigen Regen unter, der auf das Aluminiumdach herabprasselte. Wir fragten uns schließlich, ob nicht vielleicht irgendeine Verwechslung stattgefunden hätte, da wir wie V. I. P.'s (Very Important Persons) behandelt wurden, und ich fühlte mich geradezu verlegen in meiner Unfähigkeit, aus Dankbarkeit für alles Gebotene nicht jedenfalls etwas Aluminium verkaufen zu können. Als Abschiedsgeste wurden wir in einem kleinen Amphibienflugzeug nach Georgetown zurückgeflogen.

Anschließend segelten wir *Wanderer* neun Meilen den Fluß hinauf und ankerten vor Wales, eine der größeren Zuckerplantagen, deren Manager, Sammy Cann, aus englischem Bauerngeschlecht, sich freundlich unserer annahm und uns persönlich alles zeigte, was es auf einer Plantage zu sehen gibt, die tausend Menschen in der Produktion und Raffinerie von Zucker beschäftigt. Er schenkte uns einen Sack voll Zucker; als wir ihn später öffneten, fanden wir darin verborgen zwei Silberlöffel mit dem Wappen von Guayana eingraviert.

Das Wetter fing an umzuschlagen. Die Regenperiode begann, und an einem Tage fielen während eines Schauers (wenn man diese Bezeichnung noch anwenden kann) fast achtzig mm Wasser. Der Ebbstrom lief länger und schneller, und die Moskitos wurden zur Plage. Es wurde Zeit für uns, weiterzureisen. Als wir am 24. November mit der ersten Ebbe den Fluß hinuntersegelten, dröhnte von der Feuerwehrpier die *Lady Wooley*, größtes der Feuerlöschboote, mit den Atkinsons an Bord heran, um uns das Geleit bis zur offenen See zu geben. Mit gegen den Himmel gerichteten Wasserfontänen wurde uns ein „Feuerwehrmanns Abschied" bereitet, und als die *„Lady"* sich wieder flußaufwärts wandte, setzte sie das Signal RBA „Adieu" und dippte ihre Flagge. Schnell verschwand die Küste hinter uns aus unseren Augen, während wir unseren Weg zur äußeren G. T. Tonne suchten, die etwa 30 Seemeilen vor der Flußmündung liegt und bei Einbruch der Nacht passiert wurde.

VIERTES KAPITEL

In den Pazifik

Bei Planung einer Reise ist das gleichzeitige Studium des Wetters unerläßlich, um günstige Winde auszunützen und die Gefahr zu verringern, in Windstillen oder Stürme zu geraten. Mit Rücksicht auf die Hurrikanzeit gilt es nicht als geraten, vor Mitte November in das Karibische Meer zu laufen; andererseits kann man dort ohne Gefahr bis Juni segeln. Wir hatten jedoch noch einen anderen Termin mit der Natur einzuhalten und zwar die Überfahrt von Panama nach den Galápagos-Inseln, die etwa 1000 Meilen weit draußen im Pazifik liegen. Diese Reise führt durch eine Gegend, die Windstillen und manchmal auch Gegenströmungen ausgesetzt ist, und ein Segelfahrzeug tut gut daran, Panama so frühzeitig im Jahr wie möglich zu verlassen, solange man nämlich auf nördliche Winde rechnen darf, d. h. man sollte, wenn irgend möglich, seine Abfahrt nicht über Mitte Februar hinaus verzögern. Mit diesen Überlegungen beschäftigt, konnten wir es uns nicht leisten, so lange Zeit zwischen den westindischen Inseln zu verweilen, wie wir es wohl gern getan hätten.

Barbados, die östlichste der Inseln über dem Winde, liegt 400 Seemeilen nordnordwestlich von Georgetown. Obgleich dies weit von unserem Kurs nach Panama abführte, mußten wir dahin, weil wir wußten, daß wir dort unverzollten Proviant an Bord nehmen durften, eine Erlaubnis, die uns ein ungefälliger Zollbeamter in Georgetown verweigert hatte.

Nach einer viertägigen, abwechselnd von Böen und windstillen Strichen unterbrochenen Reise sichteten wir nachmittags die Insel, standen aber noch zu weit ab, um sie vor Dunkelwerden zu erreichen. Wir wußten zwar, daß sich dort ein Hafen im Bau befand, aber da wir keine präzisen Informationen, weder über den Hafen noch irgendwelche provisorische Befeuerung besaßen und uns der fast unglücklich verlaufenen nächtlichen Ankunft in St. Vincent nur allzu lebhaft erinnerten, drehten wir lieber bei, bis es hell wurde. Dann kreuzten wir in die Carlisle Bay hinein und legten uns in dem schimmernden kristallklaren Wasser vor dem Aquatic Club in der Nähe verschiedener Yachten, die wir auf den Kanarischen Inseln getroffen hatten, vor Anker. Unverzüglich sprangen wir über Bord, um unser erstes genußreiches Salzwasserbad seit vielen Tagen zu nehmen.

Neben uns lag die 16-Tonnen-Ketch *Si Ye Pambili,* ein Name, der in einem der afrikanischen Dialekte in Rhodesien bedeutet: „Let's go Forward". Sie gehörte fünf jungen Engländern, alle Expolizisten aus Rhodesien im Alter von eben über zwanzig, und war von England aus zu einer Weltreise gestartet. Zwei von den Eignern schafften es aber nicht einmal bis zur Fahrt über den Atlantik, und ein dritter, der sich auf den Kanarischen Inseln in ein spanisches Mädchen verliebt hatte, ging in Barbados von Bord. Die zwei Übriggebliebenen, Roger Goven und Bill Baker setzten die Reise allein fort. Wir sollten sie noch häufiger sehen und besser kennenlernen, als wir sie 6000 Meilen weiter in Tahiti wiedertrafen.

Am Nordende von Carlisle Bay waren zwei Wellenbrecher in Bau, aber sonst hatte sich seit unserem letzten Besuch vor sieben Jahren fast nichts verändert. Unser alter Freund David Payne, einer der Hafenärzte, war gerade außer Dienst, hatte aber *Wanderer* von seinem Hause aus beobachtet und eilte sofort herbei, um uns vorläufige Quarantäne zu bewilligen. Eis, Getränke, Mahlzeiten und ein freundlicher Empfang erwarteten uns in dem rot und weiß gestreiften Gebäude des Aquatic Club. Auf eigener Pier gelegen, hatte der Klub erstaunlicherweise den schweren Seegang überstanden, der hin und wieder seinen unteren Fußboden hochhob. Der Kielholungsplatz war wie stets von Inselschonern überfüllt. Goddards boten auf ihrem Balkon, von dem aus man die geschäftige Hauptstraße überblickte, immer noch Eisschokolade feil und lieferten ohne die geringsten Umstände oder Formalitäten die von uns bestellte, zollfreie Ware. Derselbe Reporter wie damals kam heraus, um unseren Bericht anzuhören, und Jan Gale in seiner ruhigen Art saß noch immer auf dem gleichen Redaktionsstuhl im Büro des *Advocate* und war genau so gastfreundlich wie beim ersten Mal. An und für sich hatten wir auf dieser Reise eine von der letzten Fahrt möglichst abweichende Route verfolgen wollen und tatsächlich war Barbados seit Verlassen des Tajo der erste Hafen, den wir wieder besuchten. Wie froh waren wir aber, es getan zu haben.

Bis nach Panama waren noch 1200 Seemeilen zu bewältigen und wir mußten uns beeilen; trotzdem nahmen wir uns die Zeit, das Schiff in Bequia zu überholen und gemächlich durch die Grenadines nach Grenada zu segeln, wo wir am Weihnachtstag eintrafen. Dort wurden wir unverzüglich von einem Dr. Slominski und seiner Frau, die wir überhaupt nicht kannten, mit Beschlag belegt und 14 Meilen weit durch die tropische Dämmerung über gewundene, gefährliche Straßen zu einem richtigen Weihnachtsfestessen in ihr Heim gebracht.

Dann folgte eine schneidige Fahrt – 430 Meilen in etwas weniger als drei Tagen – hinüber nach der holländischen Insel Curaçao, wo wir eine friedliche Nacht in dem kleinen Naturhafen Spaansche Water verbrachten, bevor wir nach dem Haupthafen Willemstad verholten. – Die Einfahrt nach Willemstad ist von einer 152 Meter langen Pontonbrücke versperrt, vor der wir über eine Stunde warten mußten, bevor man von uns Kenntnis nahm. Die ganze Brücke schwingt um ihr westliches Ende und wurde nur einen Spalt weit geöffnet, um uns hineinzulassen. Der Ort selbst summte vor Geschäftigkeit; hier wird das Öl aus dem benachbarten Venezuela raffiniert, und viele Schiffe laufen Willemstad zum Bunkern an. Auf dem Wasser schwamm eine dicke Ölschicht und es dauerte nicht lange bis unsere frisch gemalten Bordwände mit einer häßlichen, teerähnlichen Masse bedeckt waren. Dieser Hafen war kein geeigneter Aufenthaltsort für uns, aber dank der Liebenswürdigkeit eines Lotsen fanden wir einen geschützten Liegeplatz auf der Luvseite des Schottegat, des kleinen Inlandsees jenseits der Stadt. Außer Phosphat besitzt Curaçao keine natürlichen Reichtümer, ist aber dank seiner Ölraffinerie eine wohlhabende Insel. Willemstad ist Freihafen, wo Uhren, Kameras und Schmuck billig zu kaufen sind – ein von den Schiffahrtsgesellschaften nicht unbeachtet gebliebener Anziehungspunkt für Touristen –; dafür ist es für alles andere einschließlich des lebensnotwendigen Bedarfs der wohl teuerste Platz, den wir jemals besucht haben.

Zwei Nächte dort waren gerade genug, dann eilten wir weiter. Der Winterpassat hatte inzwischen mit voller Stärke eingesetzt und die Karibische See zeigte sich von der rauhesten Seite. Es stürmte so heftig, daß wir teilweise unter bloßen Masten liefen und den Schluß der Reise unter stark gerefftem Zeug zurücklegten. Wir waren recht froh als wir wie gewöhnlich zu nächtlicher Stunde Cristobal/Colon am Nordeingang zum Panamakanal erreichten.

Mehrere Feuer und Tonnen entsprachen nicht der Seekarte und den Angaben im Leuchtfeuerverzeichnis oder im *Pilot*, aber das Mondlicht half, und da wir schon einmal dort gewesen waren, wußten wir wohin wir zu gehen hatten. So erreichten wir ohne große Schwierigkeiten unseren Ankerplatz auf dem flachen Gewässer südlich der Docks und als wir bei Hellwerden an Deck kamen, erblickten wir in unmittelbarer Nachbarschaft unseren alten Freund, die *Penella*, die wir zuletzt in Barbados getroffen hatten. Sie war auf dem direkten Wege von Grenada ein oder zwei Stunden nach uns eingetroffen. Sobald wir die Formalitäten der Einklarierung einschließlich Zahlung der unverschämten Summe von $ 13.– für ein vollkommen sinnloses Entrattungsattest erledigt hatten, wurden wir im Panama Canal Yacht Club willkommen geheißen. Wir erhielten einen bequem gelegenen Liegeplatz längsseits einer der Piers angewiesen, so bequem, daß wir während unseres Aufenthaltes fast täglich im Klub zu Abend aßen, wo die bruzzelnden, mit Schnitten geräucherten Specks garnierten Steaks wirklich appetitanregend zischten, wenn sie eilends in Schüsseln unmittelbar vom Herd auf den Eßtisch gebracht wurden. Leider schifften sich dort einige unwillkommene Besucher in Form von Kakerlaken an Bord ein. Sie kamen aus den Seiten des Klubgästebuchs hervorgekrochen, das wir unvorsichtigerweise mit an Bord genommen hatten. Ich glaube wir konnten von Glück sagen, daß sich keine Ratten einschlichen, denn wenn es in Colon heftig regnet, kann man fette Exemplare aus der Kanalisation kommen und durch die Straßen streichen sehen.

Da mir die Risiken der Kanaldurchfahrt für eine kleine Yacht einigermaßen geläufig waren, arrangierte ich mit der Verkehrskontrolle, *Wanderer* einen Mittelplatz in den drei Bergschleusen in Gatun anzuweisen. Ein Lotse sollte um sechs Uhr an Bord kommen, da Lotsenzwang besteht. Leigh und Dorrie Rankin von der

Penella erboten sich liebenswürdigerweise, uns durch die Bergschleusen zu begleiten und zwei unserer 30 Meter langen Leinen wahrzunehmen. Aber nichts wollte klappen, wie wir es geplant hatten. Unser Lotse hatte Anweisung erhalten, erst um neun Uhr an Bord zu kommen anstatt um sechs, ohne daß jemand es für nötig befunden hätte, uns von dieser Änderung Mitteilung zu machen. Als wir den Zugang zur Gatun-Schleuse erreichten, waren wir zu früh und mußten bei sehr starkem Wind etwa eine Stunde lang auf und ab stehen und warten, bis eine Folge von Schiffen vor uns eingelaufen war. Schließlich liefen wir hinter dem Britischen Frachter *Northumberland* in die erste Schleusenkammer ein. Stahlhelmbewehrte Schleusenwärter standen mit Wurfleinen in Bereitschaft, um uns wie vorgesehen in der Mitte der Schleusenkammer festzumachen, wo wir keinen Schaden erleiden konnten, wenn der Wassereinbruch begann. Zu unserer Bestürzung verweigerte uns aber der Schleusenmeister diesen Platz und wies uns an, längsseits eines Kanalschleppers festzumachen, der gerade einlief. Das war genau die Situation, die wir hatten vermeiden wollen. So hatten wir zu unserem Schutz natürlich nichts als unsere normalen Yachtfender, die an der Seite eines Schleppers mit massiver Scheuerleiste ziemlich wirkungslos sind. Da es jedoch keine andere Wahl gab, gehorchten wir der Anweisung, ein schwieriges Manöver, wenn das Wasser aus der Schleuse drängt und der Wind genau hineinsteht, denn *Wanderer*, ähnlich wie die meisten Segelyachten mit schwacher Maschine und kleiner Schraube, manövriert schlecht im Rückwärtslauf und schnitt so eine verheerend schlechte Figur. Der Schlepper besaß zwar ein paar gute Kokosfender, aber ihr Skipper lehnte es ab, sie soweit herunterzulassen, daß sie uns hätten nützen können. Dann schlossen sich die Schleusentore, das Wasser brodelte, während wir acht Meter hochgehoben wurden, *Wanderer* zerrte an ihren Festmachern, legte sich über und wir fünf – der Lotse legte ebenfalls Hand mit an – mühten uns ab, die Fender festzuhalten und Schaden zu verhüten. Sobald der Tumult nachgelassen hatte, zerrte uns der Schlepper in die nächste Schleuse, wo sich der Vorgang wiederholte, und anschließend in die dritte Kammer. Wie erleichtert und dankbar fühlten wir uns, als wir schließlich eine Höhe von 24 Metern über dem Meeresspiegel erreicht hatten; jetzt konnten wir loswerfen und mit eigener Kraft das weite

Gewässer des Gatunsees ansteuern. Wir brachten die Rankins, die sich als so hilfreich erwiesen hatten, an Land und liefen unter Motor durch den engen Panama Cut, wodurch wir eine oder zwei Meilen einsparten. Dann setzten wir Segel und bewegten uns zum ersten Mal an diesem Tage unter eigener Verantwortung vorwärts. Unser Lotse, ein netter Amerikaner, der sich erst seit sechs Monaten in der Kanalzone aufhielt und noch nie ein Segelfahrzeug geführt hatte, schien es zu genießen. Er lüftete seinen weißen Tropenhelm und winkte seinen Lotsenkameraden auf den vorbeifahrenden Schiffen zu. Weiter ging es zwischen dschungelbewachsenen Inseln vorbei an den zahlreichen Tonnen, die die Fahrrinne für große Schiffe markieren, in den Gaillard Durchstich, an dessen Verbreiterung gebaut wurde. Dort ist das Segeln untersagt, so daß wir die Fahrt unter Motor bis zu der ersten Talschleuse bei Pedro Miguel (oder Peter MacGill, wie die Amerikaner sagen) fortsetzen mußten, während uns ein Strom von Gegenkommern begegnete. Dort mußten wir warten, bis uns die *Northumberland* wieder einholte. Sie war auf dem Gatun-See aufgehalten worden und hatte warten müssen, bis ein großer Tanker passiert war. Manche dieser neuen Tanker sind so lang und für die Kanalfahrt so ungeeignet konstruiert, daß sie auf der Durchfahrt fünf Lotsen an Bord nehmen müssen. Man erzählte uns, daß ein Wachoffizier auf solchen Tankern mit achtern gelegener Brücke acht Meilen weit voraus nichts auf dem Wasser sehen kann. Wir teilten alle drei Talschleusen mit der *Northumberland* und lagen gemütlich längsseits eines Bananenbootes mit schönen, dicken Fendern, aber die Talfahrt bereitet sowieso keine ernsthaften Schwierigkeiten, denn das Wasser läuft ruhig ab. Die Geschwindigkeit dagegen, mit der unser Lotse uns in diese Schleusen hineinnahm, versetzte uns in Angst und Schrecken. Mit dem Motor volle Kraft voraus, von dem immer noch frischen Wind und der mitlaufenden Strömung geschoben, flogen die Laternenstangen nur so vorbei, und die große Sperrkette und die Schleusentore am anderen Ende kamen mit beängstigender Schnelligkeit auf uns zu. Wir konnten nur auf unsere Rückwärtssteuerung vertrauen, um diese ungestüme Fahrt abzustoppen. Natürlich konnten wir vom Lotsen, der dieses Manöver als „den Strom überlisten" bezeichnete, nicht erwarten, den Umstand richtig einzuschätzen, daß ein kleines Stück Fussel oder ein

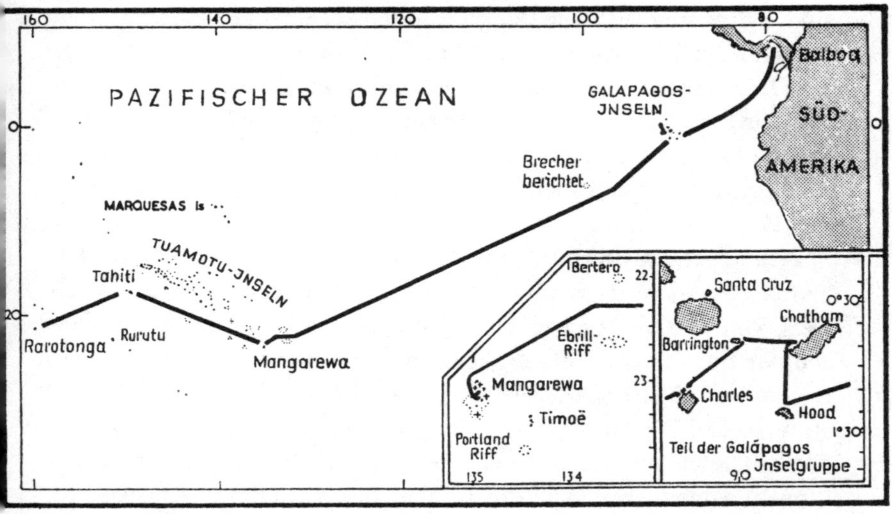

OSTTEIL DES SÜDPAZIFIKS MIT NEBENKARTEN EINES TEILS DER GALÁPAGOS-INSELGRUPPE UND DER ANSTEUERUNG VON MANGAREVA

Tropfen Wasser im kritischen Augenblick im Vergaser sehr wohl das Ende unserer Reise hätten bedeuten können.

Bis sich das letzte Schleusentor schwerfällig vor uns geöffnet hatte und die Sperrkette gefallen war, um uns in den Pazifischen Ozean zu entlassen, war die Nacht hereingebrochen. Von der letzten Schleuse aus war unsere Ankunft vorausgemeldet worden und ein Bootsmann erwartete uns, als wir vor dem Balboa Yacht Club eintrafen, um uns eine Muring anzuweisen. Die Durchfahrt von 40 Seemeilen hatte elf Stunden in Anspruch genommen.

Balboa ist schon lange nicht mehr wie früher der günstige Hafen um sich für eine lange Reise mit Proviant zu versorgen. Seit der Suezkrise sind die Panamesen auf eigene Ideen bezüglich des Kanals gekommen. Eine Folge davon war, daß die Amerikaner, die in Balboa für die Angestellten der Kanalgesellschaft eine ausgezeichnete Kantine unterhalten, sich verpflichten mußten, durchreisenden Yachten keine Erlaubnis mehr zum Einkauf dort zu erteilen, wodurch diese zu einer ermüdenden Busfahrt nach Panama City gezwungen werden, wo die Preise hoch und die Qualitäten schlecht sind. Wir waren jedoch in der glücklichen Lage, von einem reizenden jungen amerikanischen Ehepaar betreut zu werden, das sich sehr für die Ozeansegelei interessierte. Sie kauften auf ihre eigenen Karten alles ein, was wir brauchten, obgleich sie damit Gefahr liefen, sich strafbar zu machen. So fehlte uns nichts, als wir am 4. Februar die Kanalzone in Richtung Galápagosinseln verließen und später über den Pazifik segelten.

Wie ich schon erwähnte, ist die Fahrt nach den sich auf beiden Seiten des Äquators ausbreitenden und etwa 1000 Seemeilen Südwest von Panama gelegenen Galápagosinseln für ein Segelfahrzeug keine einfache Aufgabe, mit der wir jedoch einigermaßen fertig wurden. Die ersten zwei Tage herrschte vollkommene Windstille, so daß wir die zehn Meilen bis zur Tabogainsel motorten und dort warteten, bis etwas Wind aufkam. Er wehte aus günstiger Richtung und hielt drei Tage durch, aber danach hatten wir meistens leichten Gegenwind. Ein zäher Kampf begann, um südliche Breite zu gewinnen, was von größter Wichtigkeit ist, wenn man nicht vom Strom in die Gewässer nördlich der Inseln versetzt werden will, wo der Prozentsatz von Windstillen sehr hoch ist. Lange Zeit steuerte *Wanderer* sich zuvorkommenderweise allein, und wir konnten allen Schlaf nachholen, den wir brauchten. Die See war von einer bemerkenswerten Glätte, obgleich wir gelegentlich, besonders in der Nähe von Malpelo – einem unfruchtbaren, unzugänglichen Felsen etwa 300 Meilen von Panama entfernt – Wasserwirbel und zischende Stromkabbelungen passierten, die alle Anzeichen von Gezeitenstromschnellen oder überbrechenden Seen trugen.

Am Vormittag unseres zwölften Tages auf See befanden wir uns mit etwa 35 Seemeilen in gleichem Abstand von den Ankerplätzen bei Hood und Chatham Island. Wir hielten es für angebracht, zuerst nach Chatham zu laufen, weil der kleine, als Wreck Bay bekannte Hafen dort gleichzeitig den offiziellen Einreisehafen darstellt. Alle erforderlichen Papiere, die wir uns gegen eine kleine Gebühr von dem Konsul von Equador in Colon hatten ausfertigen lassen, befanden sich an Bord. An diesem Tage aber lag der Kurs nach Wreck Bay platt vor dem Wind, während wir nach dem unbewohnten Hood raumschots und daher schneller segeln konnten und somit gute Aussicht hatten, noch vor Dunkelheit anzu-
Schwager des Ekuador'schen Botschafters in Paris, und diente ge-

gen nachmittags auf der Reede vor der Nordküste der Insel vor Anker. Sie erwies sich als ein schaukeliger Liegeplatz, und die am Strande brandende Dünung ermutigte uns nicht zu einem Landungsversuch.

Auf einer früheren Reise hatten wir die Erfahrung machen müssen, daß die englischen Seekarten von vielen Inseln des Pazifik mittelmäßig, wenn nicht sogar schlecht sind. Von den 14 Galápagosinseln z. B., die sich über zwei Breitengrade und dreieinhalb Längengrade erstrecken, gibt es nur eine kleine Karte im Maßstab 10 Seemeilen = 1 Zoll mit einigen ebenfalls mittelmäßigen Spezialplänen. Die Inselgruppe wird jedoch ausgezeichnet von mehr als einem Dutzend amerikanischer Seekarten großen Maßstabes erfaßt, das unsere Balboafreunde die Liebenswürdigkeit gehabt hatten, uns zur Verfügung zu stellen. Auf den Karten hatten sie lauter nützliche Informationen vermerkt, da sie dort selbst längere Zeit in ihrer eigenen Yacht verbracht hatten: „Hier nach Schätzen graben" – „Reich an Leguanen und Schildkröten" – „Hafenkapitän ein übler Bursche" – „Pinguinbrutstätte" – „Lausiger Ankergrund" und ähnliches. Ich fand, daß man die meisten Ankergründe zwischen diesen Inseln als „lausig" bezeichnen muß, denn fast alle öffnen sich zum weiten Ozean. Trotzdem würde ich jeder Yacht, die in den Pazifik segelt, den Rat geben, wenigstens eine dieser bemerkenswerten Inseln zu besuchen, wo sich alle möglichen Kreaturen in ihrer natürlichen Umgebung beobachten lassen.

Ursprünglich hatten die Inseln englische Namen, nachdem die erste Vermessung 1836 von *H. M. S. Beagle* vorgenommen worden war, aber heutzutage trägt jede Insel einen zweiten spanischen Namen. Beide sind in Gebrauch, und ich werde, um jede Verwechslung zu vermeiden, beide nennen, wenn ich von den Inseln spreche.

Nach einer unbehaglichen Nacht vor Hood Island (Espagnola) segelten wir die 30 Meilen hinüber nach Chatham (San Cristobal) und navigierten uns durch die Riffe, die der Bucht einen gewissen Schutz gegen nordwestliche Winde gewähren, in die Wreck Bay hinein, wo wir uns kurz nach Mittag vor Anker legten. Um 1.55 Uhr nachmittags legte ein Boot vom Lande ab und kam auf uns zu, besetzt mit dem Inselkommandanten (einem Seeoffizier), drei anderen Beamten und einem Dolmetscher. Der Dolmetscher war der kommen. Wir änderten daher unseren Kurs entsprechend und gin-

rade seine Zeit in der Marine ab, ein sympathischer wohlerzogener junger Mann. Die anderen machten einen etwas mürrischen Eindruck. Sie nahmen unsere Papiere an Land, und als wir am nächsten Tag, einem Sonnabend, hinkamen, um sie vor unserer Abfahrt wieder abzuholen, entdeckten wir, daß auch die Ekuadorische Marine inzwischen das nützliche Wort „Überstunden" kennengelernt hat. Der dicke Kommandant – der sich nicht einmal die Mühe machte, sich aus dem Schaukelstuhl hinter seinem Schreibtisch zu erheben, als Susan sein Büro betrat, teilte uns durch seinen Dolmetscher mit, daß wir $ 10,– „Überstunden" zu zahlen hätten, da er um 1.55 Uhr nachmittags herausgekommen sei, um uns vorläufige Quarantäne zu bewilligen anstatt um zwei Uhr (dem Ende der Mittagspause). Er setzte hinzu, daß wenn wir am gleichen Nachmittag oder irgendwann am Sonntag oder vor acht Uhr morgens am Montag abzusegeln gedächten, noch einmal $ 10,– zu zahlen seien, und das, obgleich alle Formalitäten bereits erledigt und uns alle Papiere zurückgegeben worden waren. Ich bat den Dolmetscher, dem Kommandanten wörtlich auszurichten, was ich von ihm hielt, aber ich glaube nicht, daß er es tat, denn der fette Bursche schaukelte sich weiter gelassen in seinem Stuhl. Die Versuchung, ohne Zahlung loszusegeln, wann immer wir es für richtig hielten, war riesengroß, aber wir widerstanden ihr, weil ein zwar rostiges aber fahrbereites Kanonenboot im Hafen lag, das der Kommandant mit Wonne hinter uns hergeschickt hätte, um einige „Überstunden" mehr zu kassieren. Glücklicherweise besaßen wir die Flagge von Ekuador und hatten sie auch bei unserer Ankunft gesetzt. Tut man es nicht, wird eine Strafe von $ 15,– verhängt. In einem seiner reizenden Bücher hat Irving Johnson geschrieben, daß seiner Ansicht nach Ekuador von allen Ländern am weitesten zurückgeblieben ist. Er sollte Bescheid wissen, denn er ist mit seinen beiden *Yankees* siebenmal um die Welt gesegelt. Trotzdem habe ich das Gefühl, daß Ekuador im Begriff ist, sich zu entwickeln.

Die Niederlassung in Wreck Bay, ein Durcheinander von am Strand verstreut liegenden Holzbuden, mit einer wackeligen Pier, auf der ein riesiges Wasserrohr ruhte, dessen Inhalt aber ungenießbar war, hatte uns nichts Interessantes oder Zerstreuung zu bieten. Infolgedessen liefen wir, als die ermüdende Wartezeit verstrichen war, am Montag pünktlich acht Uhr vormittags aus. Die Verzögerung kam uns teuer zu stehen. Sonnabend nachmittag und den ganzen Sonntag hatte ein günstiger Wind durchgestanden, aber als der Montag heraufdämmerte, war es windstill und blieb auch so, und ein großer Teil unseres beschränkten Vorrats an Brennstoff ging darauf, um uns noch vor Dunkelwerden nach Barrington (Santa Fé) zu bringen.

Barrington, fünf Meilen lang, drei Meilen breit und mit einer höchsten Erhebung von 260 Metern, ist unbewohnt; an seiner nordöstlichen Ecke liegt der beste und geschützteste Ankerplatz der ganzen Inselgruppe. Es gibt keine Karte dieses kleinen Hafens, der im Süden und Westen von der Insel und im Norden durch ein langes Riff geschützt ist, das bei Hochwasser größtenteils überspült und dessen äußerstes Ende von einer kleinen Insel begrenzt wird. Der Einlauf ist leicht, wenn man sich von Nordosten nähert und sich ein wenig an der Seite der kleinen Insel hält. Dies ist der Ort, den ich jeder Yacht aufzusuchen empfehlen würde, die sich nicht mit den langweiligen und kostspieligen Formalitäten der Einklarierung in Wreck Bay aufzuhalten wünscht, denn hier läßt sich aus nächster Nähe ein wunderbarer Ausschnitt des Galápagos Tierlebens in seiner natürlichen Umgebung beobachten, ohne daß man Gefahr läuft, gestört zu werden.

Wir liefen spät nachmittags mit der Sonne im Gesicht ein, aber das Wasser war so klar, daß wir keine Schwierigkeiten hatten, die flachen Stellen zu vermeiden und einen guten Ankerplatz auf dreieinhalb Meter Wasser und sauberem Sandgrund zu finden.

Beide Seiten des Hafens bestehen aus schwarzem Felsgestein, auf welchem wir zahllose scharlachfarbene Krebse und schwarze Seeleguane vorfanden. Auf der Westseite, durch einen niedrigen Felsenvorsprung abgetrennt, liegen zwei Sandstrände; auf dem einen schliefen oder sonnten sich nicht weniger als 30 Seelöwen. Als wir landeten und uns zwischen ihnen bewegten, quittierten sie die Störung lediglich mit einem Schnaufen, legten sich auf die andere Seite und schliefen weiter. Nur einige wenige schleppten sich auf ihren Flossen unbeholfen den Strand hinunter. Im selben Augenblick aber, wo sie sich in das Wasser stürzten, schienen sie sich in andere Geschöpfe zu verwandeln – es war ein Genuß, die Schnelligkeit und Eleganz ihrer Schwimmbewegungen zu beobachten, wenn sie anstrengungslos herumglitten, sich dann – so sah es jedenfalls aus – auf den Schwanz stellten und uns neugierig beäugten. „Wie sie es genießen", meinte Susan, „sie sind wie richtige Wasserbabies." Nur die alten, kampfnarbigen Bullen erhoben Einspruch gegen uns. Unter ärgerlichem Gebrüll gingen ein oder zwei von ihnen so weit, uns unbeholfen entgegenzutappen, vermutlich in der Absicht, uns vom Strand zu vertreiben. Aber auf Sand können sie sich nicht sehr schnell bewegen. Bei einer anderen Gelegenheit brachte ich das Dingi vor lauter Gelächter fast zum Kentern, als ich versuchte, Susan zu filmen, wie sie vorsichtig vor einem kriegerischen alten Bullen zurückwich. Mein Vergnügen wandelte sich aber bald in Schrecken, als er sich plötzlich von Susan abwandte und einen blitzschnellen Angriff auf das Dingi unternahm, in dem sich meine ganze fotografische Ausrüstung befand.

Es gab auch zahlreiche Schildkröten; von *Wanderers* Masthöhe aus konnten wir häufig ein Dutzend und mehr zählen, während sie langsam in dem kleinen Hafen herumpaddelten. Sie waren aber die einzigen furchtsamen Lebewesen und trauten sich selten nahe heran. Ferner gab es Stechrochen, unheimliche, Pik-As-förmige Tiere, die sich im Sand unter unserer klar erkennbaren Ankerkette eingruben; und Riesenschwärme leuchtend grüner Fische, die in dichtgedrängter Formation und mit weitgeöffneten Mäulern dicht unter der Oberfläche entlangschwammen – „wenn Mutter kehrt sagt, machen wir alle kehrt". Eine Gesellschaft von Pufferfischen nahm kurz nach unserer Ankunft unterhalb der *Wanderer* Stellung; sie wurde bald so zutraulich, daß sie aus Susans Fingern Futter nahmen und auftauchend alles untersuchten, was wir über Bord warfen.

Auf den Felsen und inmitten der Krebse und Leguane standen Pelikane, bestimmt die absurdesten und doch reizvollsten und liebenswertesten aller Vögel, mit ihren Riesenschnäbeln auf der Brust ruhend und einem gütigen Ausdruck im Gesicht. Der Aufflug eines so großen Vogels ist ein Schauspiel für sich, aber sobald wir uns mit der Filmkamera näherten, hatten wir große Schwierigkeiten, sie zum Fliegen zu bewegen. Wenn einer von uns sich auf Reichweite näherte, stieg unser Pelikan einfach auf den nächsten Felsen und setzte dort seinen Schlaf fort. Wenn sie auf dem Wasser landen wollen, stoppen diese Vögel einfach mitten in der Luft ab und lassen sich mit einem fürchterlichen Plumps ins Wasser fallen.

1

1 Im Roten Meer. Als wir Perim Island verließen, wurde der Wind so stark, daß wir unter der kleinen Fock als durchweg einziger Besegelung ein Tagesetmal von 128 Meilen erreichten.

2 Die Kajüte, drei Jahre lang unsere Heimat, ist etwa 6 qm groß. Einige unserer bevorzugten Besitztümer verzieren die Schottwände: An Steuerbord eine Perlenmuschel aus Tahiti und ein Baby-Alligator aus Britisch-Guayana; an Backbord ein Ölbild vom Helford River, gemalt von Thurburn, und die Blau-Wasser-Medaille von Amerika.

2

3

3 Der Marktplatz des Fischerortes Caramiñal, wo der Brunnen die einzige Wasserversorgung bildet.

4

4 Eine sonnenbeschienene Straße in Mogador. Männer in langen Gewändern, verschleierte Frauen ... unberührt von moderner Zivilisation.

5

5 Agadir. Die Stadt oben auf dem Berghügel und die Neustadt unten – beide wurden durch das Erdbeben zerstört, bei dem 10000 Menschen ihr Leben verloren.

6

7

6 Vor dem Wind unter doppelten Vorsegeln. Der Wind ist achterlich, niemand braucht am Ruder zu stehen, kein Schamfilen des Riggs oder der Segel – man hat das Gefühl, etwas umsonst zu bekommen.

7 Mit stetigem Kurs auf einen Punkt jenseits des Horizontes im Westen steuert sich das Schiff allein dem Sonnenuntergang entgegen.

8

8 Der Kaieteur Wasserfall. Hier stürzt sich ein Nebenarm des Essequibo Flusses in Britisch-Guayana 225 m in tosender Gischt senkrecht herab.

9

10

Die Tierwelt auf Barrington Island, Galapagos, hatte keine Angst vor uns.
9 Ein scharlachroter Krebs.
10 Ein junger Seelöwe.

Barrington ist keine Insel, auf der sich viel spazierengehen läßt, denn ihre Oberfläche besteht fast ganz aus vulkanischen Gesteinen und losem Geröll. Wenn man ausrutscht und versucht, sich an den Pflanzen festzuhalten, landet man mit einer Hand voller Stacheln von den Kakteen, die dort als fast einzige Pflanze wachsen. Trotzdem lohnte sich unsere Kletterei an Land. Die Vögel waren so zahm, daß sie uns überall hin folgten. Sie warteten, daß wir Steine umdrehten, um die darunter zum Vorschein kommenden Würmer und Insekten aufzupicken. Ferner konnte man jederzeit erwarten, auf einen sich sonnenden Landleguan zu stoßen. Man stelle sich den Drachen aus den Märchenerzählungen vor, verkleinere ihn maßstäblich auf eine Länge von etwa eineinviertel Meter und man hat den Galápagos-Landleguan vor sich. Sein goldfarbener Leib ist von Schuppen bedeckt, ein stacheliger Kamm verläuft auf dem Rücken; aus dem großen Maul erwartet man jeden Augenblick Feuer speien zu sehen, während große Augen einen böse anstarren – wahrlich ein furchteinflößendes Geschöpf, wenn man ihm zum erstenmal in der Nähe begegnet. Der Landleguan ist jedoch wie die meisten anderen Bewohner dieser Insel ganz harmlos und hat so geringe Scheu vor Menschen, daß man sich bis auf ein oder zwei Schritte nähern kann.

Etwas Besonderes fiel uns in dem kleinen Hafen vor Barrington auf, nämlich daß er auf Grund allgemeiner Übereinstimmung eine Art heilige Zufluchtstätte zu bilden schien. Nicht ein einziges Mal bemerkten wir dort irgendein Tier ein anderes angreifen oder verfolgen, und doch muß der tägliche Fischkonsum eines Seelöwen, der größer ist als ein Mann, gewaltig sein, und auch die Pelikane haben keinen schlechten Appetit.

Nachts, wenn der Wind wie üblich abstarb, verstärkten sich alle Laute und Geräusche. Die Brandung sog feucht schmatzend an den Felsen und brach sich zischend am Strand. Die Seelöwen gaben menschenähnliche Geräusche von sich: Grunzen, Schnarchen, Husten und gelegentlich war das Brüllen eines Bullen zu vernehmen.

Der Besuch der Barringtoninsel war eines unserer seltsamsten und schönsten Erlebnisse. Als wir, lange bevor unsere fünfte Nacht dort zu Ende ging, den Anker lichteten, gab die Tierwelt von Barrington uns sogar eine Abschiedsschau. Beim Auslaufen sahen wir um und unter uns Flecken und Streifen blaßgrünen, phosphoreszierenden Lichtes, Fische und andere Lebewesen, die geschäftig herumschwammen. Dann leistete uns eine Schule von Tümmlern Gesellschaft, schnelle, leuchtende Torpedos, die über- und untereinander dahinschossen, dicht vor unserem Bug fröhlich vorausschwammen und uns bis zur Ostküste der Insel begleiteten.

Auf den 40 Seemeilen der Überfahrt nach der Postoffice-Bucht auf Charles (Floreana) Island versagte der Kompaß infolge einer ungewöhnlichen magnetischen Mißweisung vollkommen seinen Dienst, und der Strom, der nach Südwesten anstatt wie die Karte angab, nach Nordwesten setzte, war stark. Kein Wunder, daß die Galápagosinseln bei den ersten Seefahrern als verzauberte Inseln verrufen waren. An einem Tag konnte eine Insel gesichtet werden, während schon am nächsten Strom- oder Kompaßfehler kein Land in Sicht kommen lassen wollten. Tatsächlich sind in der Vergangenheit Reisen von südamerikanischen Häfen nach Galápagos unternommen worden, von denen die Schiffe zurückkehrten, ohne eine Spur der Inseln gefunden zu haben. Wir hatten das Glück, gute Sicht zu haben und konnten fast während der ganzen Überfahrt vier Inseln gleichzeitig sehen.

Nachmittags ankerten wir in der Post Office Bay an der Nordküste von Charles Island und gingen sofort an Land, um uns die berühmte Posttonne anzusehen, in welche früher die auf der Ausreise begriffenen Walfischfänger ihre Post zu legen pflegten, die dann von den heimwärtssegelnden Schiffen mitgenommen wurde – eine Tradition, die heute nur noch von Yachten oder Thunfischern fortgesetzt wird, die Floreana gelegentlich anlaufen. Die von *Yankees* Mannschaft vor einigen Jahren reparierte und neugemalte Tonne war mit allerlei Yachtnamen geschmückt, darunter so berühmten wie *Yankee, Arthur Rogers, Tzu Hang, Salmo* und *Solace*. Wir fügten *Wanderers* Namen hinzu, den Susan in bescheidenen kleinen Buchstaben auf ein Stück Irokoholz malte. Dann fotografierten wir uns beide neben der Tonne stehend, entwickelten den Film und steckten ein Negativ in einen an den Herausgeber von *Yachting World* adressierten Umschlag. (Diese Zeitschrift brachte fortlaufend unsere Berichte und half uns auf diese Weise, unsere Reise zu finanzieren). Wir steckten den Umschlag zusammen mit einigen Schillingen für das Porto in einen Plastikbeutel und sannen darüber nach, wann und auf welchen Umwegen die

Sendung wohl ihren Empfänger erreichen würde. Seitdem sind drei Jahre verflossen ohne daß sie angekommen ist, so daß entweder niemand nach uns da war (was wir allerdings kaum für möglich halten) oder die Ameisen alles einschließlich des Plastikbeutels verzehrt haben, was wahrscheinlicher ist.

Am nächsten Tag segelten wir zur Westseite der Insel herum und verbrachten eine Nacht vor Black Beach, einem unruhigen Ankerplatz, wo der Schwell heftig an Felsen und Sandstrand brandete. Wir besuchten die Wittmers, eine deutsche Familie, die sich dort vor 30 Jahren niederließ und seitdem mit Erfolg verstanden hat, der Insel eine Existenz abzuringen. Ihr Sohn Rolf widmete sich dem Dörren von Fischen zum Absatz auf dem Fastenzeitmarkt in Ekuador. Seine sicherlich einzigartige Methode bestand darin, den Fisch von seinem Boot aus zu schießen und dann nach ihm zu tauchen, bevor er absank. Wir wurden von der Familie zum Mittagessen eingeladen und konnten von ihr einige wenige Dinge, wie herrlich frisch gebackenes Brot kaufen, bevor wir uns nach Mangareva auf den Weg machten, das 3000 Meilen weit im Westsüdwesten lag. Wir hätten uns gern länger auf Galápagos aufgehalten und weitere Inseln besucht, aber wir mußten an die vor uns liegende Reise denken, zumal Proviant und gutes Trinkwasser hier schwer zu bekommen gewesen wären. Auch waren wir zu einer Zeit eingetroffen, wo es überwiegend windstill oder schwachwindig zu sein pflegt, so daß unser kleiner Benzinvorrat, den uns der Kommandant in Wreck Bay nicht erlaubt hatte zu ergänzen, fast aufgebraucht war.

FÜNFTES KAPITEL

Dreitausend Meilen zum „Fernen Berg"

Die übliche von Yachten gewählte Route von Panama oder den Galápagosinseln nach Tahiti führt über die Marquesas, die auf etwa 9° südlicher Breite liegen. Da wir jedoch den Wunsch hatten, selten besuchte Plätze anzulaufen, wählten wir als unser nächstes Ziel die Insel Mangareva, die in der südöstlichen Ecke Ozeaniens liegt. Mangareva wird nicht sehr häufig angesteuert, höchstens hin und wieder von einer vereinzelten Yacht und auch dann nur alle zehn bis zwölf Jahre. Die Route führt durch eine durch nichts unterbrochene Einsamkeit des Ozeans, wie sie sonst selten vorkommt und bedeutete für uns die längste Fahrt, die uns auf der ganzen Weltumseglung bevorstand. Hatten wir die Galápagosinseln einmal aus den Augen verloren, sollte die ganze Strecke an und für sich im Bereich des Südostpassats liegen. Da in unserem Kurs aber südliche Tendenz steckte, waren wir uns darüber klar, daß der Wind häufig seitlich einstehen würde; das bedeutete Wegfall der automatischen Steuerung mit Hilfe der beiden Vordersegel und infolgedessen die Notwendigkeit, einen großen Teil der Zeit am Ruder stehen zu müssen. Auf den Überseglerkarten, welche die Stärke und Richtung des Windes und die Prozentsätze von Windstillen und Stürmen angeben, die in den betreffenden Gegenden während einer Reihe von Jahren beobachtet worden waren, gab es verschiedene 5°-Quadrate, die wir zu durchlaufen hatten, wo die Durchschnittsstärke des Südostwindes mit Beaufort 5, einer frischen Brise, angezeigt war. In Wirklichkeit wehte der seitliche Wind aber, kaum daß wir die Inseln einige hundert Meilen hinter uns gelassen hatten, mehrere Tage so stürmisch, daß das Leben an Bord höchst ungemütlich wurde. Wir beide fühlten uns übel und hatten keine Lust, viel zu essen. Das Schiff wurde mit solcher Heftigkeit hin und her geworfen, daß an richtigen Schlaf nicht zu denken war, und mehr als einmal waren wir in Versuchung, abzufallen und unter leichteren Bedingungen nach den Marquesas zu steuern.

Es war noch am Anfang dieser Reise, daß mich ein quälender Schmerz an der bewußten Stelle des Unterleibes zwischen Nabel und Hüftknochen das Nahen einer Blinddarmentzündung vermuten ließ. In der Erkenntnis, daß nichts dagegen zu machen sei, war mir ganz elend zumute, denn nach den Galápagos zurückzusegeln hätte ein langes, zeitraubendes und rauhes Unternehmen bedeutet, abgesehen davon, daß es auf diesen Inseln sowieso keinen Arzt gab. Ich fand es sinnlos, Susan von meinen Symptomen zu erzählen, aber nach ein oder zwei Tagen konnte ich das quälende Geheimnis nicht länger bei mir behalten.

„Ich habe Leibschmerzen", sagte ich schließlich, „und ich fürchte, es ist der Blinddarm."

Susan schien nicht so beeindruckt zu sein wie ich erwartet hatte, und als ich die Stelle genau bezeichnete, sagte sie:

„Nun, ich habe da in den letzten Tagen auch Schmerzen gehabt, aber bei mir kann es sich unmöglich um Blinddarm handeln, da ich keinen mehr habe."

Ich fühlte mich ungeheuer erleichtert, und wir kamen schließlich zu dem Schluß, daß es sich um eine Art Vergiftung handeln müsse, vielleicht hervorgerufen durch das Wasser in Wreck Bay, obwohl wir es abgekocht hatten. Langsam erholten wir uns beide.

Die ersten Tage nach Verlassen der Black Beach steuerten wir nicht den direkten Kurs nach Mangareva, weil wir uns von der ersten Untiefe im Pazifik ganz freizuhalten wünschten, einer jener Gefahrenstellen zweifelhafter Position und fragwürdiger Existenz, an denen dieser Ozean so reich ist. Sie sind ein Fluch für den Navigator, denn man kann nie gewiß sein, wo sie liegen, wenn es sie überhaupt gibt. Diese besondere Stelle war auf der Karte als ein kleiner punktierter Kreis eingezeichnet, mit dem folgenden Vermerk daneben: „Brecher und verfärbtes Wasser, berichtet 1906 und 1925." Wir passierten in einem Abstand von etwa 50 Meilen südlich davon und änderten dann unseren Kurs etwas mehr westlich direkt auf Mangareva.

Nach einiger Zeit flaute der Wind ab und drehte achterlicher, und von da an entwickelte sich der größere Teil dieser langen Reise ganz erfreulich, ohne daß wir unterwegs irgendwelche Schiffe oder Flugzeuge zu sehen bekamen, höchstens einige fliegende Fische. Zeitweise brachten wir das Schiff sogar dazu, sich unter seinen Doppelspinnakern selbst zu steuern. Der Pazifik ist der größte aller Ozeane und umfaßt eine Fläche von 163 Millionen Quadratkilometern, auf der wir winzigen Lebewesen uns unseren Weg über die unendliche, wogende, blaue Weite bahnten. Schon wenige Meter achteraus verwischte sich unser flüchtig gebildetes Kielwasser, ohne eine Spur von uns zu hinterlassen.

Jeden Morgen, zwei oder drei Stunden vor Mittag, nahm ich eine Sonnenhöhe, und Susan kontrollierte mit einer Stoppuhr die Zeit, die zwischen der Beobachtung und der Ablesung des Chronometers vergangen war. Dieses Instrument konnten wir fast jeden Abend mit den Zeitsignalen der amerikanischen Radiostation WWVH vergleichen, die auf Hawaii liegt und den ganzen Tag alle fünf Minuten die Zeit angibt. Im allgemeinen verlor unser Chronometer regelmäßig zwei Sekunden am Tag. Nur plötzliche Temperaturwechsel konnten Störungen hervorrufen, was aber nur außerhalb der Tropen vorkam. Zur Auswertung der Beobachtungen benutzte ich die in klaren Buchstaben gedruckten *Astronomical Navigation Tables.* Leider werden diese nicht mehr herausgegeben und sind von den *Sight Reduction Tables for Air Navigation* abgelöst worden, die genauso einfach zu gebrauchen, aber nicht so groß gedruckt sind. Mittags nahm ich eine Meridianhöhe. Den Punkt, in dem sich die erste Standlinie unter Berücksichtigung des inzwischen gesteuerten Kurses und der zurückgelegten Distanz mit unserer Mittagsbreite schnitt, betrachteten wir als unseren Schiffsort am Mittag, dessen Genauigkeit natürlich durch schlechtes Kurshalten oder Stromversetzung zwischen den beiden Beobachtungen beeinträchtigt werden konnte. Die Zeichnung fertigte ich auf einer der Bakerschen Standlinienkarten an und übertrug den Schiffsort dann auf die Übersichtskarte des Pazifischen Ozeans, der einzigen, die auf demselben Blatt unseren Ausgangs- und Bestimmungsort zeigte. Infolge ihres kleinen Maßstabs von einem Zoll = etwa 300 Seemeilen in unserer Breite, lagen meine Kreuze sehr nahe beieinander, aber dafür meist in regelmäßigen Abständen. Sie bildeten das Maß unseres Fortschritts.

Die Unzulänglichkeit menschlicher Bemühungen, die Natur auf bestimmte Regeln festzulegen, oder aufzuzeigen, daß sie sich Prozentzahlen unterwirft oder dem Gesetz des Durchschnitts gehorcht, wurde uns während dieser langen Reise erneut zum Bewußtsein gebracht. Als wir einen Punkt in der Mitte zwischen Galápagos und Mangareva erreicht hatten, wo als nächstes Land die Osterinseln 800 Seemeilen südwärts liegen und wir uns in einem 5°-Quadrat befanden, wo die Segelkarten 52 Prozent Südostwinde, 48 Prozent Ostwinde und keine Windstillen anzeigten, wurde der Wind weniger und weniger. Die Bugwelle, die 1500 Meilen lang Tag und Nacht ohne Unterbrechung tosend gebraust hatte, fiel mit nachlassender Fahrt zu einem leisen Gluckern ab und erstarb schließlich ganz, als *Wanderer*, vollkommen bekalmt, aufrecht über ihrem eigenen Spiegelbild liegen blieb. Die See wechselte von windzerfurchtem Tiefblau zu einer dem Himmel so ähnlichen Färbung, daß sich kaum noch eine Grenze zwischen beiden erkennen ließ, und die stillstehenden Wolken spiegelten sich in ihr. Abgesehen von dem trägen Flappen des in sich zusammengefallenen Nylonspinnakers herrschte tiefe Stille. Natürlich lief etwas Dünung, die auf den offenen Ozeanen niemals ganz verschwindet, aber sie war länger und niedriger als gewöhnlich, kaum mehr als ein sanftes Atmen. So brachten wir unser Beiboot zu Wasser und ich ruderte hinaus, um zu sehen, wie sich unser kleines Schiff in der Stille des leeren Ozeans treibend ausnahm – etwas was wir beide noch nie zuvor getan hatten.

Ich glaube, daß sich im allgemeinen keinem von uns beiden unterwegs die Winzigkeit unseres Schiffes bewußt wird oder gar unter der grandiosen Einsamkeit leidet. Ringsumher gibt es nichts, womit sich das Schiff maßstäblich vergleichen ließe; es ist stark und fest gebaut und bildet zur Zeit den Mittelpunkt unseres Universums. Wir haben uns gegenseitig zur Gesellschaft und sind im übrigen voll beschäftigt. Aber als ich mich rudernd einige hundert Meter von *Wanderer* entfernt hatte, begann ich zu begreifen, wie klein sie doch war. So seltsam zerbrechlich und verwundbar sah sie aus, dabei sehr schön, wie sie dort auf dem schweigsamen, langsam atmenden Ozean unter der Unendlichkeit des Himmelsgewölbes schwebte. Ihre Winzigkeit wurde mir noch bewußter durch die lange Zeitdauer, während der sich ihr Rumpf hinter der Dünung verbarg und durch die merkwürdigen Blickwinkel, unter denen sie wieder in Sicht gelangte, denn nirgendswo gab es eine gerade oder feststehende Linie, auf der ich mein Auge hätte ruhen lassen können. Nachdem ich meine Aufnahmen gemacht hatte, mußte ich auch daran denken, daß die See, auf welcher ich mit meiner Nußschale von Dingi dahin trieb, mehr als zwei Meilen tief war. Obgleich man natürlich genau so gut in zwei Meter Wasser ertrinken kann wie in zwei Meilen Tiefe, überkam mich doch plötzlich die Angst vor dem Unbekannten und ich kehrte schneller zu *Wanderer* zurück als ich weggerudert war. Als Susan die Fangleine wahrnahm, sagte sie:

„Gott sei Dank, daß du wieder da bist; so fern sind wir einander noch nie gewesen seit wir auf diese Reise gingen."

Die Stille währte 24 Stunden, lange genug für eine Erholungspause, aber noch nicht lange genug, um die Befürchtung zu erwecken, daß sie ewig andauern würde (unsere übliche Reaktion auf Windstillen und Stürme) oder uns Langeweile verspüren zu lassen. Früh am nächsten Morgen waren Stellen erkennbar, wo die See, von einer leichten Brise gekräuselt, eine dunklere Färbung annahm, und wir spürten Kühle im Gesicht. Die Segel begannen sich zu füllen, der Stander hörte auf, sich ziellos um den Stock zu drehen, sondern zeigte in eine Richtung; die dunklen Stellen gingen ineinander über, als sich ein leichter Südostwind durchsetzte, und eine Stunde später tummelte sich *Wanderer* wieder mit fröhlich rauschender Bugwelle dahin und nahm ihre in Passatwinden übliche Gangart auf.

Von jetzt an verlief die Reise ereignislos, wie alle guten Reisen im Passat es sollten, und ein Tag herrlichsten Wetters folgte dem anderen. Jeden Morgen erhob sich die Sonne strahlend im Osten, und wir mußten das kleine Sonnensegel ausbringen, um die Kajüte vor ihren brennenden Strahlen zu schützen. Im Zenit stehend versengte sie das Deck und am 20. März ging sie senkrecht über uns hinweg (von nun an mußte ich mich nord- anstatt südwärts wenden, wenn ich die Mittagshöhe nehmen wollte); nur gelegentlich verschwand sie für einen Augenblick oder zwei, wenn eine hübsche kleine Wolke sie verhüllte, und abends versank sie gewöhnlich hinter einer wattigen Bank von silbergrauen Schönwetterwolken. Dann traten Orion über uns und das Kreuz des Südens auf Backbord in Erscheinung. Zur Übung nahmen wir einige Sternhöhen, wie wir sie vielleicht vor unserem nächsten Landfall benötigten, aber allzuschnell verschwand dann der Horizont und die zwölf Stunden tropischer Nacht brachen herein. Mußte gesteuert werden, teilten wir uns nach dem Abendessen die Nachtstunden so ein, daß jeder zwei Wachen ging und zwar immer dieselben, was nach unserem Gefühl jedem mehr Ruhe gewährte als die Wachzeiten jede Nacht zu wechseln. Susan ging die erste Wache von 9 bis 11.30 Uhr abends. Wenn sie mich zur Ablösung weckte, lag ich gewöhnlich im allertiefsten Schlaf, aber das vertraute „Liebling, es ist dein Törn", vielleicht einmal wiederholt, durchdrang auch die Schranken des festesten Schlafes. Ich stieg über das Kojensegel, zog ein kurzärmeliges Hemd und Nylonshorts an, alle Bekleidung, die ich in diesen tropischen Nächten benötigte, nahm einige Zwiebäcke aus der Dose auf dem Kombüsentisch und wechselte mit Susan den Platz. Ich ließ mich auf die warme Stelle nieder, die sie zurückgelassen hatte und stemmte meine bloßen Füße gegen die Kockpit-Gräting. Da diese Reise genau einen Mondumlauf in Anspruch nahm, erlebten wir den Mond in jeder seiner Phasen. Aber er war noch nicht aufgegangen, so daß ich nur undeutlich erkennen konnte, wie Susan sich unten in der Kajüte das Hemd über den Kopf zog und sich in ihrer Koje ausstreckte. Es war heiß dort unten und man brauchte keine Decke.

Der erste Teil der Wache war ein Vergnügen. Ich hatte meine Freude an der Marschfahrt des mühelos über den wogenden Ozean gleitenden Schiffes und genoß es, die lebendige Pinne in meiner Hand zu spüren. Der Wind, der über das zwischen den Seerelingsstützen auf beiden Seiten des Kockpits gezurrte Schutzkleid hinwegwehte, streifte die Haut wie eine Liebkosung, und der Körper fühlte sich nicht mehr feucht von Hitze. Müßig ließ ich meine Gedanken schweifen; ich dachte an das Leben der wilden Tiere auf Santa Fé, an die Wittmer Familie in Black Beach und ich sann darüber nach, wie es wohl in Mangareva aussehen würde. (Dieser schöne Name bedeutet übrigens „Der Ferne Berg".) Aber hauptsächlich dachte ich in einer Art träumerischer Versonnenheit daran, wie sehr glücklich ich mich schätzen konnte, mit Susan als meiner Begleiterin diese weite Reise zu machen. In England wäre es jetzt acht Uhr morgens. Lebte ich unter den üblichen Verhältnissen, säße ich jetzt in einer öden Vorstadt beim Frühstück, bevor der Arbeitstag in einem Versicherungsbüro oder in der Bank begann, ohne mich auf eine Abwechslung am nächsten oder übernächsten Tag freuen zu können. Diese niederdrückende Vorstellung mußte mich aufgeweckt haben, denn ich merkte, daß *Wanderer* weit von ihrem Kurse abgewichen war und der Spinnaker backschlug. Ich brachte das Schiff zurück auf Westsüdwest-Kurs, legte ein Ende um die Pinne, stand auf und blickte um mich. Die Arme auf beide Seiten des Niedergangs gestützt, lehnte ich mich über das Brückendeck und steckte meinen Kopf in die Kajüte. Der eben aufgegangene Mond sandte sein silbriges Licht durch eines der Bullaugen, wanderte je nach *Wanderers* Schlingerbewegungen hin und her und kreuzte von Zeit zu Zeit Susans Gesicht. Den Kopf in ihre Hand gelegt und dabei ein wenig der Bewegung des Schiffes folgend, bot sie im Schlaf einen Anblick rührender Hilflosigkeit und tiefen Vertrauens. Da aber dieses Mondlicht sie jeden Augenblick aus dem Schlafe wecken konnte, änderte ich den Kurs, setzte den Ruderstropp etwas fester, stieg auf Zehenspitzen den Niedergang herunter und befestigte schnell eine Blende vor dem Bullauge, um das Mondlicht abzuschirmen. Dann kehrte ich rasch an das Ruder zurück, bevor *Wanderer* etwas gemerkt hatte.

In Wirklichkeit schien *Wanderer* ohne mein Zutun gut allein zurecht zu kommen, so daß ich mich im Kockpit auf die Leeseite legte und meinen Kopf auf das etwas erhöhte Brückendeck bettete. In dieser Lage konnte ich den Kompaß im Auge behalten und brauchte nur der Pinne von Zeit zu Zeit einen sanften Stoß zu geben. Auf dem Rücken liegend konnte ich über mir den schwingenden Tanz der Sterne verfolgen und ich nahm mein Glas aus dem Bort neben dem Kompaß, um genauer hinzusehen. Welch faszinierende Zahl, wie kalt und aus welch unermeßlicher Weite funkelten sie. Selbst mein alter Freund Sirius, der hellste aller Sterne, erschien in diesem Augenblick weit entfernt und fremd – vielleicht war er nicht einverstanden mit meiner Art, Wache zu gehen. Wenn *Wanderer* nun plötzlich ein nicht zu meisterndes Leck spränge und wie ein Stein im Meer versank, wie sie es mit dreieinhalb Tonnen Bleiballast am Kiel bestimmt täte, die Sterne würden kalt und ohne zu blinzeln zahllose Jahrmillionen weiter ihr Licht in das All schicken. Ich fühlte mich sehr klein und unwichtig.

Man sagt, daß man mit zunehmendem Alter weniger Schlaf brauche, aber ich bin nicht der Ansicht. Auf dieser Reise fand ich es schwieriger als je zuvor, meine Augen auf den Nachtwachen offen zu halten, und vor allem in der letzten halben Stunde kostete mich das Wachbleiben einen quälenden Kampf. Ich tat alles Erdenkliche, um nicht einzunicken. Ich schüttelte meinen Kopf energisch hin und her; ich stand auf und beobachtete sorgfältig jeden Zoll des leeren Horizonts; ich zählte am Himmel alle Sterne, deren Namen ich kannte; ich richtete den Lichtstrahl der Stablampe auf das Zifferblatt des sich munter drehenden Patentlogs und bemerkte, daß wir in den letzten zwei Stunden zwölf Meilen gutgemacht hatten, und schließlich aß ich ein Stück Schokolode. In der allerletzten halben Stunde muß ich wohl fünfzig Mal auf meine Uhr gesehen haben, die stehen geblieben zu sein schien. Schließlich krochen die Zeiger aber doch herum bis auf zwei Uhr. Erleichtert, daß mein Törn vorbei war, aber voller Bedauern, jetzt Susan, die fest schlief, purren zu müssen, stieg ich nach unten, legte eine Hand auf ihre Schulter und rief ihren Namen. Sie bewegte sich, öffnete die Augen und setzte sich sofort auf. „Ich komme schon", sagte sie, und in das Kockpit zurückgekehrt, brauchte ich nicht lange zu warten, bis sie laut gähnend an meiner Seite saß.

„Keine Lichter, gar nichts zu sehen; nur Sirius steht über der unteren Saling."

Wie wohlig streckte ich mich in meiner stickigen Koje, als ich hineingeschlüpft war und ein Kissen zwischen Rücken und Kojenbrett gestopft hatte. Aber ich schien kaum eine Minute gelegen zu haben, als ich schon wieder Susans Stimme rufen hörte und begriff, daß es Zeit war, zurück an Deck zu gehen, die Morgenwache zu übernehmen und mich bis zum Morgengrauen wachzuhalten.

So ging es weiter, Wache für Wache und Nacht für Nacht, mit Ausnahme jener gesegneten, aber allzu seltenen Stunden, wenn das Schiff bereit war, sich allein zu steuern. Nur dann genossen wir den Luxus, eine ganze Nacht in unseren Kojen verbringen zu können.

Unsere Etmale in diesem Abschnitt der Reise waren nicht gerade sehenswert; auch hatten wir nur wenig Strömung mit uns, um uns über die letzten 2000 Meilen hinwegzuhelfen. Während der ersten Woche hatten wir 742 Meilen gutgemacht mit einem höchsten Tagesetmal von 146, das wir auch niemals aufbesserten. In der zweiten Woche kamen wir auf 792; die dritte Woche war recht kümmerlich mit nur 553, die vierte Woche brachte 704 Seemeilen.

Die Ansteuerung von Mangareva von Ost oder Nordost ist mit gewissen Schwierigkeiten verbunden. Zwanzig Meilen östlich der Insel liegt Timoe, ein unbewohntes Atoll, und südlich dieses Atolls erstreckt sich das Portland Riff mit einer geringsten Wassertiefe von acht Metern, auf welchem die See auch bei ruhigem Wetter schwer branden soll. Timoe und Portland Riff bekümmerten uns nicht, da wir uns entschlossen hatten, unsere Ansteuerung auf dem direkteren Wege von Ostnordost vorzunehmen. Auf diesem Kurs liegen aber zwei sog. „Vigias", d. h. zweifelhafte Untiefen, die eine als Ebrill Riff, und die andere, 25 Meilen nördlich davon, als Bertero bezeichnet. Man nimmt an, daß das Vollschiff *Sir George Grey* 1865 auf Ebrill Riff verloren ging, das seinerzeit als etwa 80 Meilen ostnordostwärts von Mangareva gelegen gemeldet wurde. Ein Bericht aus dem Jahre 1872 besagt, daß es aus einer großen von *Motus* umgebenen Bank bestünde, und als solche ist sie auch in den neuesten Karten eingezeichnet. 1880 unternahm H. M. S. *Alert* eine Suchaktion, ohne eine Spur davon zu finden. Zwei Jahre später segelte jedoch die deutsche Bark *Erato* über eine seichte Stelle wenige Meilen südwestlich der in der Karte eingetragenen Lage von Ebrill und ein weiteres Mal wurde das Riff 1922 in der Nähe dieser Position gesichtet, als bei ruhiger See eine schwere Brandung darauf stand. Wir waren daher fast sicher, daß Ebrill Riff nicht da lag, wo es der Karte nach sein sollte. Über Bertero besaßen wir keinen Hinweis außer der Tatsache, daß es auf den bis 1959 berichtigten Karten aus dem Jahre 1955 eingezeichnet war, dagegen nicht auf früheren Karten. Demnach müßte es sich um eine jüngere Entdeckung handeln, aber das Handbuch der Pazifischen Inseln, III. Band, erwähnt es nicht. Seitdem haben wir gehört, daß die französische Kriegsmarine eine erfolglose Suche nach Ebrill Riff unternommen hat, haben auf den Inseln aber niemanden getroffen, der je von Bertero gehört hatte.

Wir bemühten uns, in der Mitte zwischen diesen beiden „Vigias" hindurchzusteuern. Bestimmt war es, nachdem wir 28 Tage kein Land gesehen und ausschließlich nach Sonne und Sternen navigiert hatten, ein unheimliches Gefühl, jetzt zwischen zwei auf der Karte vermerkten Gefahrenstellen hindurchsegeln zu sollen, ohne irgend etwas zu sehen, und ich muß gestehen, daß die in der Nähe verbrachte windreiche Nacht alles andere als angenehm war. Augen und Ohren starrten und lauschten angestrengt in die Dunkelheit, um die ersten Anzeichen einer Brandung rechtzeitig zu entdecken. Da die See mit weißen Schaumköpfen bedeckt war, mußten wir uns gleichzeitig sagen, daß es hoffnungslos war, rechtzeitig Brecher auszumachen, um ihnen ausweichen zu können.

Mangareva ist mit einer Länge von fünf Meilen und einer Breite von einer halben Meile an der engsten Stelle die größte unter zehn kleinen Inseln. Die Lagune, in der diese Inseln liegen, ist teilweise von einem überspülten Korallenriff umgeben, das sich an der Nord- und Ostseite fortsetzt, über dem aber anderswo Wasser beträchtlicher Tiefe steht. Auf dem Riff liegen zahlreiche „Motus", schmale, manchmal palmenbewachsene Inselchen, die sich kaum einen Meter über den Wasserspiegel erheben. Sämtliche Inseln innerhalb der Lagune tragen hübsche kleine Berggipfel. Mangarevas größter Berg, Mount Duff, erhebt sich steil zu einer Höhe von 450 Metern.

Der Morgen unseres neunundzwanzigsten Tages auf See dämmerte anders herauf als seine Vorgänger. Ringsherum ballten sich schwere schwarze Wolken zusammen, darunter eine besonders drohend aussehende im Südwesten, wo wir die Inseln vermuteten. Senkrecht gegen diesen düsteren Hintergrund hoben sich die lebhaften Farben eines breiten, kurzen Regenbogens ab. Das Glas fiel stetig, ganz im Gegensatz zu seinem in Passatgebieten üblichen Verhalten. Um acht Uhr morgens peilte Susan einen Gipfel, den wir für Mount Duff hielten, aber gleich darauf fiel schauerartiger Regen und verhüllte alle Sicht. Wir hielten unseren Kurs, oft ohne mehr als einige Schiffslängen voraus durch den Platzregen hindurchsehen zu können, und als es zwei Stunden später aufklarte, mußten wir feststellen, daß uns ein unerwarteter, nach Osten laufender Strom in unbehagliche Nähe der Riffbarre versetzt hatte. Wir änderten unseren Kurs, um an der nördlichen Kante entlangzusegeln und liefen nachmittags durch die westliche Einfahrt, die tief und übersichtlich ist, in die Lagune ein. Innerhalb der etwa 39 Quadratkilometer großen Lagune stand ein kleiner, kurzer Seegang und wir brauchten geraume Zeit, bis wir die Südküste von Mangareva gerundet und den auf der Ostseite gelegenen Ort Rikitea erreicht hatten, wo wir uns vor Anker legen wollten. Aber der tiefe Grund vor der Ortschaft ist von einem Netzwerk von Korallenriffen umgeben – gerade diese gewähren der Ortschaft einen so guten Schutz gegen die vorherrschenden Ost- und Südost-Winde – und die Fahrrinne hindurch ist schwierig. Inzwischen war die Sonne tief herabgesunken und selbst aus dem Mast war es gar nicht einfach, den Weg durch die Riffe zu finden. Man hatte uns aber bereits an Land gesichtet und bald kam uns ein Boot mit dem Gendarm an Bord entgegen, der die Inseln verwaltet. Es lotste uns schnell und geschickt hinein und wir machten längsseits eines grasbewachsenen Piers vor der Ortschaft fest. Eine Gruppe freundlich lachender Inselbewohner hatte sich bereits zusamengefunden, um die neuen Ankömmlinge in Augenschein zu nehmen, denn Mangareva wird nur alle drei Monate einmal von einem Schoner aus Tahiti besucht (900 Meilen entfernt) und der Besuch eines fremden, unerwarteten Schiffes ist stets ein Ereignis.

Ohne uns aufzufordern, irgendwelche Papiere auszufüllen, gab der Gendarm uns zu verstehen, daß wir nur eine oder zwei Nächte bleiben dürften und dann direkt nach Tahiti weiterlaufen müßten, da Mangareva kein Einklarierungshafen sei.

Susan wandte sich bittend an ihn: „Wir sind einen langen, langen Weg gekommen, um Ihre Insel zu besuchen", sagte sie, „und wir sind sehr erschöpft."

„Ich will ein Telegramm an *Monsieur le Gouverneur* senden", war alles, was er erwiderte.

Wie es so häufig geschieht, bleibt in der Erinnerung der erste Abend im Hafen nach langer Zeit auf See am lebendigsten. Als die Sonne hinter Mount Duff verschwunden war und die Abendkühle uns umhüllte, überkam uns ein Gefühl von Zufriedenheit und innerer Ruhe. Langsam gingen wir auf dem ungewohnt ruhigem Deck an die Arbeit, machten die Segel hafenmäßig fest und schossen das Tauwerk auf. Vom Lande her stahl sich der Duft von Blumen, Kopra und Holzrauch herüber, die unvergeßlichen, heimweherregenden Wohlgerüche Polynesiens. Als wir nach Beendigung unserer Abendmahlzeit beim Aufwaschen waren, hörten wir über uns Stimmen und den melodischen Klang von Gitarren. Heraussehend erblickten wir eine Gruppe von Insulanern auf der Pierkante sitzen, mit ihren nackten Füßen auf *Wanderers* salzverkrusteter Reling. Ruhig und langsam am Anfang, dann mit zunehmender Klangfülle und gesteigertem Tempo spielten und sangen sie für uns. Melodie folgte auf Melodie, während die Sichel des jungen Mondes der Sonne über den Berggipfel nachfolgte. Jeder Besucher trug hinter dem Ohr eine weiße Blüte der *tiara Tahiti* und die stille Luft war erfüllt von ihrem süßen Duft.

Am nächsten Tag genossen wir ausgiebig und zum erstenmal nach langer Zeit den Luxus, uns im Hause des Gendarms unter seiner Frischwasserbrause zu waschen, die, wie er uns auseinandersetzte, *très moderne* war. Sie bestand aus einem rundgebogenen, senkrecht aufgestellten Stück Wellblech und einem darüber angebrachten 200-Liter-Ölkanister voll Wasser. Plötzlich hörten wir unseren Gastgeber mit seinem Spazierstock auf dem Eisenblech trommeln und rufen:

„Monsieur Isscock, alles in Ordnung; der Gouverneur sagen Sie können bleiben zwei Wochen lang."

Später, nachdem er uns wohl eine Zeitlang beobachtet und unser Benehmen seinen Beifall gefunden hatte, erzählte er uns bei einem Rumpunsch auf der Veranda seines Hauses, daß unser Aufenthalt keiner zeitlichen Beschränkung unterläge und daß der Gouverneur von Französisch-Ozeanien uns auffordern ließe, zu bleiben und Mangareva so lange zu genießen wie wir wollten.

In unseren zivilisierten Tagen ist es ein unvergeßliches Erlebnis, einen Ort zu besuchen, der so weit von den vielbefahrenen Routen abliegt, daß die Inselbewohner sich nur an eine einzige britische Yacht erinnern konnten, die schon einmal einen Besuch abgestattet hatte, die *Arthur Rogers*, die sich seitdem in einen Handelssegler verwandelt hat. Mangareva ist schwierig auf normale Weise zu erreichen, und Besucher sind daher selten. Die Inselbewohner machen einen glücklichen und unverdorbenen Eindruck. Sie besitzen kein Motorfahrzeug irgendwelcher Art, keinen Radioapparat, außer dem, der der Regierung gehörte, und kein Grammophon. Sie sorgen für ihre eigene Unterhaltung, und jeden Abend unseres Aufenthaltes kam eine Gesellschaft auf den Pier heraus und sang für uns, genauso wie es am ersten Abend geschehen war. Wir machten Bandaufnahmen von mehreren Liedern; als wir das erste Tonband abhörten, herrschte einen Augenblick stillschweigendes Staunen, gefolgt von jenem zu Herzen gehenden polynesischen Freudenschrei, einem langausgezogenem „Ei–eee" und dann einem lauten Gelächter. Die Neuigkeit verlor aber schnell ihren Reiz, und wir merkten bald, daß sie viel lieber sangen als zuhörten.

Die Insel ist schön. Der flache Landstreifen am Wasser entlang ist üppig mit Palmen, Bananenstauden und einem Überfluß an anderen Bäumen bewachsen, in deren Schatten sich die Behausungen schmiegen. Von unserem Liegeplatz aus waren nur wenige Gebäude sichtbar, die Baumwipfel überragten nur die weißen Zwillingstürme der riesigen Kirche, ein Werk des fanatischen Priesters Laval, der die Inselbewohner jahrelang in richtiger Sklaverei gehalten hatte und für den Tod vieler von ihnen verantwortlich war. Durch das grüne Laub konnten wir hier und da ein leuchtend rotes Dach oder einen sauberen kleinen Abtritt, auf Pfählen im Wasser stehend, ausmachen. Hinter den Bäumen zeichneten sich die Konturen des Mount Duff scharf gegen den Himmel ab.

Die Menschen waren überaus freigebig und gastfreundlich, ohne Gegengaben zu erwarten, denn sie betrachteten uns als ihre Gäste. Täglich wurden uns Hühner, Fische, Zitronen, Bananen, Orangen und Paw-Paw als Geschenk in solchen Mengen gebracht, daß wir kaum wußten, wie wir mit diesem Reichtum fertig werden sollten. Natürlich versuchten wir uns mit kleinen Dingen erkenntlich zu zeigen – mit Fischhaken, Seife, Zigaretten oder was immer den Menschen zu fehlen schien; da wir aber fast drei Monate lang keinen Laden gesehen hatten, waren *Wanderers* Schubladen ziemlich leer, und wir konnten nicht so viele Gegengeschenke machen wie wir wohl gewünscht hätten.

Ein Mann, der von unserer Ankunft gehört hatte, kam von der entgegengesetzten Seite der Insel zu Fuß über den Berg, um uns Geschenke zu bringen und seine Schwester vorzustellen, eine hübsche junge Schullehrerin, die unsere gesamte schmutzige Wäsche mitnahm und frisch und fleckenlos wieder ablieferte. Ein anderes Paar forderte uns auf, mit ihnen in ihrem schattigen Heim am Rande des Strandes zu Mittag zu essen; es gab *poisson cru* (in den Saft frischer Limonen getaucht und mit Kokosnußsahne angerichtet); *langouste* (der Ehemann hatte die vorhergehende Nacht auf dem Riff verbracht, um Langusten zu fangen, denn Hummer sind selten); *poule à la casserole* und einen ausgezeichneten Fruchtsalat. Bei einer anderen Gelegenheit wurden wir in einem Kanu zu der benachbarten Insel Akamaru gebracht, wo ein Sack Orangen gesammelt und uns übergeben wurde, und wir hatten ein Picknickfrühstück im Schatten der Palmen mit frischgefangenem, über einem Feuer aus Kokosnußschalen gekochten Fisch. Alle Welt kannte uns und schien sich für uns zu interessieren. Als wir die halbe Meile Dorfstraße entlangschlenderten, erscholl aus jedem der gut erhaltenen Häuser oder Gärten die Begrüßung, *„Eu–ora-na"*, oder man übergab uns ein Geschenk, eine Muschelkette für meinen Hut, ein Halsband für Susan oder einen Schluck Kokosnußmilch. Wenn irgendein Hund uns anbellte, wurde er sofort zum Schweigen gebracht, und zwar meistens durch die Kinder.

Obgleich es unser aufrichtiger Wunsch war, länger an diesem bezaubernden, unverdorbenen Ort zu verweilen und wir sogar die Erlaubnis dazu erhalten hatten, fühlten wir uns doch durch unsere Pläne für die nächste Zeit gezwungen, Mitte April Abschied zu nehmen. Wiederum lotste der Gendarm uns durch die Riffe, und bald hatten wir diese hübsche Lagune verlassen und befanden uns wieder auf offener See. Mit Bedauern sahen wir den „Fernen Berg" achteraus verschwinden und setzten Kurs ab auf Tahiti, wo wir Post erwarteten und wo wir unsere fast leeren Vorratsschränke wieder auffüllen wollten.

SECHSTES KAPITEL

Paradies der Inselsüchtigen

Unser Kurs führte uns durch den südlichen Teil der Tuamotu-Inselgruppe, die auch das gefährliche Archipel genannt wird, eine Ansammlung von 78 Inseln, durchweg Atolls, die sich nur wenige Fuß über den Meeresspiegel erheben. Die mit Palmen bewachsenen Atolls sind auf fünf bis sieben Meilen sichtbar. Ein Blick in das Leuchtfeuerverzeichnis könnte den Eindruck großer Erleichterung erwecken, die Navigation durch dieses Inselmeer zu schaffen, aber die neben allen acht Feuern gedruckten Anmerkungen vereiteln diese Hoffnung. Dort heißt es: „Unzuverlässig", „gelöscht", „geplant", „geplant", „gelöscht", „gelöscht", „geplant", „vorübergehend gelöscht". Trotzdem begegneten wir keinen nennenswerten Schwierigkeiten, weil die südlichen Atolls nicht so eng beieinander liegen wie die im mittleren und nördlichen Teil des Archipels, und es erwies sich als möglich, einen Kurs abzustecken, der von den meisten gut frei führte.

Wir kamen jedoch zu dem Entschluß, wenigsten eines der entferntesten Atolls zu besuchen und wählten Mururoa, das fast auf unserem Kurs und 230 Meilen von Mangareva entfernt lag. Das Handbuch der Pazifischen Inseln, III. Band, gibt an, daß die etwa 15 Meilen lange Lagune bei einer durchschnittlichen Tiefe von 20 Faden (36 m) mit Korallenköpfen besät ist und daß zahlreiche Inseln, die alle unbewohnt sind, auf dem Riff liegen. Wie bei so vielen Riffen und Inseln des Pazifik gibt es auch über Mururoa keine wirklich präzisen Angaben. So vermerkt das Handbuch z. B. „daß es viel mehr Inselchen gibt, als auf der Karte verzeichnet sind", und 1948 wurde berichtet, daß sich „das westliche Ende des Riffs fünf Meilen weiter westlich erstreckt, als die Karte angibt". Da dies alles interessant klang und einen Besuch zu lohnen versprach, steuerten wir die Insel an. Als wir uns näherten, schlug das Wetter aber um, der Himmel bezog sich, und eine schwere, aus der Kap Horn-Gegend heranrollende Dünung setzte ein. Gleichzeitig zeigte das Barometer, das während der letzten Tage nur die täglichen Schwankungen registriert hatte, einen stetigen Fall. Unter diesen Umständen hatte ich keine Lust, in dieser großen Lagune zu ankern, wo uns eine Winddrehung über Nacht in die gefährlichste Situation bringen konnte. Selbst der Versuch, einen Ankerplatz zu erreichen, wäre kaum zu verantworten gewesen, denn die Riffnavigation mit den Augen wird unmöglich, wenn der Himmel bedeckt ist. Widerstrebend ließen wir daher die Insel liegen und hielten weiter auf Tahiti zu. Seitdem habe ich mir aber oft deswegen Vorwürfe gemacht; ich sann darüber nach, wo man eigentlich die Grenze zwischen seemännischer Vorsicht auf einem Ozean, der schon viele Schiffe als Opfer gefordert hat, und Kleinmut ziehen soll, zumal das in unserem Niedergang eingeschnitzte Motto lautet: „Nimm die Gelegenheiten wahr, dann brauchst du dich hinterher nicht zu ärgern – hätte ich doch!"

Den ganzen Rest der Reise blieb das Wetter ungewiß. Als die Wolkendecke aufgebrochen war, kam ein dunstiger Himmel zum Vorschein, an dem die Sterne nur schwach funkelten, und die Sonne sah aus wie ein verschwommener Ball. Oftmals fielen Regenböen von großer Heftigkeit ein; jede brachte eine vorübergehende Winddrehung mit sich, und die ganze Zeit rollte eine hohe Dünung aus dem südlichen Ozean heran, die das Schiff auf die Seite warf und die Segel knallend schlagen ließ. Solches Wetter beansprucht Segel und Takelage stärker als der längste Sturm.

An unserem achten Tag auf See sichteten wir den auffallenden Bergkegel von Mehetia, der vor uns steil in den Abendhimmel hineinragte. Wir passierten ihn des Nachts; am nächsten Morgen war die Luft so klarsichtig, daß wir bereits die noch 70 Meilen entfernten 2000-Meter-Gipfel von Tahiti ausmachen konnten. Noch war die Insel aber außer Reichweite; der Wind wurde flauer, die Segel schlugen häufiger und häufiger windlos hin und her, und um Mittag blieben wir bei großer Hitze in vollkommener Flaute bewegungslos liegen. Wir nahmen die Gelegenheit wahr, das Schiff und uns selbst zu reinigen; Susan verpaßte mir einen Haarschnitt, denn schließlich war es Tahiti, die „Perle der Südsee", die vor uns lag, und obgleich wir uns an den Hafen Papeete als eine schmutzige, heruntergekommene kleine Stadt erinnerten, war doch mit der Anwesenheit anderer Yachten und vielen Besuchern zu rechnen. Wir mußten also etwas herzeigen. „Seit ich das mache", sagte Susan, mit der rostigen Schere drauflosschneidend, „betrachte ich genau die Köpfe anderer Männer; sie müssen sich manchmal über mein Interesse gewundert haben."

Als wir in der Abenddämmerung im Kockpit zusammen saßen und genußvoll unseren „Sundowner" tranken, umhüllte sich die legendenumwobene Insel, als hätte sie es satt, betrachtet zu werden, mit einer riesigen schwarzen Wolke, während die Sterne über uns einzeln und paarweise hervortraten. Erst in den frühen Stunden des folgenden Morgens setzten wir uns langsam wieder in Bewegung, als ein schwacher Lufthauch unseren leichten Flautenballon aus Nylon blähte. Bald kam die Dünung mehr von achtern, die Segel hingen lose herab, und den ganzen Vormittag glitten wir lautlos und friedlich dahin, genossen den lieblichen Anblick der vor uns liegenden, leuchtend grünen Insel und besprachen, was wir nach unserer Ankunft unternehmen wollten. Mittags hatten wir noch 25 Meilen vor uns, und wir zweifelten schon daran, unser Ziel noch am gleichen Tage erreichen zu können. Inzwischen hatte sich aber die See in Lee des Landes vollkommen beruhigt. *Wanderer* glitt mit beschleunigter Fahrt anstrengungslos durchs Wasser, und so erreichten wir schon bei Sonnenuntergang die Einfahrt von Papeete.

Der Hafenkapitän kam in kurzen Hosen und Hemd, auf dem Kopf einen muschelschnurverzierten Pandanushut, zu uns an Bord (in Papeete besteht Lotsenzwang) und brachte uns gelassen und sicher zu einem Liegeplatz an der berühmten Wasserfront, wo wir unseren Anker fallen ließen und die Heckleinen zu einer alten Kanone nahmen, die halb vergraben am Rande der Hauptstraße stand. Er legte uns einige einfache Formulare vor und half uns beim Ausfüllen, während eine dichte Menge von Tahitianern und Yachtseglern zusammenlief, um die Neuankömmlinge in Augenschein zu nehmen und Fragen zu stellen.

„Wo kommen Sie her?"

„Wie viele Tage waren Sie unterwegs?"

„Haben Sie die *Penella* gesichtet? Hier liegt Post für Sie auf der Bank."

Für Yachten bedeutet Papeete den großen Kreuzungspunkt des Pazifik, wo man sicher sein kann, früher oder später jemandem zu begegnen, den man kennt. So war ich nicht überrascht, als ich aufsah, eine Stimme rufen zu hören „Hello, Eric!" und Dr. Franklin Evans vor mir zu sehen, den Eigner der Yawl *Kochab*, in welcher er vor einigen Jahren von England nach Neuseeland gesegelt war und in der er sich jetzt auf dem Wege nach Westindien befand. Noch bevor die erste Stunde unseres Aufenthalts verstrichen war, fanden wir uns mit ihm im „Diadem", einem chinesischen Restaurant, zum Abendessen zusammen. Anschließend wanderten wir zu Quinns überfüllter Bambushütte, der wahrscheinlich berühmtesten Bar und dem enthemmtesten Nachtklub der ganzen südlichen Hemisphäre (sogar die W. C.'s sind gemeinsam). Mit *Heis* (Girlanden) von kühlen, süßduftenden Blumen um den Hals tranken wir Hinano (das dortige Bier) und sahen den lebhaften Tänzern auf der dichtgedrängten Tanzfläche zu – und versuchten uns sogar selbst auf unseren noch unsicheren Seebeinen. Alles erschien uns so vertraut, und es fiel uns schwer zu glauben, daß schon sieben Jahre seit unserem letzten Besuch verstrichen waren. Als wir an diesem Abend in unsere Kojen sanken, drangen die vertrauten Geräusche von Tahiti an unsere Ohren: Wellen hellsten Gelächters, das Staccato der Motorräder und Stromaggregate, das Spiel der Gitarren und der Gesang der Stimmen. Auch die Gerüche waren uns seltsam vertraut: Der Duft französischen Tabaks, der *Tiare Tahiti* (süß und berauschend) und der Dunst von Benzin.

An der Wasserfront hatte sich eine beträchtliche Menge von Yachten versammelt, darunter die *Si Ye Pambili*, die wir in Barbados getroffen hatten, mit unseren Freunden Bill Baker und Roger Gowen an Bord, und fast jeden Abend wurde auf dieser oder jener Yacht eine Rumpunsch-Party veranstaltet. Diese Parties wurden gewöhnlich durch die Gegenwart einiger Mädchen aus Quinns Bar belebt, die Yachten zu adoptieren pflegen, vor allem solche mit junger unverheirateter Besatzung wie die *Pambili*, und dann gewöhnlich auch mit an Bord leben. Sie übernehmen Wäsche und Küche und füllen jeden freien Augenblick mit Gitarrenspiel und Gesang. Ihre Lieder sind entweder froh oder traurig, denn die Tahitianer kennen keine Halbheiten, und alle besitzen einen wunderbaren Rhythmus. Darunter gab es auch einen kleinen ungezogenen Song, wenn man so sagen will, der damals gerade sehr populär war, eigentlich mehr eine Form der Begrüßung als ein Song. Das erste Mal hörten wir ihn eines Abends bei Quinn's, als eines der Mädchen, das gerade auf der winzigen Bühne über der Tanzfläche den erotischen *tamure* aufführen sollte, zwischen dem Bambusvorhang hervortrat, ihren schlanken Körper, grasberockt und mit Blumen bedeckt, gefährlich weit über die Rampe beugte und sich an mich wendend sang:

„Hello, Capitaine, how are you?
Hello, capitaine, how are you?
I love you,
Yes, I do;
God-damn son-of-a-bitch
What's the matter, you?"

Sie begleitete ihren Gesang mit Gesten und Grimassen und endete mit einem bestrickenden Lächeln, das uns beiden, Susan und mir galt. Überall sonst in der Welt wären wir in Verlegenheit geraten, aber dies hier war Papeete, und der Song und das schallende darauf folgende Gelächter klang in dieser Umgebung ganz natürlich.

Pambili war bald nach ihrer Ankunft von einem besonders charmanten Mädchen namens Noéline und einer Freundin von ihr adoptiert worden. Susan und ich verbrachten mehrere Abende an Bord; die Mädchen akzeptierten uns bereitwillig und behandelten uns mit Takt und Freundlichkeit. Sie wirkten vergnügt mit, als wir ihre Lieder auf Band nahmen, sprachen uns nach Tahitischer Sitte als *mama* und *papa* an und gaben uns jedesmal, wenn sie es für richtig hielten, einen Kuß, womit sie leider auch den bösartigen Schnupfen, unter dem damals die ganze Wasserfront litt, auf uns übertrugen. Wenn wir dann spät abends Abschied nahmen, blieben die Mädchen unweigerlich an der Reling stehen und sangen uns ihr sehnsüchtiges, melancholisches *Bon Voyage* nach, während wir zu *Wanderer* zurückruderten.

Als wir sie etwas besser kennen gelernt hatten, bat ich Noéline eines Nachmittags uns den *tamure* vorzuführen, weil ich diesen erregenden Tanz filmen wollte. Er besteht aus schnellen, schwingenden Hüftbewegungen, die schimmernde Wellen über den langen, wohlgekämmten Grasrock nach unten senden. Obgleich *tamure* im Mondlicht unter Palmen zum nervenaufreizenden Rhythmus der Trommeln getanzt werden sollte und nicht zu Grammophonmusik am Tage in der Sonnenhitze an Deck einer Yacht, sagte sie bereitwilig zu, probte gewissenhaft, erlaubte mir, sie mit Blumen zu schmücken und tanzte dann einfach hinreißend. Nach Beendigung der Filmarbeit übergab ich ihr ein kleines Päckchen mit einer grünen Brosche darin, die Susan und ich für sie besorgt hatten. Sie nahm es nach unten in die Kajüte, kam aber wenige Augenblicke später mit Tränen in den Augen wieder heraus, schob die Brosche in meine Tasche und sagte:

„Ich kann sie nicht annehmen; sie würde mich, wenn ihr fort seid, an dich und *mama* erinnern, und ich wäre dann zu traurig."

Noéline hat drei Kinder, alle von weißem Blut, und ist sehr stolz auf sie.

Dem Wort Tahiti haftet ein magischer Zauber an; es gilt für alle von den Amerikanern als „Islomanen" bezeichnete Menschen als höchstes Symbol der Weltflucht. Zusammen mit dem benachbarten Moorea bietet Tahiti die klassische Szenerie für den Traum eines unverdorbenen Polynesiens, mit sich neigenden Palmen, leuchtenden Gestaden (die in Wirklichkeit meistens aus schwarzem Sand bestehen) und durchsichtigen Gewässern. Die Menschen sind warmherzig, ungezwungen und lassen sich nicht viel von Gedanken an gestrige Fehlschläge oder morgige Sorgen plagen. Die Frauen, obgleich wohlgebaut, sind keineswegs alle schön – dazu bedarf es einiger Tropfen chinesischen Bluts – und sie tragen, trotz aller Reiseprospekte, in der Mehrzahl konventionelle Kleidung. Die Franzosen bestehen in dieser Stadt sogar darauf. Natürlich ist der Umstand, daß Tahiti mit seiner Lage weit draußen in der Mitte des Südpazifiks nicht leicht erreichbar ist, einer seiner Hauptanziehungspunkte. Kurz nach unserem Besuch trat aber ein Ereignis ein, das sich sehr wohl als der wichtigste Eingriff in die Inselgeschichte seit Cooks Landung im Jahre 1769 erweisen kann: die Fertigstellung einer Landebahn, die auch von den großen Düsenmaschinen benutzt werden kann. Der vierzehntägig verkehrende Dienst mit Flugbooten von Neuseeland ist eingestellt worden, und die Flugzeuge kommen jetzt direkt von den Vereinigten Staaten mit ihrer Ladung kamerabehängter und dollarkräftiger Touristen.

Auf die Dauer kann sich das Endergebnis kaum zu Gunsten der Insel auswirken, obgleich die Franzosen, die Tahiti seit 120 Jahren verwalten, widerstrebend zu der Überzeugung gelangt sind, daß die Insel eine Wirtschaftsspritze benötigt. Dies scheint die einzig mögliche Art zu sein, ihr eine zu geben. Bisher haben sich die Bewohner von Tahiti nicht sehr für Geld interessiert. Ihre Insel deckt die meisten ihrer Bedürfnisse, und sie arbeiten für andere nur, wenn sie sie gern haben oder die Arbeit selbst ihnen Spaß macht. Mit der Touristeninvasion wird das Geld aber leichter fließen und den Wunsch nach mehr Geld erwecken, so daß das Tanzen, die Feste und der Gesang Gefahr laufen, ihren fröhlichen, improvisierten Charakter zu verlieren und zu einer reinen Attraktion auf dem Programm der Gesellschaftsreisen herabzusinken.

In dem Wunsch, von Tahiti mehr zu sehen als nur den Hafen und die Stadt, setzten wir eines Tages Segel und liefen innerhalb der Riffbarre durch die Lagune. Die Navigation betrieben wir mit unseren Augen aus der Höhe des Mastes, der besten Methode in Korallengewässern, mit der man, vorausgesetzt, daß die Sonne hoch am Himmel und nicht entgegen steht, aus der Färbung des Wassers seine Tiefe über den Gefahrenstellen schätzen kann. Wir fanden einen schönen Ankerplatz bei Taapuna, wo wir in der Nähe der Riffbarre in kristallklarem Wasser lagen und viele Stunden im Dingi dahintreibend die farbenprächtigen Geheimnisse der Unterwasserwelt photographierten. Um diese Aufnahmen ohne eine Unterwasserkamera oder einen Kasten mit Glasboden zu ermöglichen, benutzten wir einen Sonnenschirm zur Abdeckung der Reflexe auf der Wasseroberfläche.

Am 22. Mai abends, als wir uns noch immer in Taapuna aufhielten, hörten wir im Radio die Berichte von heftigen Erdbeben in Chile, dem viele Menschen zum Opfer gefallen waren. Susan und ich waren überzeugt, daß dadurch unter Umständen Flut- oder Erdbebenwellen ausgelöst werden könnten, nahmen aber die Sache angesichts der Entfernung von Chile von 4000 Meilen und mehr nicht allzu tragisch, denn wir ahnten noch nicht, daß solche Wellen ungeheure Distanzen mit einer Geschwindigkeit von 490 Meilen in der Stunde zu durchlaufen vermögen. Die Wellen begannen noch in derselben Nacht uns zu erreichen, aber da die Lagune durch die Riffbarre gut geschützt war, stieg das Wasser innerhalb der Lagune nur um eineinhalb Meter. Abgesehen von einigen Gebäudeblocks, die in Papeete überschwemmt wurden, richteten die Wellen nur geringen Schaden an und bereiteten uns selbst keine Unannehmlichkeiten. Während der nächsten 34 Stunden überschwemmte die Flutwelle in bald schwächer werdendem Pulsschlag die Riffe in Abständen von fünf bis zehn Minuten und legte sie dazwischen wieder frei.

Am besten ist es natürlich, sich bei Annäherung seismischer Flutwellen weit vom Lande entfernt auf offenem Meer zu befinden, wo Wellen bei einer Länge von 20 Meilen kaum eine Höhe von mehr als 30 bis 60 Zentimeter erreichen und so trotz ihrer großen Geschwindigkeit unbemerkt vorbeilaufen. Erst wenn sie flaches Wasser oder die Küste erreichen, verlangsamen sie sich, bauen sich zu größerer Höhe auf und werden dann gefährlich, vor allem für Schiffe, die auf seichtem Wasser oder ungeschützen Ankergründen liegen. Die Flutwellen des 22. und 23. Mai verursachten Zerstörungen an Küsten, die soweit entfernt von dem Ausgangspunkt des Bebens lagen wie Neuseeland, Australien, Neukaledonien und Japan.

Während unserer beiden Weltumseglungen haben wir zahlreiche Inseln in den drei großen Ozeanen besucht, aber nach wie vor betrachten wir Moorea, Tahitis nächsten Nachbarn, als die schönste von allen. Bei einer Größe von nur neun mal sieben Meilen erhebt sich die Insel über dem nur schmalen Küstenstreifen zu phantastisch gezackten Bergspitzen und steilen Gipfeln von fast 1200 Meter Höhe empor. Verschiedene dieser kirchturmartigen Spitzen sind wie ein Nadelöhr durchbohrt. Die Insel ist von einer Riffbarre umgeben, durch die mehrere breite und leicht zu navigierende Einfahrten führen. Zwei von ihnen an der nördlichen, geschützten Küste gewähren Zugang zu tiefen Buchten, die sich von Bergen umgeben, zwei Meilen tief in das Land hinein erstrecken. Abgesehen von den Palmen und dem Klima hätte man sich irgendwo in Norwegen wähnen können. Es war die östlichste dieser Buchten, Paopao Bay, in die wir gegen Ende Mai einliefen, und zwar in einer Regenbö, die zeitweilig die Berge verhüllte, während gleichzeitig ein farbenprächtiger Regenbogen die Einfahrt überbrückte. Wir ankerten in der Nähe von verschiedenen Yachten, die wir schon in Papeete getroffen hatten, zwei amerikanischen, einer kanadischen und zwei Yachten aus Neuseeland. *Penella* kam kurz nach uns herein; es war das letzte Mal auf dieser Reise, daß wir Leigh und Dorrie sehen sollten, die uns sehr ans Herz gewachsen waren, nachdem wir auf verschiedenen Ankerplätzen mit diesem begeisterungsfähigen Paar zusammen gelegen hatten. Obgleich sie noch nicht die Hälfte ihrer gegenwärtigen Reise hinter sich hatten, sprachen sie bereits von ihrer zweiten Weltumseglung und deuteten Pläne von einer dritten an. Auf Moorea trennten sich unsere Wege. *Penella* wählte eine andere Route nach Westen und erreichte schließlich Brisbane. Drei Jahre später erhielten wir Nachrichten von ihnen, immer noch aus Brisbane, aber von großen Plänen erfüllt und kurz vor einem neuen Start.

Die abendlichen Geselligkeiten, charakteristisches Merkmal unseres Aufenthaltes in Papeete, setzten sich natürlich auch in Moorea fort; manchmal ruderten wir alle nach dem Abendessen an das Ende der Bucht und besuchten die Schenke, die von den Neuseeländern in ihrer bilderreichen Sprache „The Top Boozer" getauft worden war. Dort spielte der Wirt Akkordeon und sang tahitische Lieder, wobei die Worte nicht aus seinem Munde, sondern aus irgendeiner tönenden Höhlung in der Gegend seines Herzens zu kommen schienen, ganz wie bei Bauchrednern. Der rote Wein kreiste freigebig, und wir wurden nicht müde auf der sandbestreuten Diele in dem grellen, grünlichen Schein einer Glühlichtlampe zu tanzen, während ein Geruch wie aus Süßwarenläden, der Duft trocknender Vanille, durch die weit offenstehenden Fenster hereindrang. Der Mond schien merkwürdig groß und hell und sah voller Mißbilligung zu, wenn wir in unseren verschiedenen Dingis im Zick-Zack-Kurs zu unseren Ankerplätzen zurück ruderten.

In Moorea befreundeten wir uns mit Stuart und Emily Riddell, Eignern der Ketsch *Romayne* und nach langer Kreuzfahrt im Pazifik auf der Heimreise nach Kanada begriffen. Das erste Mal hatten wir uns auf einer Party an Bord der *Pambili* getroffen, wo Emily, eine schöne, lebhafte junge Frau aus USA, mit langen, graziösen Beinen, um die sie jede Ballettänzerin beneidet hätte, auf dem Versuch bestand, mir den *hula* beizubringen. Einer der anwesenden neuseeländer Yachtfreunde sah sich bei unserem Anblick zu der Bemerkung veranlaßt:

„Ist es nicht lustig zu sehen, wie ein mit einem Kanadier verheiratetes amerikanisches Girl einem Engländer an Deck einer Yacht aus Rhodesien in einem französischen Hafen Polynesiens versucht, *hula*-Tanzen beizubringen, und das alles vor einem Publikum von Chilenen, Australiern, Neuseeländern und Franzosen."

Damals befürchtete ich, daß Emily nichts Gutes im Schilde führte. „Heben Sie die Knie höher. Jetzt gehen Sie in die Hocke und greifen Sie nach mir. Oh! Los doch, tun Sie doch wenigstens so als ob es Ihnen Spaß machte."

In Moorea forderten wir Emily und ihren Mann eines Morgens auf, zu uns an Bord zu kommen. Sie erwiesen uns die Ehre, bis Sonnenuntergang zu bleiben, ohne auch nur ein einziges Mal auf die Uhr zu blicken, und auch dann gingen wir nur auseinander, weil wir alle eine Verabredung an Bord einer anderen Yacht hatten. Langsam wie ich bin, begann ich erst jetzt zu begreifen, daß Emily nur aus ihrer Herzensgüte heraus versucht hatte, mir *hula* beizubringen, in dem ehrlichen Gefühl, ich amüsierte mich nicht genug.

Zwei Meilen weiter westlich an der Nordküste von Moorea liegt Papetoai Bay, die, eigentlich sogar noch schöner ist als die Bucht von Paopao, aber seltener angelaufen wird. Wir suchten unseren Weg in ihre verschwiegenen Tiefen, auf welche die Bergwände des Tiger Tooth Mountain ihre Schatten warfen, und erreichten einen Ankerplatz in Robinson Cove. Die Küste dort ist frei von davor gelagerten Riffen, und der Grund fällt so steil ab, daß wir, nachdem der Anker in 16 Meter dunkelgrünen Wassers gefallen war, die Achterleine an einen Palmenbaum ausbringen und *Wanderers* Heck so nahe an den Strand heranziehen konnten, daß es möglich war, über den Achterausleger kletternd in nur knietiefes Wasser zu steigen, obgleich die Wassertiefe noch zwei Meter betrug. Auf diese Weise stiegen wir an Land, um den Laib knusprigen französischen Brots abzuholen, das der chinesische Bäcker täglich in dem kakerlakenverseuchten Kasten an der Straße zurückließ.

Robinson Cove ist einer der vollkommensten Ankerplätze, die wir kennen. Übereinandergreifende Landzungen schirmen die Einfahrt und den offenen Teil der Bucht ab; der schmale Strand besteht aus sauberem, grobem gelbem Sand und wird von Palmen beschattet. Leute, die gelegentlich in ihren Fuhrwerken des Weges kamen, der kaum mehr ist als ein Pfad und auf dem das Gras zwischen den Wagenspuren wuchs, winkten uns stets zu und riefen ihr *„Bon jour"* oder *„Eu-ora-na"* zu uns herüber. An dieser Stelle ist die Küstenniederung nur 300–400 Meter breit und mit Kokosnußpalmen bepflanzt. Ihre dichtgeschlossenen Reihen verliefen sich in der kühlen grünen Ferne wie die Säulen einer dämmerig erleuchteten Kirche. Die Ebene hört unvermittelt am Fuß einer Felsenwand auf, die fast senkrecht zu einer Höhe von 600 Meter aufsteigt. Die Klippenspitze ist gewöhnlich nebelverhüllt, und die kalte Luft sinkt nachts herab und verbreitet über der Bucht eine so angenehme Kühle und Feuchtigkeit, daß wir uns in unseren Kojen manchmal zudecken mußten, und das bedeutet in einer kleinen Yacht in tropischen Gewässern, wo man normalerweise unter zu großer Hitze leidet, den allerhöchsten Luxus. Das leise Rauschen der Palmenkronen im Winde, das Plätschern eines fliegenden Fisches und das gelegentliche Aufschlagen einer zu Boden fallenden Kokosnuß waren die einzigen Geräusche, von denen die Stille der Nacht durchbrochen wurde.

In mancher Hinsicht haben wir unseren zweiten Besuch in Tahiti mehr genossen als das erste Mal, wahrscheinlich, weil wir später im Jahr ankamen und daher auch zahlreiche Yachten trafen, deren Besatzungen unsere Sprache sprachen und mit denen wir schnell gute Freundschaft schlossen. Das Licht, das lärmende, geschäftige Treiben an der Wasserfront, der Gesang, Tanz und die Geselligkeit auf den befreundeten Yachten, hatten uns nach unseren langen Fahrten durch die Einöden des Stillen Ozeans und unseren Besuchen auf fern jeder Zivilisation gelegenen Inseln eine wohltuende Abwechslung gebracht. Jetzt waren wir aber beide froh, dem gekünstelten Leben einer Stadt entronnen zu sein und einige Tage in vollkommenem Frieden zu verbringen, bevor wir uns von diesem Paradies der Inselsüchtigen losrissen. Unser nächstes Ziel war Rarotonga, die bedeutendste Insel der Cook-Gruppe, 600 Meilen weit entfernt in westsüdwestlicher Richtung gelegen. Schon jetzt wußten wir, daß uns dort keine entfernt so idyllischen Ankerplätze erwarteten wie dieser hier einer gewesen war.

SIEBENTES KAPITEL

Den Fidschi-Inseln entgegen

Der Passatwind schien uns fast ebenso ungern aus Französisch-Ozeanien entführen zu wollen wie wir von der Südsee Abschied nahmen. Es flaute beträchtlich ab, und an einem Tage betrug unser Etmal nur sieben Meilen, wohl das niedrigste, das *Wanderer* jemals vorgezeigt hat. Wir wußten jedoch aus eigener Erfahrung und aus den Berichten anderer Fahrensleute, daß sich so gut wie alles was schwimmt, von dem Wind bis nach Tahiti treiben lassen kann, aber daß man sich westlich dieser Inseln nicht mehr auf stetige, günstige Winde verlassen darf, ganz abgesehen von anderen Schwierigkeiten, die sich einstellen.

Die Fahrt bis zu den Cook-Inseln verlief jedoch ohne Zwischenfälle, mit zwei Ausnahmen: Erst gerieten wir in eine riesige Schule von Delphinen, und dann machten wir einen schlechten Landfall. Wir saßen beim Frühstück, als wir die Tümmler ankommen hörten. Sie veranstalteten einen ungeheuren Aufruhr, als sie sich von Nordosten spritzend, schnaufend und pfeifend näherten, und bald waren wir ganz von ihnen umgeben. Das Meer rings umher und unter uns war so gedrängt voll von ihren schnell dahinschießenden, schwimmenden, graziösen Fischleibern, daß es kaum möglich gewesen wäre, zwischen ihnen ins Wasser zu springen ohne mit ihnen zusammenzuprallen. Auch die Oberfläche war dicht bedeckt; Rücken und Flossen ragten aus dem Wasser heraus, als ob die Tiere sich sonnen wollten. Wir schätzten ihre Gesamtzahl auf über dreihundert. Sie blieben eine volle Stunde bei uns; dann setzte sich die ganze Horde plötzlich wie auf ein gegebenes Signal in Bewegung und verschwand rasch in westlicher Richtung.

Als wir uns den Cook-Inseln näherten, wurden wir durch Gegenwind gezwungen, unseren Kurs zu ändern und zogen es vor, zwischen den Außeninseln Mitiaro und Mauke hindurchzusteuern, anstatt südlich von beiden vorbeizulaufen, wie wir unsprünglich vorgehabt hatten. Beim ersten Licht unseres siebten Tages auf See, als Mauke noch 25 Meilen entfernt voraus liegen sollte, sichteten wir die Insel zu unserem Erstaunen in einer Distanz von zehn Meilen eben achterlicher als dwars. Diese Entdeckung erschütterte die Navigationsabteilung in ihren Grundfesten, und für eine Weile war ich unsicher, vielleicht den Wochentag verwechselt und den Nautischen Almanach bei der Ausarbeitung meiner Beobachtungen mit dem falschen Datum benutzt zu haben. Eine Morgenhöhe bestätigte aber meine Länge, und da ich jetzt keinen Grund mehr sah, die Genauigkeit meiner Beobachtungen am vorhergehenden Tage zu bezweifeln, (um so weniger, als sie unter idealen Verhältnissen stattgefunden hatten) war es ganz offensichtlich, daß wir in den Einfluß einer starken, mitlaufenden Strömung geraten waren. Trotzdem, über 25 Meilen Stromversetzung in 20 Stunden ist eine ganze Menge, zumal, wenn man bedenkt, daß während der vorhergehenden sechs Tage kaum Strom zu beobachten gewesen war.

Drei Monate nach diesem Vorfall strandete die von Bora-Bora nach Rarotonga unterwegs befindliche neuseeländische Yacht *Margaret* auf dem Riff, das Mitiaro umgibt. Der Wachgänger hatte zwar den schwachen grauen Saum der Brandung voraus gesichtet, aber die Yacht konnte sich, da das Großsegel zu diesem Zeitpunkt geborgen war, nicht mehr freikreuzen. Sie begann sofort auseinanderzubrechen; die drei Mann Besatzung wateten durch die Brandung an Land, wobei sie durch die scharfen Korallen scheußliche Schnittwunden an den Füßen davontrugen. Sie fanden fürsorgliche Aufnahme bei den freundlichen Eingeborenen, bis sie von der Yacht *Patsy Jean* abgeholt wurden.

Man hat versucht, den Untergang der *Margaret* mit Geheimnissen zu umgeben. Nach unserer eigenen Erfahrung in dieser Gegend erscheint uns aber die Annahme gerechtfertigt, daß der unvermutete Strom die Schuld trug. Vielleicht ist diese Strömung ebenfalls verantwortlich für den Verlust des schönen Schiffes *Runic,* das wenige Monate später auf Middleton Riff strandete. Dabei verfügte dieses Schiff zweifellos über alle nur erdenklichen Navigationshilfen, aber Navigation ist eben doch noch keine exakte Wissenschaft.

Rarotongas Ankerreede wird durch keine Riffbarre geschützt, aber an der Nordküste gibt es in einem Abstand von einer halben Meile zwei Unterbrechungen in dem vorgelagerten Riff, durch die sich die Häfen von Avarua und Avatiu erreichen lassen. Jede Einfahrt ist nur 21 Meter breit, und die Häfen selbst sind kaum geräumiger und gewöhnlich von Schonern und Leichtern verstopft, denn der größte Teil der Landesprodukte und der Bedarf der Inselgruppe werden zur Weiterverladung hier angeliefert. Wir kamen abends an, eine halbe Stunde zu spät, um noch einzulaufen; so standen wir die Nacht über draußen auf See auf und ab und liefen nach dem Frühstück auf die Einfahrt nach Avatiu zu. Wir konnten eine Anzahl von Fahrzeugen im Hafen liegen sehen, und die Einfahrt dahin sah mit dem auf beiden Seiten brechenden Schwell recht eng aus. Als wir uns näherten, kamen uns zwei Dingis entgegen, die sich auf jeder Seite der Einfahrt postierten. Wir erfuhren, daß sie von zwei neuseeländischen Fahrtenseglern bemannt waren, Don Silk und Bob Boyd, Eignern und Besatzung der *Patsy Jean,* die herausgekommen waren, um bei den Riffen aufzupassen und uns den Weg hineinzuweisen. Wir schlüpften zwischen ihnen hindurch, drückten uns an dem Schoner *Tiare Taporo* vorbei, der sich wie eine Spinne im Netz in der Mitte des Hafens liegend an vier, zu den Riffen ausgebrachten Ankern vertäut hatte. Hinter dem Schoner schossen wir auf Weisung unserer Helfer in den Wind, sie nahmen unsere Leinen in Empfang und machten fest, denn zum Ankern war kein Platz. Erst dann fanden wir, ein wenig außer Atem geraten, Zeit, ihnen zu danken und uns umzusehen. Es war ein wirklich merkwürdiger Fleck, zu dem wir uns hingefunden hatten, kaum mehr als ein Spalt in der Riffbarre. Der zur Zeit frisch aus Nord wehende Wind pfiff in der Takelage, das Donnern der Brecher und die Feuchtigkeit des Wellenschaums erfüllten die Luft. In dem leichten Schwell, den der auflandige Wind in den Hafen hineinsandte, hob und senkte sich vor uns das Heck des gelassen stampfenden Schoners, eines Oldtimers, geführt von dem berühmten Andy Thomsen, einer damals schon im 80. Lebensjahr stehenden, fast schon legendären Gestalt. Der Schoner war im Besitz des bedeutenden Pazifischen Handelshauses A. B. Donald und hatte die Aufgabe, Passagiere und Waren zu den verstreut liegenden Inseln der Gruppe zu bringen, von denen keine einen Hafen besitzt.

Infolgedessen mußte das Ein- und Ausladen in eigenen, offenen Spitzgattbooten durch die Brandung hindurch erfolgen. Hinter uns lagen fünf Yachten in einem engen Einschnitt zwischen baufälligen Landungsstegen, und eine sechste stand an Land geholt. Mit zwei Handelsfahrzeugen im anderen Hafen und dem Regierungsschiff *Maui Pomare* draußen vor Anker, war es die größte Schiffsansammlung, die Rarotonga jemals erlebt hatte.

Am selben Abend stießen wir an Land zufällig auf Hughie Williams. Wir hatten uns vor sieben Jahren in Tahiti kennengelernt, kurz nachdem er mit dem Brixham Trawler *Inspire* aus England eingetroffen war. Er setzte uns zusammen mit seiner *vahine,* einem reizenden Mädchen von den Cook-Inseln, in seine brandneue Stationcar und fuhr uns in wenigen Minuten nach Avarua Hafen, wo wir an Bord des Traderschiffes *Dobri* gingen, das er jetzt besaß und fuhr. Er servierte uns „Tee", bestehend aus Steaks und pommes frites, während Kakerlaken heimlich unter den Rändern der Tischdecke dahinkrochen, und erzählte uns von seinen mannigfaltigen Abenteuern und dem Geld, das er sich als unabhängiger Schiffsbesitzer und Händler verdient hatte – eine bemerkenswerte Geschichte von Mut und Wendigkeit.

„Ich habe ebenso viele Schiffe besessen wie Frauen", beendete er seinen Bericht, ohne offenbar an seine *vahine* zu denken, die zwischen uns saß, „jedes größer und besser als das Vorhergehende, und ich habe keines von ihnen durch Schiffbruch verloren."

In der Nacht der Flutwellen, als wir sicher in der Lagune von Tahiti lagen, befanden sich drei Yachten in Avatiu. Der Hafen ist flach und trocknete nach jeder drei bis vier Meter hohen Flutwelle (die in Abständen von sieben oder acht Minuten eintrafen) vollkommen aus, so daß die Yachten umfielen und sich mit ihren Masten und Takelagen ineinander verfingen, um dann wieder hochgerissen, gegeneinander und gegen die Korallenufer geschleudert zu werden, sobald die nächste Welle donnernd über die Riffe hereinbrandete. Zwei Yachten erlitten ernsthafte Schäden, eine davon so schlimm, daß sie vollief und sank; beide verloren ihre Masten. Die dritte wurde nur leicht beschädigt. Die praktischen und findigen Neuseeländer ließen sich durch ihr Mißgeschick nicht entmutigen. Sie besorgten sich Arbeiter und Material von der Behörde für öffentliche Arbeiten und bauten sich selbst einen Slip.

11 Winzig und unbedeutend fühlten wir uns. Während WANDERER *sich ihren Weg über die unendliche, wogende, blaue Weite bahnte. Schon wenige Meter achteraus verwischte sich unser flüchtiges Kielwasser, ohne eine Spur von uns zu hinterlassen.*

12 Bekalmt – 800 Meilen vom nächsten Land entfernt. Einsam und verloren in der Weite des schweigenden, langsam atmenden Ozeans und unter der Unendlichkeit des Himmels sah WANDERER *seltsam zerbrechlich und verwundbar aus.*

11

12

13

14

1

1

13-16 Noéline saß an Bord der PAMBILI *zwischen Roger Gowen (rechts) und Bill Baker, als ich sie aufforderte, den »tamure« zu tanzen. Nach gewissenhaften Proben vollführte sie einen hinreißenden Tanz. (Diese Aufnahmen stammen von unserem 16-mm-Film.)*

17

17 *In Korallengewässern macht man seine Navigation am besten mit den Augen aus Salinghöhe, vorausgesetzt, daß die Sonne hoch- und nicht entgegensteht.*

18 *In Taapuna trieben wir stundenlang im Beiboot über den farbenreichen Geheimnissen der Korallenriffe.*

19 *Nach wie vor betrachten wir Moorea als die schönste Insel der Welt. W*ANDERER *segelt die Paopao Bucht herauf, an deren Ende sie, nur zwei Meilen von der offenen See entfernt, vor Anker geht.*

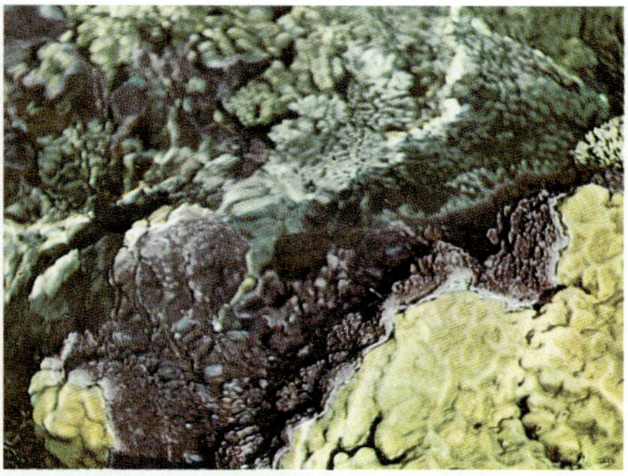

18

19

20 In Robinson Cove lagen wir vollkommen geschützt in der Nähe des Tiger Tooth Berges.

21 Achtern an einer Palme vertäut, holten wir das Heck so nahe an das steil abfallende Ufer, daß wir über den Ausleger in knietiefes Wasser steigen und an Land waten konnten.

22 Der Hafen von Aviatu auf Rarotonga ist kaum mehr als ein Spalt in der Riffbarre. Hier war es, wo die dem Erdbeben folgende Flutwelle solche Verheerungen anrichtete. Links sieht man den alten Handelsschoner TIARE TAPORO *liegen.*

20

21

22

Nacheinander holten sie jede Yacht an Land und führten die Reparaturarbeiten selbst durch. Bei unserem Eintreffen waren alle Yachten wieder so gut wie seeklar.

Die Cook-Inseln werden von Neuseeland verwaltet. Mehrere in Rarotonga ansässige neuseeländische Familien einschließlich des Regierungsvertreters und seiner Frau, Mrs. Neville, luden uns zu den Mahlzeiten ein und machten uns mit einem großen Teil der Insel und den dortigen Lebensverhältnissen bekannt. Nach so viel empfangener Gastfreundschaft mag die Bemerkung taktlos erscheinen, daß Rarotonga unserem Eindruck nach (und es war kaum mehr als ein Eindruck) überverwaltet ist, und daß unter beträchtlichem Kostenaufwand viel zuviel für die Eingeborenen getan wird, die es gar nicht zu würdigen wissen und von denen viele, so bald sie nur können, die Insel verlassen und nach Neuseeland gehen. Gelegenheit dazu gibt es heutzutage genug, wo Touristenschiffe die Insel anlaufen und Passagen zu $ 50 anbieten. Der Export von Orangen und Tomaten wird subventioniert. Die kleinen beiläufig entstandenen Packhäuser sind geschlossen und durch eine große, moderne Anlage in Hafennähe ersetzt worden, welche die Früchte pflückt, wäscht, trocknet, klassifiziert und verpackt, mit dem Erfolg, daß dem Steuerzahler in Neuseeland seine Cook-Island-Orangen beträchtlich teurer zu stehen kommen als er glaubt.

Wir hatten überall die Erfahrung gemacht, daß die Polynesier ehrliche Leute sind. Um so überraschter waren wir zu entdecken, daß die Eingeborenen von Rarotonga so gut wie alles stehlen und selbst vor den Hühnern ihrer Nachbarn keinen Halt machen. Besuchende Yachten sind davon nicht ausgeschlossen. Aus einer Yacht, die durch die Flutwelle schwer beschädigt war, wurden viele Sachen gestohlen, als sie hilflos auf Strand lag, und auch uns schnitt irgendjemand von Land aus ein Stück unseres Nylonfestmachers ab – vermutlich in der Absicht, Fischleinen daraus zu machen, da Fischen die Ganztagsbeschäftigung der Hafenbummler ist – wodurch *Wanderer* in unserer Abwesenheit in eine kritische Situation geriet. Trotzdem sind die Menschen dort, wie alle Polynesier, freundlich und zuvorkommend, und wir konnten nicht anders als sie und ihre hübsche Insel gern zu haben.

Unser Bedauern, unseren unruhigen und bedrängten Liegeplatz

aufzugeben, war nicht allzu groß, denn wir befürchteten, daß er unter Umständen zu einer gefährlichen Falle werden könnte, obgleich die *Tiare Taporo* dort einmal einen Wirbelsturm erlebt hat, den sie mit 37 zu den Riffen auf beiden Seiten ausgebrachten Trossen erfolgreich abzureiten vermochte.

Mit den Tonga- und Fidschi-Inseln als nächstem Ziel begrüßte uns bei der Abreise ein frischer Südost-Passat, der im Laufe des Abends, als wir uns 25 Meilen von der Leeseite der Insel entfernt hatten, fast zu Sturmstärke anwuchs. Wir drehten daher unter dichtgerefftem Großsegel bei, in der Erwartung, daß der Wind am nächsten Morgen nachlassen würde. Das war aber keineswegs der Fall, sondern es wehte am folgenden Abend noch viel härter, und die See wurde so grob, daß wir anfingen, vorn schwere Wassermengen überzunehmen. Wir bargen das Großsegel, was nicht ganz so schwierig war wie es klingt, da die Segelfläche durch das doppelte Reff bereits stark verkleinert war und wir einen stehenden Galgen führen, der fast die volle Breite des Schiffes überspannt. Ich blieb draußen, um zu beobachten, wie das Schiff sich, breitseits vor Wind und Wellen treibend, benehmen würde, während Susan unter Deck ging. Da das Schiff im Augenblick gut mit sich fertig zu werden schien, wandte ich mich nach einigen Minuten um und wollte gerade den Lukendeckel zurückschieben, um Susan zu folgen, als ein heftiges Überholen des Schiffes mich nach Lee schleuderte, wo ich mit der Leeschotwinsch in der Brust und einer gebrochenen Rippe liegen blieb. Danach war ich kaum noch zu gebrauchen und mußte einige Tage lang alles Susan überlassen. Sie legte mir einen Verband an, aber ich erholte mich nicht so schnell wie ich es wohl sonst getan hätte, weil ich in meiner auf und ab tanzenden Koje keine richtige Ruhe finden konnte. Am folgenden Nachmittag hatte das Wetter sich weiter verschlechtert. Der Wind wehte jetzt, an unserem Anemometer gemessen, mit einer Stundengeschwindigkeit von 45 Meilen, also Windstärke neun, ein starker Sturm. Das Schiff fühlte sich nicht mehr wohl und nahm von Zeit zu Zeit schwere Seen von Luv über; das an den Relingsstützen angereihte Schutzkleid in Luv des Kockpits wurde fortgerissen, eine der Stützen aus der Halterung gebrochen und um 45 Grad verbogen. Offensichtlich war es nicht ratsam, länger vor Topp und Takel zu treiben. Auf der anderen Seite hatten wir auch keine Lust abzudrehen und mit oder ohne Trossen im Schlepp vor dem Wind zu lenzen, weil wir dann hätten Ruderwache gehen müssen, der ich mich noch nicht gewachsen fühlte. Außerdem lag genau in Lee eine *vigia*, „Brandung berichtet 1945", der wir unter allen Umständen aus dem Weg gehen mußten. So brachten wir über das Heck an einer 50 Meter langen Nylontrosse einen Seeanker aus, der von einem Catalina-Flugboot stammte und dessen Öffnung 90 × 60 cm maß. Davor lag das Schiff mit Wind und See schräg von achtern und einer Abtrift von kaum einem Knoten. *Wanderer* schien sich wohler zu fühlen; die nächsten zwei Tage und 16 Stunden überließen wir sie sich selbst, nur daß Susan häufig in ihr Ölzeug kletterte und im treibenden Gischt an Deck ging, um die Schamfilungen auszubessern, wo die Trosse durch die Lippklampe und um den Poller lief. Die ganze Zeit über fühlten wir uns beide elend und brachten es kaum fertig, mehr als gelegentlich ein Rührei oder ein Stück von dem schönen Brot zu essen, das die Nevilles uns mitgegeben hatten. Wir dösten, lasen und lauschten dem Heulen des Sturms und machten uns Sorgen, ohne dabei an etwas Bestimmtes zu denken, denn *Wanderer* hatte diese Art von Wetter schon mehrmals durchgestanden, und wenn es irgendwelche schwachen Stellen an ihrem Rumpf oder in der Takelage gab, hätten sie sich schon lange bemerkbar machen müssen. Aber trotzdem blieben wir besorgt, und eine undefinierbare Unruhe quälte uns im Unterbewußtsein, mehr durch den Lärm verursacht als durch irgend etwas anderes. „Wenn er nur aufhören wollte – nur einen Augenblick lang!" Aber der Lärm dachte nicht daran. Und doch kommt schließlich ein Moment, wo man trotz alledem, vielleicht auch von der Grübelei erschöpft, ungeachtet des Lärms und der Bewegung in Schlaf versinkt und einige Stunden später erwachend mit großer Erleichterung feststellt, daß der Wind schon ein wenig nachgelassen hat.

Bevor der Sturm sich nicht bis auf die Stärke eines frischen Windes abgeschwächt hatte, unternahmen wir keinen Versuch, den Seeanker zu bergen; erst dann hatte Susan es nicht mehr so schwer, die Trosse um eine Schotwinsch gelegt, die Lose Meter für Meter einzuholen, jedesmal wenn das Schiff im Rücken einer See zu Tal sank. Eine ganz andere Sache war es, den Seeanker an Bord zu bringen, da wir ihn ohne Trippleine fahren, die nur Schamfilun-

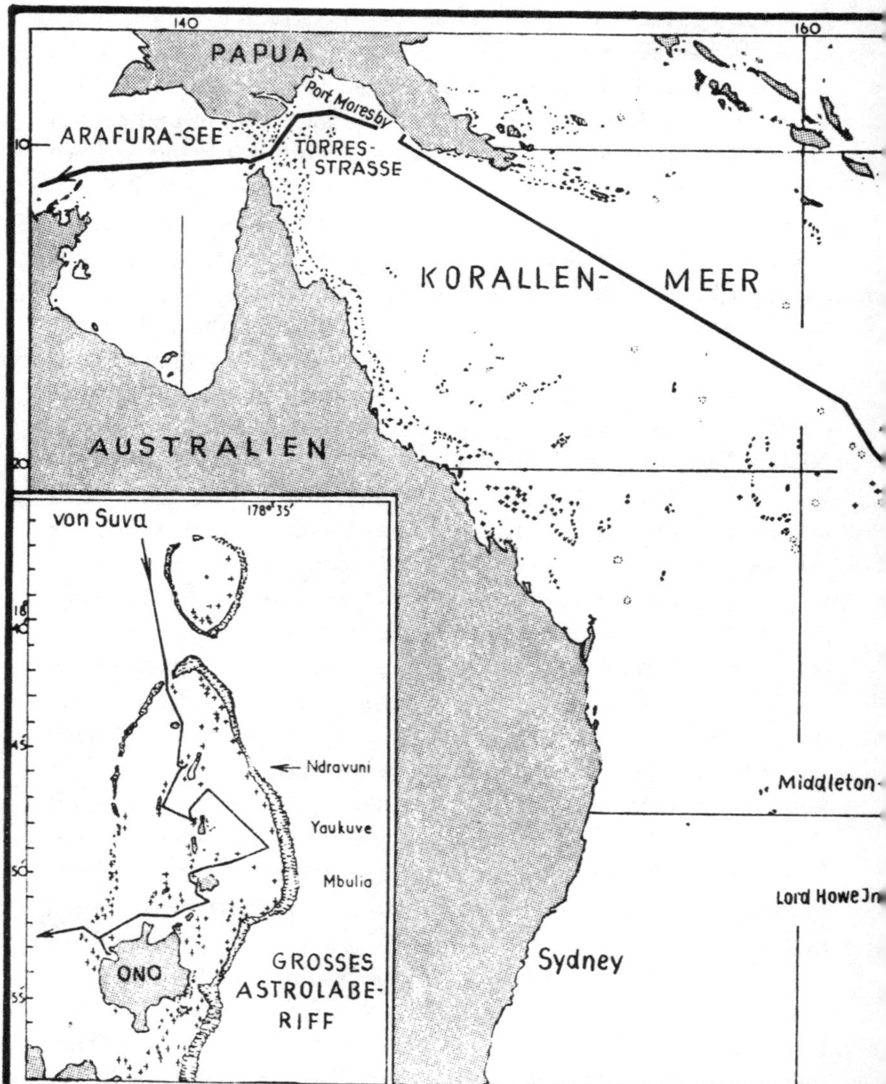

WESTTEIL DES SÜDPAZIFIK MIT

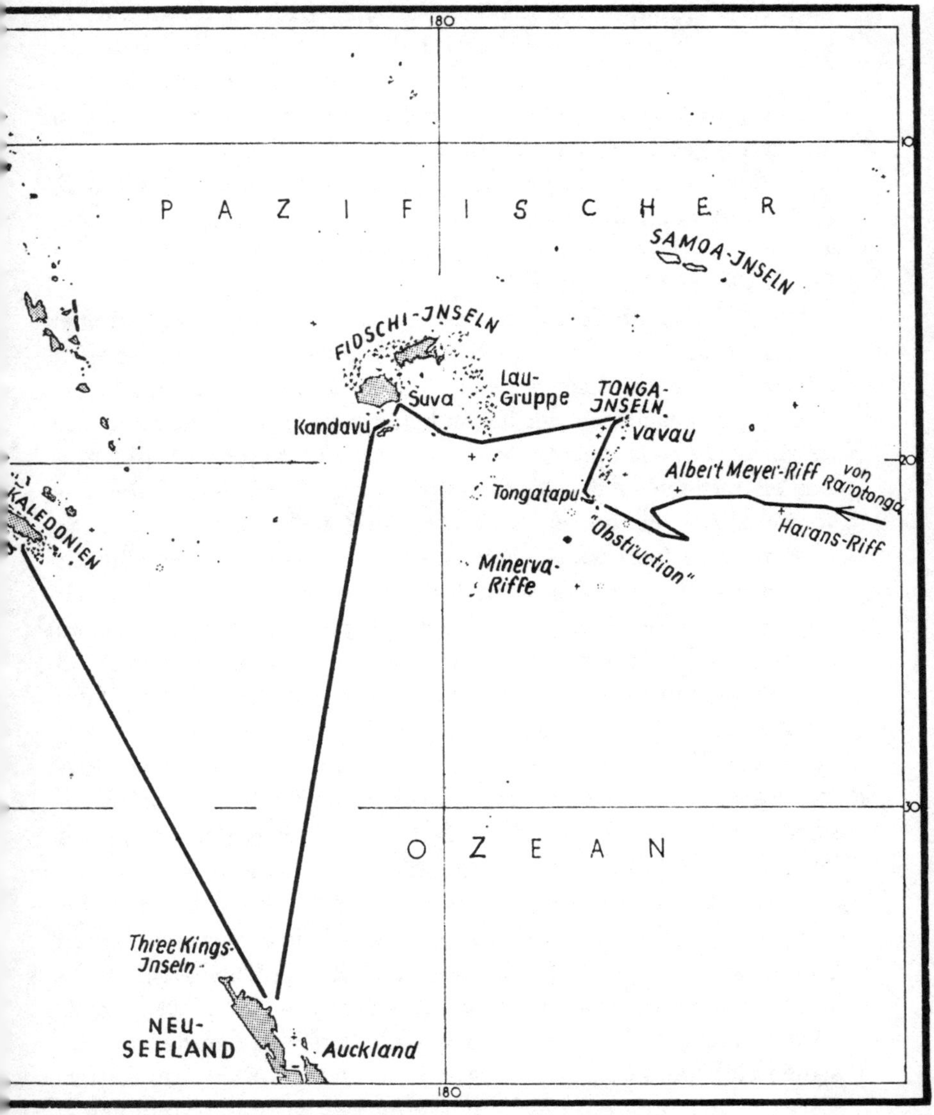

.RTE DES GROSSEN ASTROLABE-RIFFS

gen verursacht. In der Absicht zu helfen, kletterte ich über die Seereeling achtern auf den Ausleger hinaus, wo ich aber infolge meiner gebrochenen Rippe von einem solchen Schmerz überfallen wurde, daß ich dort eine Zeitlang schweißgebadet und zitternd liegen blieb, kaum fähig, mich festzuhalten. Unter großen Schwierigkeiten gelang es mir schließlich, in das Kockpit zurückzuklettern. Susan hatte es inzwischen in ihrer besonnenen und zugreifenden Art fertig gebracht, den Seeanker an Bord zu hieven.

Es dauerte noch geraume Zeit, bis auch der Seegang nachließ, und selbst dann blieb uns doch unser alter Freund, die Dünung aus Südost, treu, und unsere Segel schlugen und knallten, sobald Susan sie mit Mühe gesetzt hatte.

Unser Kurs nach Tongatapu, der größten Insel der Tongagruppe, verlief nördlich von Harans-Riff (1842 gemeldet und eingetragen mit dem Vermerk „Lage ungewiß") und südlich des Albert-Meyer-Riffs (1911 gemeldet); wir ließen beide in so großem Abstand wie möglich, denn wir mußten wie bei allen *vigias* mit der Wahrscheinlichkeit rechnen, daß beider Lage nicht mit der Seekarte übereinstimmte. Als wir am elften Seetag unserer Berechnung nach 25 Meilen von Albert-Meyer-Riff entfernt standen, war der Himmel bewölkt, und der Südostwind begann wieder aufzufrischen. Wir machten schnelle Fahrt, und gelegentlich pflügte der Baum bebend durch die höherlaufende See. Um Mitternacht erreichte der Wind fast wieder Sturmstärke. Als wir uns unserem Ziel auf Tongatapu bis auf 120 Meilen genähert hatten, verspürten wir keine Neigung, vor soviel Wind weiter auf eine Leeküste mit vorgelagerten Riffen zuzulaufen, denn die Bewölkung hatte die Vornahme astronomischer Beobachtungen verhindert, und wir waren daher unseres Schiffsortes nicht ganz sicher. So drehten wir lieber bei.

Angesichts der Tatsache, daß wir uns nicht in der Jahreszeit tropischer Wirbelstürme und immer noch innerhalb des vermeintlichen Südostpassat-Gürtels befanden, benahm sich der Wind recht merkwürdig, indem er gegen den Sinn des Uhrzeigers fast alle Kompaßstriche durchlief. Als er in den frühen Morgenstunden des 30. Juli seinen Höhepunkt erreichte, registrierte ich starken Sturm. Später, als wir Tongatapu erreicht hatten, erhielten wir die Bestätigung – eine Kirche und verschiedene Häuser waren zusammengestürzt, der neue Tonga-Hochseeschlepper Hifofua war vor Anker ins Treiben geraten und auf einem Riff gestrandet, und ein japanisches Thunfischerfahrzeug wurde mit der ganzen Besatzung als verloren gemeldet. Zwei Jahre später strandete *Tuaikepau,* ein kleines Fahrzeug aus Tonga auf einem der Minerva-Riffe, die etwa 260 Meilen südwestlich von Tongatapu liegen, und fing schon am nächsten Tag an aufzubrechen. Den Überlebenden gelang es, das auf demselben Riff gestrandete Wrack eines japanischen Fischereifahrzeuges zu erreichen, vermutlich desselben, das verlorenging, als sich *Wanderer* in der Nähe aufhielt. Die Besatzung hatte nur für zehn Tage Lebensmittel und Wasser; danach lebte sie länger als drei Monate von Fisch und destilliertem Wasser und benutzte wahrscheinlich Holz vom Wrack als Brennstoff. Aus dem gleichen Wrack baute sie ein Floß, auf dem sich zwei Mann 350 Meilen weit in nordwestlicher Richtung bis zu einer der Fidschi-Inseln treiben ließen, wo sie Alarm schlugen mit dem Erfolg, daß die Mehrzahl der zurückgebliebenen Besatzungsmitglieder noch gerettet werden konnten.

Infolge der dauernd umspringenden Winde erreichte die See in unserer Gegend nie eine größere Höhe, so wild sie auch durcheinanderlief, und *Wanderer* blieb von gefährlichen Sturzseen verschont. Der Sturm erwies sich aber als zu stark, selbst für den winzigen Fetzen Leinwand, den wir gesetzt hatten. Das Tuch schüttelte sich wie rasend unter dem Impakt der Böen, aber ich fühlte mich noch nicht kräftig genug, mich selbst zum Bergen an Deck zu wagen, und erst recht wollte ich Susan nicht gehen lassen, obwohl sie bereit dazu war. Dieses robuste Tuch aus Terylene stand jedoch alles durch, ohne Schaden zu nehmen. Das Heulen des Windes in höchster Tonlage und das Beben des vom Segel geschüttelten Schiffes rissen an unseren Nerven; da unser ursprünglicher Schiffsort ungewiß war und eine genaue Besteckrechnung infolge der umspringenden Winde ausfiel, fühlten wir uns etwas durch das Gleaner-Riff und eine gemeldete „Obstruktion" beunruhigt, Gefahrenstellen, die in Lee von uns lagen. Ich weiß nicht, was das Wort „Obstruktion" auf einer Seekarte besagen will, die sonst nur Tiefen von 5000 und 7000 Metern dicht auf beiden Seiten davon angibt. Es kann wohl kein Minenfeld, unbeleuchtete Bojen oder ähnliche Fallen von Menschenhand bezeichnen, wie man sie manchmal in oder in der Nähe eines Kriegshafens antrifft. Wenn andererseits eine Untiefe, ein Riff, Brandung oder verfärbtes Wasser beobachtet und gemeldet werden, darf man wohl erwarten, daß Seekarte oder Handbuch auch darauf hinweisen.

Im Laufe des zweiten Sturms trieben wir 80 Meilen von Tongatapu ab. Sobald eine gewisse Wetterberuhigung eingetreten war, und wir mit Hilfe einiger Sonnenhöhen unseren Schiffsort hatten bestimmen können, ließen wir alle Segel ziehen und eilten zu den Inseln zurück. Unterwegs kreuzten wir den Tongagraben, der mit einer geloteten Tiefe von 9830 Metern, d. h. ungefähr sechs Meilen eine der tiefsten Stellen des Ozeans bildet. (Der Mount Everest ist etwa fünf Meilen hoch.) Die damals größte bekannte Ozeantiefe von rund 11 000 Metern wurde in dem Marianagraben gemessen, aber seitdem hat das Vermessungsschiff *H. M. S. Cook* eine weitere Tiefe von rund 11 500 Metern in einem engen Graben östlich der Philippinen festgestellt.

Am Vormittag unseres 16. Seetages bekamen wir von Zeit zu Zeit, wenn wir von der Dünung emporgetragen wurden, die südlichste Insel der Tongagruppe, Eua, in Sicht. Obgleich es weiter sehr frisch wehte, setzten wir in der Hoffnung, noch am gleichen Abend vor dem Dunkelwerden einlaufen zu können, zusätzliche Segel. Zum Lunch stärkten wir uns mit einer Flasche Wein und preschten weiter voran; die rauschende Bugwelle leuchtete, das Kielwasser zischte achteraus über die nachfolgende hohe See, das sattbraune Großsegel beschrieb wilde Bogen gegen den Himmel. So stürmten wir zwischen Eua und Eua-Iki in die Inselwelt hinein, wo sich die hohe See wie durch ein Wunder legte. In wundervoll glattem Wasser und unter einem wolkenlosen Himmel durcheilten wir die östliche Kanaleinfahrt, an deren Steuerbordseite eine Kette kleiner windumtoster *motus* lag, so dicht mit Palmen bewachsen, daß kein Raum für anderes übrigblieb. Wir wanden uns durch das enge Fahrwasser und überquerten dann mit immer noch genug Licht für die Riffnavigation die weite, schlecht geschützte Bucht zu der Stadt Nuku'alofa hinüber, der Hauptstadt von Tonga. Dort stand unter dem Schutz einer Reihe schlanker, hier ungewöhnlich fremdartig anmutender Norfolk-Kiefern Königin Salotes kleiner holzgebauter Palast wie aus „Alice im Wunderland".

Man hatte uns erzählt, daß es in Nuku'alofa einen Bootshafen gäbe, obwohl dieser im Handbuch nicht erwähnt wird. Als wir uns der Riffbarre östlich der Stadt näherten, erblickten wir tatsächlich einen Wald von Masten ganz nahe unter Land. In aller Eile warfen wir die Segel und starteten die Maschine, denn dies schien für einen Fremden kaum der geeignete Platz zu sein, blindlings hineinzustraucheln. Vorsichtig ertasteten wir unseren Weg, entlang der durch das Riff gehauenen Fahrrinne in das versteckte, aber überfüllte Hafenbecken. Mit knapper Not gelang es irgendwie, das Schiff zu wenden, und mit der bereitwilligen Unterstützung durch Besatzungsmitglieder der kleinen Kutter und Motorboote, die den Platz füllten, schoben wir uns auf den einzigen leeren Liegeplatz.

Wie froh waren wir, endlich regungslos und außer Reichweite des heulenden Windes stillzuliegen. 16 Tage hatten wir gebraucht, um eine Entfernung von 858 Seemeilen zu überwinden; davon lagen wir drei Tage und 14 Stunden beigedreht und trieben einen Tag und neun Stunden vor Topp und Takel und zwei Tage und 16 Stunden vor Seeanker. Was für eine Reise!

Die Tongagruppe besteht aus mehr als 100 Inseln, die sich von Eua im Süden bis nach Vava'u, fast 200 Meilen nordnordöstlich erstrecken. Die meisten sind niedrig und liegen innerhalb eines verwirrenden Labyrinths von Korallenriffen. Die Gruppe wird aber auf der Westseite von einer Kette zum Teil tätiger vulkanischer Inseln begrenzt, die sich hoch über das Meer erheben und gute Landmarken abgeben. Als einziges Königreich der südlichen Hemisphäre wird Tonga von der dicken, genialen und tüchtigen Königin Salote Tupou regiert, deren ältester Sohn, Kronprinz Tungi, Premierminister ist. Bemerkenswert ist, daß es Tonga dank seiner Bananen- und Kopraexporte gelang, seinen Staatshaushalt auszugleichen. Die Inselbewohner sind Polynesier und sollen alle anderen Insulaner im Pazifik an geistiger Entwicklung übertreffen, aber wir empfanden sie nach den lebensfrohen und sorglosen Bewohnern der Gesellschaftsinseln als ziemlich langweilig und nüchtern. Sie sind in hohem Maße religiös, und die Kirche bestimmt die meisten ihrer Verrichtungen. Es gibt zahlreiche Sekten und wahrscheinlich auf die Quadratmeile mehr Kirchen als wir irgendwo anders bei unseren Besuchen angetroffen haben. Cook gab der Inselgruppe den Namen Freundschaftsinseln.

Acht Tage lang lag *Wanderer* in dem Fa'ua-Bootshafen bei Nuku'alofa mit dem Anker voraus, Leinen zu den Nachbarn und einer

Kette zum Land ausgebracht. Wir benutzten Ketten, weil die Poller auf dem Lande weit von der Wasserfront abstanden und die Schamfilung durch die Räder des vorbeirollenden Verkehrs beträchtlich war. So müde wir waren, unser Schlaf wurde doch oft gestört, denn wie in den meisten Handelshäfen gab es auch hier Menschen, die spät zu Bett gingen und andere, die früh aufstanden, und außerdem solche, die die ganze Nacht hindurch aufblieben und in unmittelbarer Nachbarschaft von uns husteten, redeten und spuckten. Auch war ein ständiges Kommen und Gehen der zwischen den Inseln verkehrenden Boote voller Passagiere (die Bewohner der Pazifischen Inseln reisen unentwegt, solange es etwas gibt, worin sie reisen können), und es spielten sich laufend lebhafteste Willkommens- und Abschiedsszenen ab. *Wanderer* lag dabei etwas im Wege, aber das schien niemanden zu stören, und die Boote wurden geschickt gehandhabt. Nur als die Eua-Fähre eben vor uns auf beschränktem Raum ein Anlegemanöver fahren wollte, geriet ein Törn unserer Kette in ihre Schraube, und vier Glieder in der Mitte einer 55 Meter langen Kette wurden beschädigt.

Wir fanden eine sehr freundliche und entgegenkommende Aufnahme; kaum ein Tag verstrich ohne eine Einladung zum Essen oder zu einer Automobilfahrt oder Angebote, uns bei kleinen Arbeiten, die zu erledigen waren, zu helfen. Der britische Agent und Konsul, Mr. Coode, und seine Frau luden uns zu einer Cocktailparty im Konsulat ein, wo ich Kronprinz Tungi und seinen Bruder, den Prinzen Tu'ipelehake kennenlernte. Der Kronprinz interessiert sich sehr für die Schiffahrt, und das ist zum Teil der Grund, warum sich Tonga, gemessen an der Größe seiner Bevölkerung (60 000) rühmen darf, die größte Handelsflotte der Welt zu besitzen. Es verfügt über einen Frachter, einen Ölleichter, zwei Verkehrsschiffe zu den Inseln und einen seegehenden Schlepper. Leider war der in Japan gebaute Thunfischdampfer auf seiner Jungfernfahrt unter geheimnisvollen Umständen mit der gesamten Mannschaft verlorengegangen.

Walfische werden, wie bei den Azoren, von offenen Segelbooten aus harpuniert und getötet; während unseres Aufenthalts wurden vier Wale auf diese Weise gefangen. Nach jeder Tötung machten alle in der Nähe verfügbaren Boote, gewöhnlich fünf oder sechs, ihre Leinen fest und schleppten den von Wasser überspülten Kadaver unter vollstehenden Segeln und mit riesigen schwarzen Flaggen im Topp als Zeichen einer erfolgreichen Jagd langsam herein und ließen ihn bei Hochwasser an der Kante der Riffbarre stranden. Sobald das Wasser genügend gefallen war, begann die Arbeit des Flensens. Zu Hunderten kamen die Inselbewohner von allen Seiten, zu Fuß, zu Pferde oder auf Lastwagen(die hierzulande als Bus dienen) und wateten durch das seichte Wasser nach draußen, um sich für vier Schillinge ihren Anteil an fettem, rotem Fleisch zu besorgen. Nach 24 Stunden wurden die Überbleibsel in die Bucht hinausgeschleppt und den Haifischen als Fraß überlassen. Mehrere Tage lang bildete dann der Haifischfang die Hauptbeschäftigung. Bei ihrer Vorliebe für fettes Fleisch, vor allem Schweinefleisch (auf dem Markt kann man Fleisch fast umsonst haben, wenn man das Fett abschneiden läßt und an jemand anderes weiterverkauft) ist es vielleicht nicht überraschend, daß der Tonganese wohlbeleibt ist, und seine Leibesfülle wird noch durch die *ta'ovala* betont, eine gewebte Matte, die fest um den Leib geschlungen oder gegürtet getragen wird, von der es verschiedene Arten für die verschiedenen Gelegenheiten gibt. Die bei Begräbnissen getragene *ta'ovala* z. B. besteht aus grobem Gewebe und bedeckt den Körper von der Brust bis zu den Fußknöcheln – und kein Tonganese darf den Palast ohne dieses Kleidungsstück betreten.

Es gibt in Tongatapu keine öffentliche Wasserversorgung. Das von den Dächern aufgefangene und in Tanks aufbewahrte Regenwasser bildet die Hauptversorgungsquelle. Da es aber seit längerer Zeit nur wenig geregnet hatte, erneuerten wir unseren Wasservorrat vor unserer Abreise aus der schmucken roten Feuerspritze und zahlten elf Schillinge für 600 Gallonen (= ca. 2700 Liter). Wir haben niemals herausbekommen, woher das Wasser kam oder wer die restlichen 530 Gallonen bekam, denn in unserem Boot konnten wir nur 70 Gallonen unterbringen.

Es gibt vier Fahrrinnen, die durch die Riffe nach Naku'alofa führen. Wir waren durch die östliche Einfahrt eingelaufen und verließen die Stadt durch den nordwestlichen Kanal, der mit Bojen und Richtbaken bezeichnet ist. Unsere Absicht war, Vava'u aufzusuchen, ein Insel, die wir von Samoa kommend schon vor sieben Jahren anlaufen wollten. Damals hatten wir uns dem dortigen Hafen bereits auf acht Meilen genähert, als wir durch einen großen

Sturm abgetrieben wurden. Wir wählten einen Kurs, der westlich der niedrigen Inseln und Riffe, aus denen der mittlere Teil der Tongainseln besteht, und zwischen diesen und der bereits erwähnten Kette vulkanischer Inseln verlief. Da auf diesem Kurs der Südostpassat raum einstand, erwarteten wir im Schutz der Riffe und Inseln zu Luv eine schnelle Reise bei glattem Wasser. Leider kam es anders, denn sobald wir offenes Wasser erreicht hatten, schoß der Wind aus und begann aus Nord zu Ost zu wehen, so daß wir unseren Kurs nicht immer anliegen konnten; auch wurden die Bewegungen ohne Luvschutz scheußlich und das Vorankommen sehr mühsam.

Wie hielten uns luvwärts der Stelle, auf der Falcon Island gelegen haben soll, eine Insel, die von Zeit zu Zeit geheimnisvoll auftaucht und wieder verschwindet. 1936 z. B. war sie eine Meile lang und 60 Meter hoch, während sie heute 16 Meter unter Wasser liegen soll. In der ersten Nacht passierten wir die hochaufragenden Inseln Tofua (einen noch heute tätigen Vulkan) und Kao; letztere steigt als großartiger Kegel zu einer Höhe von über 900 Metern auf und war selbst in der Dunkelheit beeindruckend. Den ganzen folgenden Tag sahen wir vor uns den Kegel eines weiteren Vulkans, Late Island, aber wir kamen gegen den Wind so langsam vorwärts, daß wir bei Einbruch der Nacht noch immer nicht Vava'u in Sicht bekommen hatten. Wir kreuzten eine Weile weiter und hielten Ausschau nach dem auf zwölf Meilen sichtbaren Feuer, das nach Karte und Leuchtfeuerverzeichnis auf der Seeseite der Ansteuerung nach Vava'u-Hafen stehen sollte, denn wir hofften uns mit seiner Hilfe in geschützteres Wasser arbeiten zu können. Da wir nichts ausmachen konnten, drehten wir bei und warteten auf Hellwerden. Gut, daß wir es taten, denn als wir die kleine Insel, auf welcher das Feuer stehen sollte, ganz in der Nähe passierten, konnten wir weder einen Leuchtturm noch irgendein Gerüst entdecken, das das Feuer hätte beherbergen können.

Die Hafenansteuerung führt durch ein Archipel großer und kleiner Inseln, einige mit Sandstrand, andere mit von der See so stark unterspülten, schroffen Klippen, daß sie keinen Zugang gewähren. Das Wasser zwischen ihnen ist so tief und die Inseln oder ihre vorgelagerten Riffe steigen so steil aus der See, daß sich kein Ankergrund für die Nacht finden ließ, obgleich wir den ganzen Tag zwischen ihnen versegelt hatten. Wir entdeckten jedoch Swallows

Cave, eine Höhle, die auf der 3-pence-Briefmarke von Tonga abgebildet ist. Abwechselnd ruderten wir in ihre dunklen, widerhallenden geheimnisvollen Tiefen, wo das tintenschwarze Wasser traurig an den glatten Felswänden leckte und beobachteten *Wanderer* eingerahmt von der Höhlenöffnung draußen im Sonnenlicht segeln.

Der Hafen von Vava'u ist landumgeben und geräumig, aber ebenso wie die benachbarten Gewässer viel zu tief. Durchweg lotet man zwischen 36 und 55 Meter. Allerdings befindet sich eine Bank von nur wenigen Metern Wassertiefe nahe der Anlegebrücke, aber dort wird der Liegeplatz von Korallenstellen stark eingeengt. Da wir wußten, daß der Monatsdampfer von Neuseeland gerade kürzlich dagewesen war, machten wir an seiner Verholtonne fest, einem riesigen Ungetüm, gegen das wir gelegentlich bumsten, wenn der Wind zu leicht war, uns abzuhalten.

Vava'u hallte wider von dem Lärm der Hammerschläge, mit denen die Rinde des *hiapo*-Baums bearbeitet wurde, um tapa-Tuch herzustellen, (ein Material, das als Bettzeug, Vorhänge und Kleidung Verwendung findet) – und von dem Gesang von Hymnen. Es gab nur vier Weiße auf der Insel, und wir luden sie zu uns an Bord zum Tee ein. Dafür forderte uns die Leiterin der Free Wesleyan Missionsschule für Mädchen eines Abends auf, dem Gesang ihrer Schutzbefohlenen zuzuhören. Wir betraten den Schulsaal durch eine Tür, die unmittelbar auf einen *tapa*-bedeckten erhöhten Platz führte und siehe da, vor uns saßen auf dem mattenbedeckten Boden, die Beine gekreuzt, 260 weißgekleidete Tonga-Mädchen im Alter von zwölf bis zwanzig Jahren. Als wir eintraten, erhoben sie sich, ihre ernsten Gesichter leuchteten in dem grellen Licht der über ihnen hängenden Petroleumgaslampe, und ohne Begleitung sangen sie eine Reihe von Gesangbuchliedern und das Vaterunser, während eine Tonga-Lehrerin sie mit knappen, ausdrucksvollen Bewegungen ihrer Hände dirigierte. Wir waren tief beeindruckt, und als die Vorsteherin fragte, ob wir genug gehabt hätten, antwortete ich, daß wir gern noch ein echtes Tongalied hören würden.

„Mr. Hiscock, wissen Sie nicht, welchen Wochentag wir haben?" Sie war sichtlich erschüttert.

„Wieso, ja", sagte ich, „Sonntag."

„Und wissen Sie nicht, daß in Tonga am Sabbath weder Arbeit noch Spiel erlaubt sind?"

Ende August verließen wir Vava'u. Suva, die Hauptstadt von Fidschi, 460 Meilen entfernt, war unser Ziel. Wir setzten einen Kurs ab, der uns durch die breite Durchfahrt am südlichen Ende der Lau- oder östlichen Inselgruppe von Fidschi führte, die übersichtlichste, wenn auch nicht direkteste Route. Nach einer unbeständigen Periode mit vielen Regengüssen schien das Wetter sich zu beruhigen, und der Wind wehte wieder aus der richtigen Ecke, Südost, blieb aber leicht. Um Mitternacht lagen wir bekalmt in Lee von Late Island. Es gelang mir, mit dem Sextanten im Mondlicht die Gipfelhöhe des Bergkegels zu messen, und ich errechnete einen Abstand von vier Seemeilen. Trotz der Entfernung konnten wir deutlich das Leuchten der hochspritzenden Gischt sehen und das Donnern der Brandung hören.

Das schöne Wetter hielt sich auch noch einen Teil des zweiten Tages, aber bei Dunkelwerden schob sich aus Südwesten eine schwere, schwarze Wolkenbank herauf, in die unser Kurs hineinführte, und bald darauf begann der Wind aufzufrischen, so daß wir gezwungen wurden, die Segel zu verkürzen. Um Mitternacht befanden wir uns südlich der Lau-Gruppe und änderten unseren Kurs in der Absicht, zwischen den beiden Inseln Totoya und Matuka, 90 Meilen voraus, hindurchzulaufen. Dann setzten schwere Regengüsse ein, die, abgesehen von gelegentlichen heftigen Böen, jeden Wind töteten. Wir holten den Baum mittschiffs und versuchten, etwas Schlaf zu finden, aber die See lief kabbelig durcheinander, und die Böen ließen uns nicht zur Ruhe kommen.

Etwa um diese Zeit entzündete sich an Susans Hand ein Salzwasserfurunkel und fing an zu schmerzen. Susan kam in einer Art von Panik an Deck. Sie hatte schon dreimal vorher an ernsten Blutvergiftungen gelitten, jetzt befürchteten wir eine vierte Attacke.

Der Regen hielt den ganzen nächsten Tag an, und zeitweise goß es in Strömen. Wir segelten weiter, aber jede astronomische Ortsbestimmung fiel aus. Da wir die von Riffen umgebenen Inseln nicht bei so schlechter Sicht und mit unsicherem Besteck bei Nacht ansteuern wollten, drehten wir bei Dunkelwerden bei. Die See lief immer noch durcheinander, wurde aber langsam höher, und der Wind erreichte zeitweise Sturmstärke. Unsere mit Widerwillen gegessene Abendmahlzeit bestand aus einer Tasse Suppe für jeden. Susans Arm war in seiner ganzen Länge angeschwollen, sie hatte hohe Temperatur und fühlte sich alles andere als wohl. Offensichtlich litt sie unter großen Schmerzen, sagte aber kein Wort davon. Ich lag unglücklich in meiner Koje und machte mir schreckliche Gedanken, da ich wußte, wie schnell eine Vergiftung ihre Arbeit verrichten kann. Die dringlichste Aufgabe war, sie nach Suva zu bringen; vorher war kein Arzt aufzutreiben, und da lagen wir nun fest und konnten wegen des schlechten Wetters nicht weiter. Innerhalb weniger Stunden war aus unserer von Freude und Zuversicht erfüllten Reise eine schwere Last geworden, und ich fing an mich zu fragen, ob meine Entscheidung beizudrehen, richtig gewesen war oder ob ich hätte vorwärts drängen sollen.

Bei dem ersten Anzeichen der Morgendämmerung ließ ich alle Segel ziehen und verfolgte weiter unseren Kurs. Aus dem Regen wurde Nieselwetter, der Himmel zeigte ein eintöniges Grau, die Wellen waren heftig bewegt und schaumgekrönt. Mittags sichteten wir flüchtig schwache, verschwommene Umrisse von Land voraus; es stellte sich heraus, daß es sich um Totoya handelte, erkennbar, als wir frühnachmittags nahe davon im Süden vorbeiliefen, an der tiefen Bucht der Südküste, wo sich inseleinwärts das Land den Blicken entzog. Der Regen begann von neuem, und die Sichtweite verminderte sich auf ein bis drei Meilen. Jetzt waren wir unseres Schiffsortes aber gewiß und änderten unseren Kurs direkt auf Suva, das noch 115 Meilen platt vor dem Wind voraus lag. Totoya verschwand schnell im Dunkel achteraus.

Die ganze Nacht hindurch liefen wir mit fünfeinhalb Knoten allein unter dichtgerefftem Grossegel, während der Wind in den Böen Sturmstärke erreichte. Nicht einmal trat ein Stern hervor, und unentwegt regnete es weiter; blindlings liefen wir in die Gegend, ganz darauf konzentriert, einen genauen Kompaßkurs zu steuern. Susan bestand darauf, ihre Wachen zu gehen, aber es fiel mir schwer, mitanzusehen, wie sie sich, in der schwankenden Kajüte hin- und hergeworfen, in ihr Ölzeug mühte.

Der neue Tag brach verspätet an und versprach keine Wetterbesserung; der Regen fiel noch dichter, und es wehte mit unverminderter Stärke. Meine Besorgnis als Navigator wuchs von Stunde zu Stunde, denn vor der Küste von Viti Levu, nahe Suva, liegt eine Riffbarre, und es war von entscheidender Bedeutung, die Einfahrt durch das Riff in die Sicherheit des Hafens zu finden. Unter anderen Umständen würde ich auf bessere Sicht gewartet haben, aber Susans Zustand verschlimmerte sich, und es galt, ohne weitere Verzögerung, ärztliche Hilfe zu finden. So eilten wir weiter voran. Es gab jedoch eine Überlegung, die mich in navigatorischer Hinsicht tröstete, oder jedenfalls bildete ich es mir ein. Während wir mit dem Grossegel an Backbord platt vor dem Laken liefen, waren wir uns beide der Tendenz bewußt, trotz sorgfältigen Steuerns ständig ein wenig anzuluven, also östlich des eigentlichen Kurses zu segeln. Wenn wir daher plötzlich die Brandung auf dem Riff sichten sollten, brauchten wir nur zu halsen und, immer in Sicht der Brandung, nach Westen abzulaufen, um nach einiger Zeit die Durchfahrt zu finden. Trotzdem, es blieb eine sorgenvolle Angelegenheit.

Um neun Uhr morgens offenbarte sich eine gnädige Fügung. Einige wenige Augenblicke, bestimmt nicht länger als 30 Sekunden, trat die Sonne schwach leuchtend aus dem trüben Himmel hervor, und es gelang mir, mit dem Sextanten eine Höhe zu schießen. Die Sonne war verschwommen, der Horizont nahe und schlecht erkennbar, und ich stellte nach Auswertung der gemessenen Höhe zu meiner Enttäuschung fest, daß die entsprechende Standlinie elf Meilen *westlich* unseres Kurses verlief, während wir beide, wie ich schon erwähnte, fest davon überzeugt waren, östlich der loxodromischen Linie zu stehen. Ich zögerte, ob ich die Standlinie benutzen oder sie wegen der schlechten Beobachtungsverhältnisse ignorieren sollte. In der sonst durchaus nicht immer richtigen Annahme, daß irgendeine Beobachtung besser ist als gar keine, setzte ich auf diese und nahm die entsprechende Kurskorrektur auf einen Punkt vor, wo die Einfahrt nach Suva liegen müßte. Dann umhüllte uns der Regen von neuem, dichter als je zuvor; manchmal bezweifelte ich, daß unsere Sicht mehr als eine Viertelseemeile betrug.

Susans Gesicht sah blaß aus gegenüber dem Gelb ihres Ölzeugs. Ihren geschwollenen Arm hoch über der Brust haltend, um den pochenden Schmerz zu lindern, hockte sie in Regen und Gischt am Bug und mühte sich, mit den Augen die undurchsichtige Wand voraus zu durchdringen. Obgleich wir nach Besteck noch fünfzehn Meilen vor uns hatten, konnte unsere Breite natürlich genauso falsch sein, wie dies unsere Länge offenbar war und es war durchaus möglich, daß wir bereits unmittelbar vor der Riffbarre standen.

Um elf Uhr hatten wir unsere Distanz abgelaufen und konnten immer noch nichts ausmachen. Wir eilten weiter in der Erwartung, jeden Augenblick die Brandung auftauchen zu sehen. Langsam verran eine ängstliche Minute nach der anderen.

„Suva Point!" Susans heller Schrei erreichte mich achtern am Ruder, kaum hörbar gegen den Wind, und ich sah sie mit ihrem gesunden Arm die Richtung anzeigen.

Und wirklich, da lag Suva mit den Häusern auf der Insel, verschwommen, aber deutlich durch den vorübergehend aufgerissenen Regenvorhang erkennbar. Ein Brandungstreifen lag zwischen uns und der Insel, und recht voraus standen die beiden kleinen weißen Türme, die die Seiten der Einfahrt markieren. Dann schloß neuer Regen den Vorhang wieder und wischte alles aus. Uns war es jetzt einerlei, unsere Sorgen waren vorbei.

ACHTES KAPITEL

Wir verlassen die Tropen

Zwei Wochen lang blieben wir in Suva und lagen die ganze Zeit vor dem Royal Suva Yacht Club, dessen Sekretärin, Mossie Ragg, alles, was in ihren Kräften stand, für uns tat und Susan jeden Tag zur Behandlung ins Krankenhaus fuhr.

Vor vielen Jahren war ich in der Schule mit einem Jungen der sechsten Klasse, Kenneth Maddocks, befreundet gewesen. Wir hatten uns nie wieder gesehen, noch einander geschrieben, aber inzwischen war er Gouverneur von Fidschi geworden. Er und seine Frau, Lady Maddocks, hatten schneller geschaltet als wir, und noch bevor ich im Government House vorsprechen und mich in das Fremdenbuch eintragen konnte, sandten sie bereits einen Wagen und holten uns zum Lunch ab. Für mich bedeutete das Wiedersehen eine große Freude, nur fand es leider zu einem schwierigen Zeitpunkt statt, denn unser Besuch fiel mit dem Höhepunkt der Fidschi-Zuckerunruhen zusammen. Über 85 Prozent der Pflanzer sind Inder, und der Versuch, sie an der Einbringung der 1960er Zuckerernte zu hindern, war ein rassisch bedingter Akt, der die Gefühle zwischen den Indern und Fidschibewohnern entflammte. Jetzt drohten die Pflanzer die gesamte Ernte zu verbrennen, wenn die Fabriken sich nicht bereit erklärten, alles Zuckerrohr zu übernehmen – eine zu diesem späten Zeitpunkt unmögliche Forderung. Polizei und Armee hielten sich für den Notfall in höchster Alarmbereitschaft. Am Abend unserer Luncheinladung hörten wir Sir Kenneth im Radio im Anschluß an die Nationalhymne sprechen. Er appellierte in seiner Ansprache an den gesunden Menschenverstand in dem Sinne, daß ein halbes Brot besser sei als gar keins. Er und Lady Maddocks kamen für einen kurzen Segelausflug zu uns an Bord, wo sie sich – so hofften wir jedenfalls – eine Zeitlang von ihren Sorgen erholten und die Last abschüttelten, die nun einmal auf Personen des öffentlichen Lebens ruht. Und auch das wurde ihnen nur zum Teil gegönnt. Die Nachricht von ihrem bevorstehenden Ausflug hatte sich schnell verbreitet, und der Yacht Klub, wo ich sie im Beiboot abholte, war so voller Menschen, wie ich es nie zuvor erlebt hatte.

Die meisten Menschen, die in die Südsee reisen, haben so glühende Berichte von der Schönheit der Inseln und dem Charme ihrer Bewohner gelesen, daß sie Gefahr laufen, von der Wirklichkeit enttäuscht zu werden. Zahlreiche Inseln sind wegen der sie umgebenden Korallenriffe schwierig anzusteuern. Die Ankerplätze sind nur allzuoft ungeschützt, unbequem tief oder mit Korallenklippen durchsetzt. Manche Inseln bieten überhaupt keine Ankermöglichkeit irgendwelcher Art. Es gibt Insektenplagen, mühselige Landungsplätze oder von der Touristeninvasion verdorbene Eingeborene. Nur die kleinen Inseln, die etwa 40 Meilen südlich von Suva innerhalb des großen Astrolabe-Riffs gelegen sind, haben diese Schattenseite nicht. Einige wenige von ihnen sind bewohnt, alle sind leicht anzulaufen und liegen in gut geschützten Gewässern, außer bei südwestlichen Winden, die in der Schönwettersaison aber selten sind. Da es keine großen Flüsse mit Schlammablagerungen vor den Mündungen und keine hohen Bergspitzen gibt, um die sich die Wolken sammeln können, ist das Wasser kristallklar. Die Riffnavigation mit dem Auge ist leicht (außer in der Bucht an der Nordwestseite der größeren Insel Ono) und die Färbungen der Korallenriffe sind wunderbar.

Wir verbrachten eine Woche innerhalb des Riffs und liefen zuerst die Insel Ndravuni an, die nur eine Meile lang und an der breitesten Stelle weniger als eine halbe Meile breit ist. Sie war von

60 Menschen bewohnt, von denen einige noch nie in ihrem Leben bis nach Suva gekomen waren. Der Häuptling lud uns abends zu einer Party ein, um mit ihm *yanggona* zu trinken und dem Gesang einiger Lieder zu lauschen. Zusammen mit den älteren Männern der Insel saßen wir in seinem Hause mit gekreuzten Beinen auf dem mattenbedeckten Boden im Kreise um die *yanggona* Schale versammelt, aus der das bittere Getränk in Kokosnußschalen geschöpft wurde. In einer Ecke des Raumes gruppierten sich zwölf junge Männer dicht zusammen und sangen in harmonischer Oberlage zur Begleitung von zwei Gitarren. Diese Gesänge gehen uns heute noch nach. Bei den leiseren Stellen konnten wir von draußen den Schrei eines Kindes, das Winseln eines Hundes und den stetigen Schlag der Mörserkeulen vernehmen, mit denen man die yanggona-Wurzeln zerstampft. Durch die Türöffnung sahen wir das Mondlicht auf den Palmenwipfeln glänzen und ihre schrägen Schatten in scharfen Umrissen auf den weißen Strand zeichnen, an dem sich die kleinen Lagunenwellen flüsternd brachen. Nachher halfen uns die Männer, das Dingi zum Wasser hinuntertragen, und bevor sie uns in die Nacht hinein entließen, beluden sie das Beiboot mit Gaben von Früchten und sangen uns ein Abschiedslied.

Die liebliche Insel Yaukuve, etwas kleiner als Ndravuni und unbewohnt, hatten wir ganz für uns allein. Am Strand stand lediglich eine winzige Hütte aus Palmenzweigen als Schutz für die Besucher, die dort gelegentlich Nüsse sammeln und Kopra herstellen. Drei herrliche Tage genossen wir auf diesem Juwel einer Insel und liefen wie die Kinder am Strand herum, auf dem die einzigen Fußspuren unsere eigenen waren. Im kühlen Schatten der Bäume ergingen wir uns auf der Windseite der Insel und sahen die Dünung an den entfernten Riffen branden. Einmal erkletterten wir auch den 120 Meter hohen Berg und erzwangen unseren Weg durch das steife, mannshohe Gras, schwitzend und außer Atem, denn die Hitze war überwältigend. Dann stolperten wir schleunigst wieder hinunter, stürzten uns ins Wasser und ließen uns über die in den herrlichsten Farben schimmernden Korallen treiben, wo lebhafte, kleine Fische in sauber ausgerichteten Formationen herumschwammen. Ebensowenig wie die anderen kleinen Inseln innerhalb des Riffs hat Yaukuve Brunnen- oder Quellwasser, aber das ist nur halb so schlimm, denn die Insel ist reich an Trinknüssen, und die Palmen neigen sich so sehr, daß ich sie besteigen und die Nüsse pflücken konnte, um sie meiner durstigen Frau zuzuwerfen, die unten im Schatten hockte.

Dann ging es weiter nach Mbulia. Vorher segelten wir hinaus, um uns das Riff anzusehen, das diese Inseln beschützt, ein Riff, von dem der Dichter singt:

"Where the sea-egg flames on the coral and the
long-backed breakers croon
Their endless ocean legends to the lazy, locked lagoon."

Auch Ono besuchten wir, eine größere Insel, wo der Häuptling Susan auf eine Besichtigungsfahrt und zum Früchtesammeln mitnahm, während ich den kleinen Fluß hinaufruderte, der mitten durch das Dorf hindurchfließt; ich hatte wunde Stellen an meinen Füßen, die mich daran hinderten, an Landausflügen teilzunehmen.

Es fiel uns richtig schwer, an einem grau verhangenen Tage Ende September das Große Astrolabe-Riff verlassen zu müssen. Die in seinem Schutz liegenden Inseln übertreffen an farbiger Schönheit alles, was sich in Technicolor für die Filmleinwand produzieren läßt, und die dort lebenden Menschen sind freundlich, höflich und vorläufig noch ganz unverdorben durch die Berührung mit der Außenwelt. Leider wird dieser Zustand nicht mehr allzu lange dauern; schon hört man von Plänen, diese Inseln als Touristenattraktion zu erschließen. Wir rundeten Kap Washington, die westlichste Spitze von Kandavu und richteten unseren Kurs südwärts auf Neuseeland, Distanz 1000 Seemeilen.

Das Wetter fing sofort an, sich zu verschlechtern. Einer windstillen Nacht mit tropischen Regengüssen folgten mehrere Tage mit harten Gegenwinden, und das in einem Teil des Ozeans, wo man mit Recht geglaubt hatte, einen mäßigen Passat erwarten zu dürfen. Wir überließen es dem Schiff, sich allein und ohne Ruderwache auf seinem Kurs entlangzustampfen. Nur nachts hielten wir eine Art Ausguck aufrecht, weil wir von japanischen Thunfischern gehört hatten, die mit ihren fünf Meilen langen Leinen südlich von Fidschi operierten; wir bekamen aber niemanden in Sicht. Nach fast einer Woche auf See kreuzten wir den südlichen Wendekreis, wo wir einen schönen und günstigen Wind zu fassen bekamen und unter Großsegel und Spinnaker mit 140 Meilen das beste Etmal dieser Überfahrt erzielten. Erst jetzt wurden die Schiffsbewegungen auch für Susan regelmäßig genug, um eine Abendmahlzeit zu braten, ein großer Genuß, nachdem wir tagelang nur aus dem Schnellkochtopf gelebt hatten.

Einige Tage, nachdem wir den Wendekreis des Steinbocks gekreuzt hatten, trafen wir auf wandernde Albatrosse und verschossen viele Meter Film in dem Versuch, ihren schwebenden, mühelosen Flug festzuhalten. Meistens blieben sie dicht über dem Wasser; wenn sie sich in steiler Schräglage in die Kurve legten, berührten die äußersten Federn der Unterflügel fast die Wellenberge. Oft verschwanden sie ganz hinter der wandernden Dünung. Wir versuchten sie mit einigen neuseeländischen Dosenwürstchen zu locken, aber offenbar hielten sie davon genauso wenig wie wir und schenkten ihnen lediglich im Vorbeifliegen einen verächtlichen Blick. Wir sahen sie niemals etwas aus der See aufpicken, aber da sie weitgehend von Blackfischen leben, holten sie sich ihre Nahrung wahrscheinlich bei Nacht, wenn diese und andere Lebewesen des Meeres bis dicht unter die Oberfläche heraufsteigen. Der wandernde Albatros mit seiner Flügelspannweite von drei bis dreieinhalb Metern wird selten nördlich des 30. Breitengrades Süd beobachtet; er geht nur zum Brüten an Land und dann nur auf die kleineren Inseln des südlichen Ozeans.

Mit Ausnahme der Durchfahrt durch den Panamakanal und einiger Meilen vor- und nachher waren wir während der letzten elf Monate stets dem Horizont im Westen entgegengesegelt. Es war ein merkwürdiges Gefühl, jetzt nach Süden zu laufen und zu erleben, daß die Tage schnell länger wurden und die Zeiten der Dämmerung sich ausdehnten. Die Luft fühlte sich bei stetig abfallenden Temperaturen frischer an, und die Nächte wurden so kühl, daß wir uns freuten, Decken in den Kojen und Sweater und warme Hosen auf Wache zu haben.

Wie nicht anders zu erwarten war, wechselten Stärke und Richtung des Windes, und häufig regnete es dazu. Als wir uns dann Neuseeland näherten, hörten wir im Radio von zyklonischen Störungen, deren Mittelpunkte in der Nähe von Lord Howe Island lagen und sich in unserer Richtung vorwärtsbewegten. Im Rundfunk wurden Sturmwarnungen verbreitet.

Wir hatten eine Position 115 Meilen nördlich von Kap Brett erreicht (unserem beabsichtigten Landfall), als der erwartete Sturm einsetzte. Er wehte aus Nordost und war von dichtem, anhaltenden Regen begleitet. Anfangs lagen wir unter dichtgerefftem Großsegel beigedreht, aber bald wehte es auch dafür zu stark, und wir bargen das Tuch. Zu diesem Zeitpunkt registrierte das Anemometer 45 Knoten, Beaufort 10, aber eine Stunde später schätzte ich die Windgeschwindigkeit schon auf 50 Knoten oder schweren Sturm, ohne diese Annahme allerdings nachkontrollieren zu können. Die See war schmutzig graugrün, mehr dem Nordatlantik im Winter als dem Südpazifik im Frühling angemessen, und dampfte, wenn die Gischtkämme abgerissen und horizontal nach Lee fortgetragen wurden. Regen und Gischt fegten hart durch die Luft, mein Gesicht schmerzte, wenn ich den Kopf aus der Luke herausstreckte; unmöglich nach Luv zu blicken ohne die Augen zu schützen. In der Takelage heulte der Wind in wilden Tönen. Einige Taue hämmerten in wütendem Rhythmus am Mast und ließen das ganze Schiff vibrieren.

Eigentlich gab es keinen Grund, sich ernsthafte Sorgen zu machen. Wir hatten reichlich Seeraum, und *Wanderer* hatte schon mehr hartes Wetter erfolgreich abgeritten. Aber ich hatte Angst vor der hemmungslosen Heftigkeit des Windes und bei dem quälenden Gedanken, daß es sich um einen unzeitgemäßen Wirbelsturm handeln könnte. Das fallende Glas und die stetige Windrichtung ließen vermuten, daß wir uns in der Bahn der Zyklone befanden. Wir lagen in unseren Kojen, was mich betraf, mit klappernden Zähnen. Obgleich wir beide in diesem Augenblick unter kalten Füßen litten – wir hatten nicht daran gedacht, Heißwasserflaschen und Pantoffeln mitzunehmen – war ich mir doch bewußt, daß nicht allein die Kälte daran schuld war, wenn die Zähne klapperten. Susan läßt sich, obgleich sie schlechtes Wetter haßt, weniger leicht davon beunruhigen als ich. Sie verbrachte den größten Teil des Tages im Halbschlaf, stand aber auf, um Rührei zum Abendessen zu machen. Da ich nicht schlafen konnte, las ich einen Krimi; und als ich die letzte Seite umwendete, merkte ich, daß ich gar nicht mehr wußte, wovon er eigentlich gehandelt hatte.

Glücklicherweise wehte der Sturm nicht die ganze Zeit mit voller Gewalt, sonst wäre die See wohl gefährlich geworden. Trotzdem nahmen wir von Zeit zu Zeit schwere Seen über. Eine von ihnen landete so massiv auf Deck, daß sich das Tageslicht einen Augenblick lang verdunkelte und die Barographennadel senkrecht zweieinhalb Millimeter auf- und absprang. Gleichzeitig ergoß sich ein Wasserstrom durch den Entlüfter über Susans Bett, das er jedoch wegen unserer Schräglage verpaßte und stattdessen in meine Koje stürzte. Unter der tief hängenden Wolkendecke wurde es nachmittags so dunkel, daß wir schon um vier Uhr die Lampen anzünden mußten. Obgleich wir alles mit Ausnahme der vorderen Entlüfter geschlossen hatten, flackerten und rußten die Lampen und wurden manchmal sogar ausgeweht.

Später hörten wir, daß dieser Sturm bei Kap Brett-Feuer eine Geschwindigkeit von 75 Knoten erreicht hatte, was meine Einschätzung der Sturmstärke wesentlich überschritt. Da wir uns luvwärts des Kaps aufhielten, erscheint die Annahme berechtigt, daß wir im wesentlichen das gleiche Wetter hatten. Winde, deren Geschwindigkeit 63 Knoten übersteigt, gelten als Orkane.

Als der Sturm anfing nachzulassen, beruhigte sich das Wetter schnell, aber wir warteten lieber einige Stunden, bis die See herunterging und bevor wir wieder Segel setzten; so liefen wir dann vor einer riesigen mitlaufenden Dünung – genau das, was die Albatrosse für ihren vollendeten Flug auf bewegungslosen Schwingen brauchen – der Küste entgegen. Kap Brett kam am vierzehnten Tag unserer Reise morgens zur Frühstückszeit in Sicht, und wir steuerten die westlich des Kaps gelegene Bay of Islands an. Während wir die Bucht ansegelten, verlor der Seegang langsam an Höhe und hatte sich ganz beruhigt, als wir unseren Ankerplatz vor der in freundlichen Farben gemalten kleinen Stadt Russell erreichten. Die Sonne schien warm, und wir breiteten einige unserer naß gewordenen Sachen an Deck zum Trocknen aus.

Wenige Minuten nach unserer Ankunft kam Doug Lush, ein noch Unbekannter, der aber bald unser Freund werden sollte, zu uns herausgerudert und brachte uns frische Butter, Milch, Brot und die Tageszeitung als Willkommensgabe. Jemand anderes überbrachte eine Einladung des Hotelbesitzers, abends seine Gäste zu sein. Der nächste Besucher war Dick McIlvride, den wir vor sieben Jahren in Sydney kennengelernt hatten, kurz nachdem seine Yacht *Gesture* bei Lord Howe Island den Mast verloren hatte.

„Wie schön, euch beide nach so langer Zeit wiederzusehen“, sagte er, als er an Deck stieg und unsere Hand fast zerdrückte.

„Wenn ihr es satt habt, an Bord zu leben, machen Pat und ich unser kleines Häuschen frei, und ihr könnt darin bleiben, so lange ihr Lust habt."

Wir mußten sein freundliches Angebot ablehnen, da wir uns wegen *Wanderer* ruhiger fühlen, wenn wir nachts an Bord bleiben. Susa sagte:

„Wir haben so oft an Sie gedacht, nachdem wir Sydney verließen. Sind Sie damals gut nach Neuseeland zurückgekommen?"

„Nun", erwiderte er, „Pats Mutter lebt in New South Wales, und sie war nicht sehr erbaut von unserem Pech mit dem Mast. Sie bot Pat an, ihr Dampferbillet nach Hause zu zahlen. Ich lachte sie aus und sagte, daß so etwas nur einmal im Leben passiere, und so kam Pat doch mit uns. Das Merkwürdige dabei war, daß wir auf dieser Reise, weit draußen in der Tasman-See, noch einmal unseren Mast verloren, aber es gelang uns, unter Notbesegelung heil nach Hause zu kommen."

Danach verkaufte er *Gesture* (seitdem wurde sie zum drittenmal entmastet) und erwarb eine hübsche, nach amerikanischen Zeichnungen gebaute Ketsch, die er gerade für eine Reise „hinaus zu den Inseln", d. h. nach Polynesien, ausrüstete.

Fünf Monate verbrachten wir auf Neuseeland und versegelten in der ganzen Zeit nicht mehr als 600 Meilen, indem wir unsere Kreuzfahrten auf die lieblichen Gewässer zwischen Bay of Island und Auckland beschränkten. Der Hauptgrund unseres zweiten Besuches in Neuseeland war, alte Freunde wiederzusehen und einen kleinen Teil des Landes und seiner Bewohner wirklich kennenzulernen, *Wanderer* zu überholen und schließlich auch, um uns selbst nach der 15 000 Meilen langen Reise seit England ein wenig wiederzufinden. Wir fühlten uns beide erschöpft und litten unter den Nachwirkungen der Blutvergiftung und der zu heißen Nächte. Der Aufenthalt erfüllte in jeder Hinsicht seinen Zweck; tatsächlich entwickelte sich unser zweiter Besuch im Dominion noch viel erfreulicher und genußreicher als der erste, und genau wie damals waren alle Menschen, die wir kennenlernten, entgegenkommend, gastfreundlich und hilfsbereit.

In mühelosen Etappen machten wir unseren Weg südwärts nach Auckland, ungewiß, ob und wo wir wohl einen Liegeplatz finden würden, denn zu dieser Jahreszeit und mitten in der Woche sind alle Murings belegt, und Auckland bietet einer kleinen Yacht keine geschützten und bequem gelegenen Ankerplätze. Offenbar hatte man uns erwartet, denn als wir in den Hafen segelten, lief ein Zollboot längsseits auf und rief uns an:

„Bitte, gehen Sie nach Westhaven. Ein Liegeplatz ist dort für Sie reserviert."

So segelten wir weiter in den Hafen hinein, an den geschäftigen Kais und den im Strom liegenden Schiffen vorbei, die auf Liegeplätze am Pier zum Laden und Entlöschen warteten, dem elegant geschwungenen Bogen der Hafenbrücke entgegen. Unmittelbar vorher drehten wir nach Backbord ab und liefen in den von Molen umgebenen Yachthafen ein. Der Hafenwart kam uns entgegen und half uns bei der Vertäuung zwischen den einzigen beiden noch freien Pfählen. Er und seine Frau stellten uns liebenswürdigerweise ihr Bad und Gelegenheiten zum Waschen unserer Wäsche zur Verfügung, und selten kamen wir während unseres Aufenthalts bei ihrem Haus vorbei, ohne daß wir nicht irgendeine kleine Aufmerksamkeit erhielten – ein Stück frischgebackenen Kuchen, einen Auflauf oder ein Glas hausgemachter Marmelade.

Unser Liegeplatz befand sich unweit der Hafenbrücke; niemals wurden wir müde, den Riesenverkehr schnell und glatt auf vier Fahrbahnen darüber hinweggleiten zu sehen, außer wenn jemand eine Panne hatte (was überraschend häufig geschah) oder anhielt, um den atemberaubenden Blick zu bewundern; dann erdröhnte der Lautsprecher, und ein scharlachfarbener Jeep flitzte von der Kontrollstation heran, um den Missetäter binnen kürzester Frist wieder auf den Weg zu bringen. Die Brücke ist so gut befahren, daß die Gebühren kürzlich auf zwei Schillinge pro Wagen ermäßigt werden konnten.

Seit dem Bau der Brücke gibt es in Westhaven keine Einrichtungen mehr, um Yachten aufzuslippen. Wir mußten uns daher für unsere Überholungsarbeiten nach Okahau Bay, einige Meilen östlich der Stadt, verholen, wo neben den Slipanlagen der Royal Akarana Yacht Club liegt. In Tahiti hatten wir Tom Blackman, den Vizekommodore des Akarana, kennengelernt, und als wir eines Sonntags abends, noch bevor wir mit unseren Arbeiten begannen, im Klub erschienen, hieß er uns willkommen und veranlaßte alles, was wir brauchten. Einige Tage später wurde *Wanderer* auf einem

Slipwagen, den er uns zur Verfügung gestellt hatte, an Land geholt und in der Nähe des Klubhauses abgestellt, wo uns in erster Linie der Klubsekretär Charlie Williams und seine reizende Frau halfen, wo immer sie nur konnten.

Susan und ich blieben weiter in großer Bequemlichkeit an Bord, da uns auch so alle Klubeinrichtungen zur Verfügung standen, und Milch, Butter, Kolonialwaren und die Tageszeitungen an Bord geliefert wurden. Und wenn wir an Land gingen, um hier und da einer Einladung aus dem nie abreißenden Strom der Gastfreundschaft nachzukommen, brauchten wir nur eine Leiter hinunterzuklettern anstatt eine nasse Tour im Beiboot zu unternehmen. Wir blieben dort drei höchst angenehme Wochen und machten uns in dieser Zeit bei schönem Wetter an die Überholungsarbeiten. Mitunter war es schwierig, damit voranzukommen; zu viele Menschen kamen und wollten mit uns sprechen oder luden uns zum Essen oder zu Autotouren über Land ein oder forderten uns auf, mitzukommen und eine oder zwei Wochen ganz bei ihnen zu verbringen. Manchen diesen Versuchungen vermochten wir nicht zu widerstehen, und dank unseres guten Freundes Jack Brooke lernten wir eine ganze Menge von der Nordinsel kennen. Die Leute, die auf der an Naturschönheiten so reichen Südinsel lebten, konnten nicht begreifen, warum wir ihre Einladungen abschlugen, aber unsere Zeit war beschränkt, und wir haben es immer vorgezogen, lieber einen kleinen Teil eines Landes und seiner Leute gut kennenzulernen, als von einem größeren Gebiet nur einen flüchtigen Eindruck zu gewinnen.

Während das Schiff auf Land stand, erhielten wir viel praktische Hilfe von anderen Seglern, in deren Gemeinschaft es genug im Boots- und Maschinenbau versierte Männer gab, die alle darauf erpicht waren, uns in jeder nur möglichen Weise beizustehen. Susan und ich verbrachten den größten Teil des Tages mit Reinigen, Abkratzen, Schleifen, Malen und Lackieren; auch entfernten wir die grünen Ablagerungen vom Kupferbeschlag, um das Kupferoxyd freizulegen, das uns einen erneuten Schutz gegen Bewuchs gewähren sollte.

Als sich unsere Zeit auf Slip ihrem Ende zuneigte, wurde *Pambili* (die einige Zeit nach uns in Neuseeland eingetroffen war), ganz in unserer Nähe an Land geholt, und es war eine Freude, Roger und

Bill – der eine blond und hager, der andere schwarz und stattlich, beide bronzebraun gebrannt – als Nachbarn zu haben. Sie waren, ebenso wie wir, zu Überholungszwecken südwärts gesegelt, aber Tahiti zog sie so stark zurück, daß sie bis auf weiteres die Fortsetzung ihrer Weltumsegelung aufgeschoben hatten. Beide arbeiteten von früh bis spät in einer Eisschrankfabrik, wo sie Einzelteile schliffen und malten, um genug Geld für die Rückreise zu verdienen und eine weitere Saison auf den Inseln verbringen zu können. Obgleich sie es sich nur zum Wochenende erlauben konnten, an ihrem alten Schiff zu arbeiten, brachten sie es doch fertig, gründliche Überholungsarbeit zu leisten und an Schiff und Takelage eine Reihe von Verbesserungen vorzunehmen. Jedesmal, wenn wir ihnen die Tonbandaufnahmen mit den Mädchengesängen vorspielten, die wir gemacht hatten, als *Pambili* und *Wanderer* an der Wasserfront von Papeete zusammenlagen, fühlten sie sich zu neuen Kraftanstrengungen angespornt.

Alles ging nach Plan. Sie verdienten genug Geld und segelten wirklich nach Tahiti zurück, um von neuem das Inselleben zu genießen, das sie so sehr liebten. In Tahiti trafen sie ihren alten Freund Wally Hambuechen, einen amerikanischen Wissenschaftler, den sie aber traurig verändert vorfanden. Er hatte ein polynesisches Mädchen namens Delphine geheiratet, und zwar auf Rurutu, einer hohen Insel etwas größer als Mangareva, die zur Gruppe der Tubuai-Inseln gehört und etwa 300 Meilen südlich von Tahiti liegt. Schon wenige Tage nach der Hochzeit war seine Braut an Bord des Schoners, der sie beide nach Tahiti zurückbringen sollte, gestorben. Der Schoner kehrte um, und Delphine wurde auf Rurutu begraben.

Monate später äußerte Wally den Wunsch, einen Grabstein, den er in Papeete hatte herstellen lassen, über der Ruhestätte seiner jungen Frau zu errichten. Roger und Bill erboten sich, ihn mit dem Stein nach Rurutu zu bringen und dann weiter nach Rarotonga mitzunehmen, da bis dahin sein Visum für die französische Insel abgelaufen war.

Die Überfahrt dauerte sechs Tage. Sie ankerten nach ihrer Ankunft außerhalb des Riffs auf elf Meter Wasser in Lee der Insel; es gibt dort keine Lagune, und da *Pambilis* Hilfsmotor trotz aller in Tahiti vorgenommenen Reparaturarbeiten streikte, war es nicht möglich, den engen, geschützten Kanal durch das Riff zu befahren, der sonst von den Schonern benutzt wird.

Sie befanden sich alle auf der entgegengesetzten Seite der Insel bei Delphines Eltern, als ein Eingeborener über den Berg geritten kam und meldete, daß *Pambili* auf dem Riff gestrandet sei. Der Wind hatte in ihrer Abwesenheit um 180 ° gedreht, und es sieht so aus, als ob das Schiff beim Herumschwojen mit der Ankerkette einen Korallenkopf zu fassen bekommen, bei höher werdendem Seegang an der Ankerkette gerissen, sie schließlich gebrochen hatte und so gestrandet war. Roger und Bill galoppierten auf Pferderücken quer durch die Insel zurück. Als das Riff in Sicht kam, bot sich ihren Augen ein grauenhafter Anblick. Ihr Schiff, das sie bei gutem und schlechtem Wetter so zuverlässig rund um die halbe Welt getragen hatte, auf dem sie so glücklich gelebt und ihre fröhlichen Parties gefeiert hatten, lag auf der Seite und wurde von jedem Brecher hochgehoben und immer wieder auf die scharfen Korallen herabgeschmettert. Als sie hinauswateten, sahen sie die Seen in und aus der verwüsteten Kajüte waschen; der kleine Rest persönlichen, noch nicht zerschlagenen oder fortgeschwemmten Besitzes war vom Wasser beschädigt oder zerstört. Ihnen war nicht mehr viel verblieben als die Shorts, die sie trugen.

Hunderte von Rurutanern eilten zu ihrer Hilfe herbei. Mit Hilfe von gefällten und unter das Schiff geschobenen Palmbäumen wurde das Wrack höher auf das Riff hinaufgerollt bis es eben außer Reichweite der Brandung lag. Inzwischen war aber von der Steuerbordseite nichts mehr übrig geblieben, und das Deck war fast ganz abgehoben. Da eine Reparatur nicht mehr in Frage kam, verkauften sie das Wrack einschließlich Spieren, Takelage und Segel für £ 36 an den Häuptling und kehrten, nachdem sie noch einen Monat lang als Gäste geblieben waren, mit einem Schoner nach Tahiti zurück.

Die Geschichte ihrer bemerkenswerten Reise, von der die Presse bisher kaum Notiz genommen hatte, wurde jetzt zu einer Sensation, wie es gewöhnlich erst geschieht, wenn das Unglück zuschlägt. Der Reporter einer Sonntagszeitung kam aus England angeflogen, kaufte die Geschichte für £ 500 und schrieb sie im erforderlichen Stil um, wobei er zur Bestürzung von Bill und Roger und zum Schrecken ihrer Eltern besonders bei den freien Liebesbeziehungen zu den tahitischen *vahines* verweilte. Den beiden blieb nichts anderes übrig, als sich die tahitische Weltanschauung zu eigen zu machen; ist etwas Schlimmes geschehen, vergißt man es am besten. So machten sie sich an die einfache und genußreiche Aufgabe, ihr Geld in Tahiti zu verbrauchen, aber es ist gut zu wissen, daß ihr Unglück sie nicht von weiteren Abenteuern abgeschreckt hat. Erst kürzlich hörte ich von ihrer Absicht, ein polynesisches Doppelkanu nachzubauen, komplett mit Segeln aus gewebten Pandanus, und darin die lange Reise nach Hawaii zu wagen.

Bis wir *Wanderer* wieder zu Wasser hatten, war Weihnachten herangekommen, und da die meisten unserer Freunde in die langen Sommerferien fuhren, beschlossen wir, das gleiche zu tun. Es war nur natürlich, daß wir uns für die Weihnachtswoche zu unserem Lieblingsplatz in der Bucht von Swansea auf Kawau Island, 30 Meilen von Auckland, verholten, wo wir abends eintrafen und in der geschützten Bucht dicht neben Roy und Mum Lidgards wunderschön gelegenem Hause Anker warfen. Der Weihnachtstag war warm und wolkenlos, und eine Anzahl anderer Fahrzeuge war ebenfalls eingetroffen. Es gab Geschenke für jedermann und ein hervorragendes, von Mum Lidgard angerichtetes Buffetlunch, an dem 36 Gäste auf dem großen Rasen teilnahmen, der sich sanft vom Hause bis zur Wasserkante senkte. Alle waren mit ihren Booten gekommen und wurden zu dem Essen eingeladen.

Einige Wochen vorher hatten wir vor 450 Mitgliedern des Royal Akarana Yacht Clubs einen Lichtbildervortrag gehalten, und ich hatte, vielleicht unklugerweise, gesagt, daß wir nach dem Besuch sehr vieler Inseln Moorea immer noch für die schönste Insel hielten, die wir kennengelernt hätten. Verschiedene Leute redeten mich nach dem Vortrag an und sagten mir unter Bezugnahme auf diese Bemerkung: „Dann haben Sie offenbar noch nie unsere Great Barrier Insel besucht." Zur Ergänzung unserer Bildung segelten wir daher einige Tage nach Weihnachten 30 Meilen seewärts zu dieser Insel heraus, suchten unseren Weg durch die enge Einfahrt, Governor Pass, wo man sich die Frischwassertanks an bequem erreichbaren Wasserfällen auffüllen kann, und gelangten nach Port Fitzroy, einem ganz herrlichen Naturhafen von drei Meilen Länge und über einer Meile Breite, mit einer Vielzahl von Buchten und Wieken zum Aussuchen für einen Ankerplatz. Dort verbrachten wir sechs Tage, ohne daß es uns gelang, uns für die Insel selbst sonderlich zu begeistern, die weitgehend mit Busch und Unterholz bewachsen und daher schwer zu begehen ist und auch keinen guten Strand besitzt. Dagegen hatten wir viel Freude an der fröhlichen Gesellschaft von Segel- und Motoryachtleuten. In jeder Wiek und Bucht lagen die Fahrzeuge zusammen – in und um Port Fitzroy müssen es an die 60 oder 70 gewesen sein – und es gab ein dauerndes Kommen und Gehen, denn außer uns war alle Welt mit Fischfang beschäftigt. Tatsächlich gab es einen solchen Überfluß an Fischen, von Sprotten bis Krebsen, daß die Leute kaum etwas anderes aßen. Was sie nicht verzehren konnten, räucherten sie oder überhäuften uns damit.

Silvesterabend gab es ein besonders fröhliches Fest, denn wir teilten unseren Ankerplatz mit dem Kommodore und Vizekommodore des Royal New Zealand Yacht Squadron, dem Vizekommodore des Royal Akarana Yacht Clubs und vielen anderen, und ich fand, daß mein eigener Stander als Vizekommodore des Royal Cruising Clubs sich in ausgezeichneter Gesellschaft befand. Das Squadron legt großen Wert auf Flaggenetikette, und es war in Erinnerung an die nachlässige Behandlung dieser Frage zu Hause ein Vergnügen zu sehen, wie alle Flaggen gleichzeitig eingeholt wurden, sobald die Kanone des Kommodore bei Sonnenuntergang über die Bucht erdröhnte und das Echo von einer Küste zur anderen und wieder zurück erscholl.

Nach den Weihnachtstagen kehrten wir mit den meisten anderen Yachten nach Auckland zurück und blieben in Coromandel und Waihiki Island, wo wir andere alte Freunde trafen. Unter ihnen Pete und Jane Taylor, die vor sieben Jahren mit Tom und Ann Worth in der *Beyond* nach Neuseeland gesegelt waren und sich hier inzwischen glücklich niedergelassen hatten. Der letzte Abend unseres Aufenthalts in Auckland zeichnete sich durch eine ziemlich große Veranstaltung aus. Jimmy Fare, der Kommodore des Yachtgeschwaders, hatte mich gebeten, vor den Mitgliedern des Squadron einen Lichtbildervortrag über unsere bisherige Reise zu halten.

„Mit Vergnügen", sagte ich, „aber ich muß Susan am Projektionsapparat haben; wir zeigen 300 Dias, und ich weiß, daß niemand wie sie so flink wechseln kann, wie ich es brauche."

Ich wußte, daß ich damit ein Problem aufrührte, denn Frauen ist es, außer gelegentlich der jährlichen Cocktailparty, nicht gestattet, das Innere des Squadrongebäudes zu betreten. Aber das bereitete Jimmy keine Kopfschmerzen.

„Ich werde das göttliche Recht des Kommodore ausüben", sagte er und lud, um Susan nicht in Verlegenheit zu bringen, die Frauen von drei Flaggoffizieren dazu ein, die ihr die Hand halten sollten. Wir fürchteten, dies könnte sich als die scharfe Schneide eines Keils erweisen, den die Frauen der Mitglieder seit langem wünschten einzutreiben; seitdem haben wir aber gehört, daß das Squadron unbeirrt seine mönchische Tradition weiterverfolgt und daß Susans Unterschrift im Gästebuch die einzige von weiblicher Hand geblieben ist.

Auf unserem Wege von Auckland nordwärts liefen wir Whangarei an, um einen Zahn behandeln zu lassen, und begriffen bei dieser Gelegenheit, warum so viele Yachten gerade dort ihre Reise beendigt haben. Fünfzehn Meilen flußabwärts und nahe der Brücke liegen Boote über Boote zwischen Pfählen vertäut, wo sie sich bei jeder Ebbtide sanft in dem weichen Schlamm betten. Der Liegeplatz ist so geschützt, daß die Winde nur leise wehen, und der Fluß hat eine gemächliche Strömung. Ein Wasserhahn und die Läden liegen nur wenige Schritte entfernt, und es dauert nicht lange, bis man der schläfrigen Stimmung des Orts verfällt und selbst träge wird. Je länger man verweilt, um so mehr zuwider wird der Gedanke an den rauhen Kampf mit der See.

Wir bekamen jedoch, während *Wanderer* dort lag, auch ein wenig von der sanften grünen Landschaft zu sehen. Noel und Jean Percy holten uns ab, um uns ihre Milchfarm zu zeigen, wo sie 86 Jerseykühe hielten. Neuseeland ist im wesentlichen ein praktisches „do it yourself-Land", wo die Löhne hoch sind, so daß die ganze Farm nur mit Hilfe eines einzigen Mannes, des Melkers, betrieben wird. Die Milch geht direkt von der Melkmaschine in den Separator, aus welchem der Rahm in große Kannen geleitet wird, die so wie sie sind, von der Butterfabrik eingesammelt werden. Die Magermilch wird von dem Separator durch ein Rohr abwärts zu den Schweineställen abgeleitet. Die Gerüche der Farm, der Schweine, des Kuhdungs und der Duft des Grases, zogen lieblich durch unsere Salzwassernasen. Ferner besuchten wir die Schafsfarm der Oxborrows in der Nähe der Hafenmündung. Seit wir zuletzt dort gewesen waren, hatten sie weiteres Land gerodet und besitzen

23

24

25

23 Nur wenn wir ein Stativ aufbauten und einen Selbstauslöser in Gang setzten, konnten wir beide im Bild oder auf dem Film erscheinen.

24 Vava'u war erfüllt von dem Lärm der Holzhämmer, mit denen die Rinde des hiapo-Baumes bearbeitet wird, um tapa-Stoff zu gewinnen, ein Material, aus dem Bettzeug, Vorhänge und Kleider gemacht werden.

25 Yaukuve, ein winziges unbewohntes Eiland innerhalb des Großen Astrolabe Riffgürtels, auf dessen Strand die einzigen Fußspuren unsere eigenen waren.

26 Die Weihnachtswoche verbrachten wir in Swansea Bay, Kawau Island, wo wir abends einliefen und in der geschützten Bucht unmittelbar neben dem wundervoll gelegenen Haus der Lidgards vor Anker gingen.

27 Ein von Mrs. Lidgard auf dem Rasen angerichtetes Weihnachts-Buffet wurde von 36 Gästen in strahlendem Sonnenschein verzehrt; alle Gäste waren in Booten gekommen.

28 Motuarohia, vom Hügel gesehen, wo die Maoris sich einst verschanzten. Die Aufnahme zeigt die Lagunen, von denen die Insel in fast drei Teile geteilt wird und den Strand, an dem Kapitän Cook landete. Das Brownes'sche Haus steht jenseits der in der Ferne sichtbaren Lagune.

26

27

28

29

29 Auslegerkanus in Papua, die zu den schnellsten Segelfahrzeugen der Welt zählen.

30 Eines Morgens, mitten im Korallenmeer, begegneten wir dem schwedischen Dampfer Tenos*. Sich in der langen Dünung majestätisch hebend und senkend, änderte er seinen Kurs, um uns aus der Nähe anzusprechen. Es war das erste Schiff, das wir seit Panama auf offener See getroffen hatten, und diese zufällige Begegnung erfüllte den ganzen Tag mit Gesprächsstoff.*

31 Bramble Cay, im Eingang zu dem Großen Nordost-Kanal, ist ein nur drei Meter hohes Körnchen Land, das auf- oder wiederzufinden schon vielen Navigatoren Kopfschmerzen bereitet haben muß. Selten verweilten wir an einem Ort, von dem eine ähnliche Stimmung vollkommener Verlassenheit ausging.

30

31

32

33

34

35

32 Croker Island. Endlich gelangten wir zu unserer großen Erleichterung auf einen doppelspurigen Weg, der nach Benutzung durch ein Fahrzeug mit Gummireifen aussah.

33 Nach einem zweistündigen Marsch erreichten wir die sauberen, weit verstreut liegenden Gebäude der Missionsanstalt.

34 Eine Radioverbindung wurde mit der LAARPAN, dem Schiff der Mission, hergestellt, die kam und uns Hilfe leistete.

35 Am Nachmittag unserer Abreise veranstalteten die Eingeborenen von Croker Island ein Fest, um WANDERERS Rettung zu feiern.

jetzt einen fünf Meilen langen Küstenstreifen einschließlich eines gut geschützten kleinen Hafens namens The Nook. Sie beschäftigen keine Arbeiter; Jim und sein Sohn Bill machen alles, was notwendig ist, um 2000 Schafe zu versorgen; Fachkräfte werden nur für das Scheren beschäftigt. Während unseres Aufenthalts wurde gerade Musterung abgehalten; was für einen schönen Anblick bot die Herde, als sie von den Hunden über den Abhang eines Hügels zu den Ställen hinabgetrieben wurde, wie fließendes Gold gegen den strahlend blauen Himmel, wie eine sanft am Strand verrollende Welle. In der Ferne glitzerte das Wasser des Hafenbeckens.

Wir verbrachten unsere letzten Tage in Neuseeland in und in der Nähe der Bay of Islands, eines höchst reizvollen Miniatur-Kreuzreviers. Vielleicht ist Motuarohia, fünf Meilen von Russel, die schönste und bestimmt geschichtlich interessanteste der vielen Inseln. Sie ist eine Meile lang, etwas über 80 Meter hoch und wird von zwei Lagunen fast gedrittelt. Im Winter, wenn die Nordoststürme den Strand wegwaschen, zerfällt sie buchstäblich in drei Einzelteile, wächst aber immer wieder zusammen. An der nördlichen, der See zugewandten Küste, stehen Klippen und Felsen, an denen sich zu Zeiten eine schwere Brandung bricht; dagegen weist die Südküste zwei saubere Buchten auf, von denen die östliche einen guten Ankerplatz abgibt. Ein großer Teil der Insel ist mit jungen Fichten bepflanzt, aber es gibt auch Abhänge mit Wiesen, auf denen die Hereford-Rinder grasen, sowie kleine Wasserläufe.

Am 29. November 1769, einem Mittwoch, lief Cook mit der *Endeavour* diese Insel an. Aus seinem Logbuch zitiere ich die Beweggründe, die ihn hierher brachten:

„Stürmischer Wind aus Nordwest und Westnordwest, versuchte bis 7 a. m. gegen den Wind aufzukreuzen, mußte aber feststellen, daß wir bei jedem Schlag an Seeraum verloren. Dachte daher, das Beste sei, in die Bucht abzufallen, die westlich von Kap Brett liegt, zur Zeit nicht weiter als zwei Leagues (= sechs Seemeilen) von uns in Lee, denn wenn wir dort anliefen, würden wir sie jedenfalls kennenlernen, andererseits, wenn wir bei Gegenwind auf See verblieben, mit Bestimmtheit nichts Neuem begegnen."

Cook ankerte südwestlich von Motuarohia, geriet aber fast sofort auf der Landzunge, die von der Südküste der Insel vorspringt, auf Grund. Der Liegeplatz wurde daher ein wenig nach Osten, eben außerhalb der Stelle, wo wir ankerten, verlegt. Als er mit Banks, Solander und einer Gruppe von Seeleuten an Land ging, wurde Cook von 200 bis 300 Maoris empfangen, von denen viele in ihren Kanus vom Festland herbeigeeilt waren; es kam zu einem leichten Zusammenstoß mit ihnen.

Heute sind die einzigen Bewohner Colonel und Mrs. Browne, denen die Insel gehört. Wir hatten sie bereits auf unserer letzten Reise besucht, als sie gerade anfingen, mit eigener Hand ihr Haus auf dem ebenen Grund an der Ostseite der Bucht zu bauen, wo Cook gelandet war. Sieben Jahre später erkannten sie *Wanderer* sofort wieder, als wir uns näherten, und setzten an ihrer Flaggenstange das Willkommenssignal. Sobald wir geankert und die Segel festgemacht hatten, landeten wir daher an dem glatten Strand aus Muscheln und feinem Kies vor dem inzwischen fertiggestellten Haus. Bill und Myra kamen uns entgegen und halfen uns, das Dingi den Strand hinaufzutragen. Die aufrichtige Herzlichkeit ihres Empfanges berührte uns sehr. Bald saßen wir behaglich und ungezwungen in ihrem geräumigen gemütlichen Wohnzimmer, dessen große Fenster eine schöne Aussicht auf unseren Ankerplatz, den Westteil der Insel und die nächstgelegene Lagune eröffneten, und eine Lücke gewährte auch einen flüchtigen Blick auf den Ninepin, einen fünf Meilen entfernten, auffälligen schwarzen Felsengipfel. Wir saßen und unterhielten uns eine Weile über vielerlei Dinge. Anschließend regte ein Spaziergang durch die Kiefern und ein Aufstieg zu der Kuppe des Berges, wo zu Cooks Zeiten die Maorifeste lag, zum richtigen Appetit für das Abendessen an, das Myra uns auf ihrem mit Tannenzapfen geheizten Herd bereitete. Auf den alten Eichenmöbeln und den geputzten Messing- und Kupfergegenständen schimmerte matt das Lampenlicht, ganz wie in einem alten englischen Landhaus, und während der kurzen Pausen in der Unterhaltung vernahmen wir das leise Rauschen der kleinen Wellen, die den Kiesstrand heraufleckten, und gelegentlich das dumpfe Stöhnen, wenn ein Luftloch an der klippenreichen Seite der Insel Wasser spie.

Während Myra und Susan nach dem Abendessen aufwuschen, sagte Bill zu mir: „Myra und ich machen uns Sorgen um Susan. Ihr beide habt euch wohl für die schwierigere Route heimwärts entschlossen, aber lassen Sie sich eines gesagt sein – ich habe schließlich mehrere Jahre in Ägypten gedient und kenne daher das Rote Meer ziemlich gut – das ist keine Gegend, in der ein kleines Segelfahrzeug einerlei zu welcher Jahreszeit etwas zu suchen hat. Es wäre doch unausdenkbar, wenn Susan dort einen neuen Anfall von Blutvergiftung bekäme."

Ich hatte auch schon daran gedacht und sagte es ihm; Susan ist aber nun einmal eine sehr entschlossene Person.

„Wenn Sie so darauf versessen sind", fuhr Bill fort, „läßt sich bestimmt ein männlicher Begleiter für die Reise finden, und inzwischen würden Myra und ich Susan nur zu gern bei uns behalten und uns so lange um sie kümmern, bis es Zeit für sie wird, im Mittelmeer wieder zu Ihnen zu stoßen."

Als wir abends zur Koje gingen, erzählte ich Susan von unserem Gespräch.

„Ich weiß", sagte sie, „Myra hat mich darauf angeredet, als wir in der Küche zusammen waren. Gott segne sie beide, es ist zu lieb von ihnen, sich solche Gedanken zu machen. Wenn du aber durch das Rote Meer gehen willst, und ich glaube, du mußt es tun, um die Sache loszuwerden, dann komme ich mit. Ich habe es Myra gesagt, und ich glaube, sie versteht mich."

Das Leben auf einer kleinen Insel ohne andere Mitbewohner hat sicherlich seine romantischen Seiten, setzt aber die Sorte praktischer Begabung und Selbstvertrauen voraus, die nicht jeder besitzt. Die Brownes haben einen Radiosender, über den sie ihre Vorräte zur Verladung von Russell auf einem der Fuller'schen, auf der sogenannten „Milchtour" eingesetzten Fährschiffe, die auf ihrer Runde die Inseln und die benachbarte Küste anlaufen, bestellen können. Bei Anlieferung muß allerdings alles in ein Dingi umgeladen, an Land gebracht und den Strand heraufgeschleppt werden, und zwar einschließlich so schwerer Waren wie der Eisenfässer mit Treibstoff für die elektrische Kraft- und Wasserpumpenanlagen. Für den Küchenherd sind Tannenzapfen zu sammeln, und auf sommerlichen Picknickveranstaltungen muß eine Wache gestellt werden, da Unvorsichtigkeit beim Rauchen oder Feuermachen die Tannenkulturen in Gefahr bringen kann. Auch der Garten braucht Pflege, genauso wie das Vieh.

Trotz alledem hat Bill, ehemaliger Pionier, Zeit genug gefunden, um in seinem kleinen Boot umfangreiche Vermessungen an der Nordostküste von Neuseeland vorzunehmen. Wenn die neue Seekarte dieser Gegend herausgegeben wird, wird auch sein Name darauf erscheinen.

Während wir in Motuarohia lagen, hörten wir von drei Wirbelstürmen, die zur gleichen Zeit über den südwestlichen Pazifik hinwegzogen. Einer davon vernichtete zwei Schiffe und war der Anlaß, die Bergungsarbeiten an der *Runic* einzustellen, die schon einen Monat lang gestrandet auf Middleton Riff lag. Der zweite, weiter östlich wütende Orkan zerstörte die Hälfte der Häuser auf Vava'u in der Tonga-Inselgruppe und richtete für schätzungsweise £ 200.000 Schaden an; wir dachten mit Sorge an die Menschen, die wir dort kennengelernt hatten, vor allem an die Mädchen mit ihren Kirchenliedern und ihre Lehrerinnen. Der dritte Wirbelsturm schließlich zog in der Nähe der Cook-Inseln vorbei, verursachte aber anscheinend keine schwere Schäden.

NEUNTES KAPITEL

Das Korallenmeer

Der Himmel war verhangen, als wir die Bay of Island verließen und Kurs auf Nouméa absetzten, das in einer Entfernung von 900 Meilen auf der großen französischen Insel Neu Kaledonien liegt. Wir hatten mäßigen, halben Wind, aber es nieselte. Uns war traurig zumute, so viele gute Freunde verlassen zu müssen, und als wir Motuarohia passierten und dem Ninepin entgegensegelten, sandten wir manchen Blick zurück auf das kleine weiße Haus der Brownes, das jenseits der Lagune zwischen Middle und East Island hervorschaute, wo wir einige unserer glücklichsten Stunden verbracht hatten.

Je weiter wir uns vom Lande, das noch vor Dunkelwerden ganz verschwand, entfernten, um so mehr frischte der Wind auf; wir hörten im Radio von einer tiefen Depression südlich von Fidschi und fragten uns besorgt, in welcher Richtung sie sich wohl bewegen würde, denn Tiefs in diesen Breiten können sich leicht zu Wirbelstürmen entwickeln. Das 5°-Quadrat, in dem wir uns bewegten, war mit einer zehnprozentigen Wahrscheinlichkeit von stürmischen Winden gekennzeichnet. Während wir refften, mußten wir erkennen, daß wieder einmal eine Periode schlechten Wetters vor uns lag, genau wie auf all unseren früheren Reisen im Südwest-Pazifik, und schon am folgenden Abend fanden wir uns bei einem Sturm aus Ost beigedreht liegen. Das weichliche Leben der hinter uns liegenden fünf Monate auf Neuseeland hatte nicht gerade dazu beigetragen, uns hierauf vorzubereiten, und so fühlten wir uns beide elend und niedergeschlagen.

Das gleiche Wetter mit Regen hielt bis zum folgenden Abend an, als der Wind eine Geschwindigkeit von 45 Knoten erreichte. Das war auch für die geringe Segelfläche, die wir trugen, zu viel. Wir bargen alles und ließen uns die nächsten 30 Stunden vor Topp und Takel treiben. Astronomische Beobachtungen waren unmöglich. Als der Wind am Morgen unseres vierten Reisetages ein wenig nachließ, setzten wir, in der Befürchtung, in Richtung der unbeleuchteten Three Kings Insel im Norden vor Neuseeland versetzt worden zu sein, die Fock und steuerten unseren Kurs vor stürmischem Wind von Steuerbord achtern. Bei einer Fahrt von über sechs Knoten war das Segeln aufregend, manchmal ein wenig zu aufregend, denn die See lief hoch, und es gab, wie immer bei solchem Wetter, in kurzen Abständen Folgen von Seen, die steiler und höher waren als die anderen. Um diesen zu begegnen, gebot es die Vorsicht, sofort abzufallen und sie mit dem Heck zu nehmen. Wasser und Himmel verschwammen in einem düsteren Grau und es regnete ohne Unterlaß. Das laute Heulen des Windes brauste in unseren Ohren, und die Bugwelle schäumte auf beiden Seiten hoch empor. Die Fock allein übte kaum eine stützende Wirkung aus, und unter Deck erschienen alle Bewegungen besonders heftig und ruckartig. Obgleich Susan die Vorräte wie immer mit der ihr eigenen Sorgfalt in den Schränken verstaut hatte, hatten sich Teile ihres Inhalts losgearbeitet und krachten nun beim Rollen des Schiffes von einer Seite auf die andere. Alles unter Deck fühlte sich feucht und klebrig an, und Spritzwassertropfen, die den Weg ins Innere gefunden hatten, als die Luke bei Wachwechsel einen Augenblick zurückgeschoben werden mußte, standen an den Schotten, den Möbeln und zwischen den Decksbalken. Wir hatten die Niedergangsschotten eingesetzt, und ich konnte Susan durch das im oberen Schott eingelassene Perspexfenster beobachten. Mit bloßen Füßen stand sie breitbeinig im Kockpit, und ihr Körper im regenglänzenden gelben Ölzeug wiegte sich im Rhythmus der Bewegung. Ihr

Gesicht, über das der Regen herablief, verriet einen entschlossenen Ausdruck zielbewußter Konzentration, und eine Strähne hellbraunen Haares, der festen Umhüllung des Südwesters entwichen, wehte darüber hinweg. Ich wußte, das Schiff war in guten Händen und konnte mich seelisch entspannen. Lange blieb ich aber nicht unter Deck; das Rudergehen beanspruchte höchste Aufmerksamkeit, und wir mußten uns daher in kurzen Abständen ablösen. Trotzdem spürten wir am späten Nachmittag die Erschöpfung, und nur so konnte es geschehen, daß ich in einem Augenblick der Unaufmerksamkeit das Schiff aus dem Ruder laufen ließ und ausgerechnet in einem jener Momente quer zur See zu liegen kam, als uns eine Folge besonders steiler Wellen überholte.

Die arme *Wanderer* nahm den brechenden Wellenkamm einer dieser Seen in seiner vollen Länge an Deck und wurde vollständig unter den Wassermassen begraben; nur das mittschiffs kieloben liegende Beiboot und die vier weißen Ventilatorenköpfe auf dem Kajütsdach ragten noch heraus. Einige Sekunden lang hatte ich ein träges Gefühl am Ruder, als sei das Schiff vollgeschlagen, und klammerte mich, bis zu den Hüften im Wasser stehend, im überfluteten Kockpit fest. Kein Zweifel mehr, es war die höchste Zeit, dieser wilden Jagd ein Ende zu bereiten, bevor etwas Ernstes passierte. Susan übernahm daher das Ruder, während ich die Fock herunterholte, und dann liefen wir gelassener unter bloßen Masten weiter.

Zu unserer großen Erleichterung ließ der Wind während der Nacht nach, und langsam setzten wir wieder ein Segel nach dem anderen. Der Regen hielt aber an, und ringsumher leuchteten die Blitze, von schwerem Gewitterdonner begleitet. Die See phosphoreszierte in ungewöhnlichem Ausmaß, nicht mit dem üblichen Funkeln, sondern in einer allgemeinen durchgehenden Helligkeit. Jedesmal, wenn eine Welle das Leedeck hinaufleckte, glühte die benetzte Fläche bis zu einer Minute lang in sanftem, blaßgünen Lichte nach, als hätte es einen Anstrich mit Leuchtfarbe erhalten.

Endlich, an unserem fünften Tag auf See, brach die Sonne wieder durch; wir konnten Bullaugen und Luken öffnen und einige unserer nassen Sachen zum Durchlüften an Deck bringen. Der Feuchtigkeitsgehalt der Luft war aber noch so hoch, daß nichts trocknen wollte. Wir bekamen wieder Appetit und aßen heißhungrig von den schönen Sachen, die man uns in Neuseeland mit auf den Weg gegeben hatte. Es folgte ein Tag unvergleichlich schönen Segelwetters mit frischem halben Wind und einem Etmal von 144 Meilen. Als uns aber der Wind, vorlicher schralend, von unserem Kurs abbrachte und gleichzeitig auffrischte, drehten wir wiederum bei und warteten auf einen Wechsel zum Besseren. Als dieser eintraf, ließen wir das Schiff sich hoch am Wind allein auf dem richtigen Kurs weitersteuern. Die Radionachrichten beschäftigten sich vornehmlich mit einem Russen, der eine Fahrt in den Weltraum angetreten hatte. Wir schauten in der gleichen Nacht zu den Myriaden von Sternen am Firmament empor und fanden, daß der ganzen Angelegenheit angesichts der Unendlichkeit des Weltalls nur untergeordnete Bedeutung beizumessen sei.

Die Insel Neu-Kaledonien erstreckt sich in südost-nordwestlicher Richtung über eine Länge von 200 Meilen und wird von der zweitgrößten Formation eines Korallenriffs, die es in der Welt gibt, umschlossen. Ein beträchtlicher Teil dieses Riffs liegt unter Wasser; es erstreckt sich auf eine Entfernung von 40 Meilen von der Hauptinsel nach Süden, und da es dem Südostpassat-Drift in die Quere kommt, ist der Strömungsverlauf in seiner Nachbarschaft wechselnd und stark. Gerade wegen dieser Strömungen bezeichnet das Handbuch für die pazifischen Inseln, 2. Band (Pilot), ein großes Gebiet außerhalb des Riffs als für die Schiffahrt unsicher und gefahrvoll. Unser Ziel war Boulari Pass – die beste Durchfahrt durch das Riff zu der Lagune und dem Hafen von Nouméa, der an der Südwestküste der Insel liegt. Die Durchfahrt befindet sich 45 Meilen nordwestlich von dem südlichsten Ausläufer des Riffs, und wir hielten es für angezeigt, unseren Landfall vor dem Riff selbst, aber in einiger Entfernung südöstlich der Einfahrt vorzunehmen, um sie unter keinen Umständen zu verfehlen. Wenn wir nämlich die Einfahrt direkt ansteuerten, konnte es geschehen, daß uns die Strömung vorbeitrieb, und dann wäre es schwierig, wenn nicht unmöglich, den Weg zurück aufzukreuzen. Das bedeutete allerdings, die Gefahrenzone durchsegeln zu müssen. Als wir uns noch etwa 80 Meilen von der Einfahrt entfernt befanden, trafen wir auf einen südwestlich setzenden Strom von fast einem Knoten. Da wir anhand guter Beobachtungen unseren Schiffsort genau hatten bestimmen können, wagten wir uns bei Dunkelheit bis auf zehn Meilen an das Riff heran und drehten dann in Erwartung der Helligkeit bei. Wir hielten verschärften Ausguck nach Brechern und durchlebten verschiedene Schrecksekunden, wenn wir in Gebiete kabbeligen Wassers und überkämmender Seen hineintrieben. Beim ersten Morgenlicht nahmen wir wieder Fahrt auf und sichteten bald ein Schiff auf Steuerbordbug voraus. Es schien ruhig und unbeweglich an einer Stelle zu verharren und erst beim Näherkommen entdeckten wir, daß es sich um ein Wrack handelte, eines der zahlreichen Wracks, die hart und fest auf dem Riff sitzen und außer bei sehr klarem Wetter von Land aus nicht zu sehen sind. Durch Verschiebung einer Standlinie, die wir in der Morgendämmerung durch eine Höhenbeobachtung des Rigel Kent (eines der Weisersterne im Kreuz des Südens) erhalten hatten, und Kreuzung derselben mit der Standlinie einer Sonnenhöhe, stellten wir fest, daß wir unserem Schiffsort nach Besteckrechnung weit voraus waren und daß die Südwest-Strömung über Nacht eine nordwestliche Richtung angenommen und an Geschwindigkeit zugelegt hatte. Wir begriffen nun den Ernst der Warnungen im Handbuch, und doch hätten wir unseren Landfall auf keine andere und bessere Weise vornehmen können, als wir getan hatten.

Es gab nicht viel Wind an diesem Tage, und wir standen daher erst bei Einbruch der Nacht vor der Boulari-Einfahrt. Einfahrt und Rinne, die von dort 15 Meilen weit durch die Riffe und Inseln der Lagune zu dem Hafen von Nouméa führen, sind aber gut befeuert, und wir hatten kaum Schwierigkeiten, unseren Weg in den Hafen zu finden, wo wir vorsichtig in eine dunkle, wohlgeschützte Bucht unmittelbar südlich der Stadt krochen und ankerten. Wir hatten Glück, rechtzeitig angekommen zu sein, denn in der Nacht setzten schwere Regengüsse ein, die vierundzwanzig Stunden anhielten und die Sicht auf weniger als eine Meile beschränkten.

Nouméa hatten wir in der Hoffnung angelaufen, ein zweites Papeete kennenzulernen, wurden aber enttäuscht. Die armselige Stadt erwies sich als wenig anziehend und schien sich kaum von den Zeiten erholt zu haben, als sich dort noch eine große Strafkolonie befand. In jenen Tagen konnte sich die Stadt jedenfalls noch einiger ausgefallener Charaktertypen rühmen wie z. B. des berühmten französischen Geiger, der den Liebhaber seiner Frau ermordet, sein Herz herausgeschnitten, gekocht und seiner Frau zum Essen vorgesetzt hatte. Jahrelang konnte man ihn sehen und das Sträflingsorchester in der Rotunde eines Nouméa-Hotels dirigieren hören. Wir hatten dort das Glück, die Reid-Familie kennenzulernen. Earl, ein Neuseeländer, arbeitete bei der South Pacific Commission, die in Nouméa ihr Hauptquartier hat; Leila, seine Frau ist in Australien geboren. Die Kinder gingen in die französische Schule und sprachen die Sprache so fließend, daß Earl und Leila erst gelegentlich eines französischen Besuches von dem schockierenden Charakter ihrer Ausdrucksweise Kenntnis erhielten. Die ganze Familie nahm uns mit solcher Herzlichkeit bei sich auf, daß wir jederzeit ihr Haus mit dem schönen Ausblick auf den Hafen mit dem Gefühl, willkommen zu sein, betreten konnten. Sie zeigten uns einen Teil der Insel, die zwar fruchtbar aussieht, aber wohl wenig Handelsware hervorbringt; der Hauptexport beschränkt sich auf Nickel. Ferner besuchten wir das Aquarium, in dem sich Korallen aus dem nahegelegenen Riff befinden, die nach Bestrahlung mit ultraviolettem Licht eine Zeitlang wunderschön und in lebhaften Farben in dem verdunkelten Raum erglühten.

Nach Ablauf einiger von schweren Regengüssen gekennzeichneter Tage legten wir ab und segelten in nordwestlicher Richtung innerhalb des Riffs, um etwas mehr von der Insel kennenzulernen und die etwa 30 Meilen entfernt gelegene St. Vincent-Bay anzulaufen. Wir hatten erwartet, uns mit Hilfe unserer Augen durchlotsen zu können, der üblichen Methode, bei klarem Wasser den Weg durch die Riffe zu finden. Wir hatten aber nicht mit dem Regen gerechnet, der so viel Erdboden in die Lagune geschwemmt hatte, daß das Wasser genauso trübe und braun war, wie wir es im Demarara-Fluß erlebt hatten; es war unmöglich, die Gefahrenstellen auszumachen. Das Segeln zwischen den Untiefen, Klippen und kleinen Inseln hindurch bei frischem, günstigen Wind und in hoher Fahrt war doch ein wenig zu aufregend; zweimal passierten wir in der Seekarte nicht verzeichnete Felsen in unbehaglicher Nähe und wurden sie nur gewahr, weil sie nicht mehr als eine Handbreit unter Wasser lagen. Trotzdem gelangten wir gegen Abend unversehrt zu einer Ankerstelle in Lee einer kleinen Insel in der St-Vincent-Bucht. Dieses etwa 60 Quadratmeilen umfassende geschützte Gewässer mit einem Dutzend niedriger, grünbewachsener Inseln und eingerahmt von der prächtigen Bergkette, die mit ihren von 600 bis 1500 Meter emporragenden Gipfeln das Rückgrat Neu-Kaledoniens bildet, bietet ein höchst reizvolles, kleines Kreuzrevier. Ungeordnete Massen von Cirruswolken, wie wir sie häufig vor dem Ausbruch schlechten Wetters beobachtet haben, gaben dem Himmel ein drohendes Aussehen, so daß wir uns zwei weitere Nächte in der Bucht aufhielten, nachdem wir einen neuen Ankerplatz in einer gut geschützen Bucht an der Nordküste der unbewohnten Insel Ducos gefunden hatten. Diese Insel ist hügelig mit rauhen Schafweiden, über die es sich angenehm laufen ließ, aber nachts waren die Moskitos so zudringlich, daß wir gezwungen waren, unsere Kojen mit Netzen zu verhängen. Eingebettet in die in allen Teilen der Insel, selbst auf den Höhen der Hügel zutage tretenden Felsen fanden wir Mengen von Seemuscheln.

Mit Port Moresby auf Papua-Neuguinea als nächstem Bestimmungsort mußten wir 1300 Meilen des Korallenmeeres durchsegeln, in dem die Schiffahrt selbst in diesen Tagen des Radars und anderer navigatorischer Hilfsmittel als Risiko angesehen wird, denn es ist von zahlreichen Korallenriffen und kleinen Inselchen durchsetzt, und die ausgedehnten weißen Stellen auf der Karte zeigen, wieviel noch nicht vermessen worden ist. Die Karte mit den Angaben der Ankerplätze zwischen den Riffen fußt weitgehend auf Vermessungen, die 1860 von Kapitän H. M. Denham von H. M. S. *Herald* vorgenommen wurden und trägt den folgenden Vermerk:

„Diese Pläne, zusammen mit dem Ausguck im Mast, werden einem Schiff die Möglichkeit geben, unter Leeschutz der Riffe aufzurunden, wo es (wie im Schutz des Plymouth Wellenbrechers) die Bordwände kalfatern, das stehende Gut durchsetzen, die Chronometer adjustieren und Schildkröten, Fisch und Seevogeleier erhalten kann. Auf einigen der mehr herausragenden Riffe wurden von Kapt. Denham Baken errichtet, und im Interesse von Schiffbrüchigen Kokosnüsse, Strauchwerk, Gras und jede Art von Samen ausgesät, die Aussicht haben, anzuwachsen, um die Bildung einer Oberfläche zu fördern. Und es wird als äußerst wünschenswert erachtet, wenn diese Zufluchtstätten zum allgemeinen Nutzen als unverletzlich erhalten und nicht von Guanosuchern unbarmherzig zerstört würden."

Als wir dies gelesen hatten, hätten wir uns gern eine dieser kleinen Inseln angesehen und vielleicht eine Nacht im Schutz ihrer Leeküste verbracht. Dennoch taten wir es nicht; obgleich Wagnisse dieser Art gelegentlich auf einer Weltreise unternommen werden müssen, eignet sich doch eine kleine Yacht nicht besonders gut dafür. Hat sie nicht die Nacht in der unmittelbaren Nachbarschaft verbracht, was wegen der nicht vorherzusehenden und in Riffnähe bis drei Knoten laufenden Strömungen gefährlich ist, kann eine kleine Yacht kaum schnell genug reisen, um ein solches Inselchen aufzufinden, solange die Sonne noch hoch genug am Himmel steht, um unversehrt einen Ankerplatz zu erreichen. Ist es nicht gelungen, in der Morgendämmerung eine Reihe von Sternhöhen zu erhalten – man kann sich wegen des in den Tropen nur kurzen Zwielichts und der Möglichkeit von Wolkenbildungen nie darauf verlassen – kann es sehr leicht passieren, daß sich der Schiffsort bis Mittag nicht genau bestimmen läßt. Ferner sind diese kleinen Inselchen aus Deckshöhe nur auf kurze Distanz sichtbar, und die Augenhöhe ist beschränkt, weil die Bewegungen eines kleinen Schiffes es unmöglich machen, hoch genug in den Mast zu steigen oder für längere Zeit oben zu bleiben.

Anfänglich segelten wir erst einmal fünfzig Meilen auf westlichem Kurse, bis wir ausreichenden Seeraum gewonnen hatten. Von dort steuerten wir in der Absicht, den hauptsächlichen Gefahrengebieten des Korallenmeeres aus dem Wege zu gehen, 220 Meilen Nordwest, einen Kurs, der zwischen zwei *vigias* hindurchführte: ‚1946 Riffe gemeldet' und ‚verfärbtes Wasser'. Hier änderten wir unseren Kurs ein wenig nördlicher, um eine andere *vigia* östlich zu passieren, und konnten dann unseren Kurs direkt auf Hood Point absetzen, wo wir beabsichtigten, unseren Landfall mit Papua-Neuguinea zu machen.

Endlich schienen wir dem schlechten Wetter entronnen zu sein, das uns so hartnäckig verfolgt hatte, und zum erstenmal seit Monaten lief *Wanderer* wieder in leichten, schwingenden Bewegungen dahin und erreichte in der ersten Woche einen täglichen Durchschnitt von 110 Meilen. Insofern war diese Fahrt aber bemerkenswert, als wir fast täglich mehrere Stunden lang Regen, manchmal sogar schwere Regengüsse zu verzeichnen hatten. An der Stelle, von wo wir einen direkten Kurs nach Papua steuerten, konnten wir die Doppelvorsegel setzen, das Schiff sich selbst überlassen und selbst ein wenig ausspannen. Nach unserer ersten Nacht in der Koje fanden wir das Deck übersät mit fliegenden Fischen – zwei hatten sogar ihren Weg durch das Vorluk in die Kajüte gefunden – die Susan zum Frühstück in die Pfanne warf; sie schmeckten hervorragend. Oft wird behauptet, daß diese hübschen kleinen Geschöpfe vom Licht angezogen werden. Zwar hatte unsere Ankerlaterne nachts gebrannt, wie wir stets ein Licht führen, wenn sich keiner von uns an Deck befindet, und doch ist ein so wunderbarer Fischzug eine Seltenheit geblieben. Während unserer ganzen Weltreise haben Fische kaum für eine einzige Mahlzeit gereicht.

Dieses angenehme, wachfreie Zwischenspiel wurde durch einen ermüdenden, mit 30 Knoten wehenden Wind unterbrochen, vor dem das Schiff mehrere Striche nach beiden Seiten vom Kurse ausschor, so daß erst das eine, dann das andere Segel wütend zu schlagen begann. Das riß nicht nur an unseren Nerven, sondern war auch für die Segel nicht gut, so daß wir sie bargen und unter Trysegel weiterliefen. Erst als sich der Passat wieder auf seine Pflichten besonnen hatte, konnten wir die Doppelspinnaker von neuem setzen.

Als ich eines Morgens mit Frühstückkochen beschäftigt war und Susan ihr Haar im Kockpit machte, bemerkte sie ein Schiff, das etwa eine halbe Meile hinter uns unser Kielwasser in nördlicher Richtung kreuzte. Das Schiff blieb auf diesem Kurse, bis es fast verschwunden war. Dann drehte es, kehrte zurück und fing an, uns langsam zu überholen. Als es etwa 90 Meter dwars von uns war, stoppte es die Maschine und fuhr dann genauso schnell wie wir segelten. So verharrte es mehrere Minuten an unserer Seite, während sein Bug sich majestätisch vor der langen Dünung hob und senkte. Es handelte sich um die *Tenos*, ein schwedisches Schiff der Australia-West-Pacific-Linie, stattlich und untadelig und offenbar auf der Reise nach Hongkong begriffen. Der Kapitän rief uns durch das Megaphon an. Leider entwickelte *Wanderer* bei ihrer geschäftigen Fahrt voraus so viel Lärm, daß ich nicht alles verstehen konnte, was er sagte. Jedenfalls fragte er an, ob bei uns an Bord alles wohl sei und ob wir irgend etwas brauchten. Heutzutage sind die alten Segelschiffsrouten vereinsamt; tatsächlich war die *Tenos* das erste Schiff, dem wir seit unserer Abfahrt von Panama außer Sicht des Landes begegnet waren; das Ereignis lieferte uns Gesprächsstoff und neue Anregung für den ganzen Tag, und wir waren traurig, als sich die *Tenos* nach einem Abschiedsgruß auf ihren Weg machte und uns auf dem leeren Ozean allein zurückließ.

Als wir uns Papua näherten, liefen wir in den Ausläufer einer zyklonischen Störung hinein. Bewölkung und dichter Regen verhinderten astronomische Beobachtungen. Da wir ohne sicheren Schiffsort keine Lust hatten, das teilweise bis zu 15 Meilen vor der Küste liegende Barriereriff anzusteuern, drehten wir bei und blieben so fast drei Tage liegen. Das Wetter war heiß und ungewöhnlich feucht, und wir befanden uns in ziemlich trauriger Verfassung. Fast alles unter Deck einschließlich unserer Kleider und des Bettzeugs war feucht und die Luft von dem warmen, moderigen Schimmelgeruch durchsetzt. Wir selbst fühlten uns so schmutzig und stickig, daß wir uns von Kopf bis Fuß mit frischem Wasser wuschen, was bei der Bewegung wahrlich ein umständliches Unterfangen bedeutete. Die Waschkumme mußte im genau richtigen Winkel hochgeklotzt werden, wenn sich nicht der ganze Inhalt über die Kajüte ergießen sollte, sobald das Schiff nach Lee überholte. Auch die Handtücher waren natürlich naß und rochen muffig.

Am dritten Tag gelang es mir, die Höhe einer müden und trübe scheinenden Sonne zu schießen. Das Resultat ließ klar erkennen, daß wir wider alles Erwarten durch eine Strömung von einem Knoten von der Küste abgetrieben worden waren, während alle verfügbaren Informationen vermuten ließen, daß der Strom in nordwestlicher Richtung, also mit dem Wind, setzen mußte. Da der Regen inzwischen aufgehört hatte, segelten wir weiter mit Kurs auf die Basilisk-Passage, die Einfahrt durch die Riffbarre nach Port Moresby.

Himmel und Sonnenuntergang boten einen einzigartigen Anblick. Tief orangen- und purpurfarben über einer niedrigen schwarzen Wolkenmasse ähnelt der Himmel einer gigantischen Quetschwunde. Da das Hood Point-Leuchtfeuer eine Reichweite von nur 14 Meilen hat und das Riff sich mindestens 15 Meilen westlich davon erstreckt, gingen wir natürlich nicht so nahe heran, daß wir das Feuer in Sicht bekamen, sondern hielten uns lieber in weitem Abstand von der gefährlichen Ecke. In den frühen Morgenstunden unseres 15. Tages auf See erblickten wir den Lichtschein des Port Moresby-Feuers gegen einen niedrigen Wolkenvorhang und sichteten noch vor der Morgendämmerung das 24 Meilen weit sichtbare Blitzfeuer, eines von zweien, mit deren Hilfe die Schiffe durch die Einfahrt geleitet werden.

Der Morgenhimmel war kaum weniger ungewöhnlich als der Sonnenuntergang am Abend zuvor, und wieder waren Orange und Purpur die vorherrschenden Farben. Voraus und an Steuerbord erstreckte sich die große Landmasse von Papua-Neu-Guinea, aber der nahe gelegene flache Teil blieb unter einer Nebeldecke verborgen. Es gehörte nicht viel Phantasie dazu, sich die Sümpfe mit ihren Schlangen und Moskitos, die auf Pfählen über den Morasten und Sandflächen der Küste errichteten Dörfer, die Hitze, Feuchtigkeit und das Fieber vorzustellen. Jenseits der ungesunden Nebelbänke türmte sich der Wall der Owen Stanley-Gebirgskette auf, dessen Konturen sich scharf gegen einen lagunen-grünen Spalt am nördlichen Himmel abhoben.

Vormittags standen wir vor der Basilisk-Passage, und es war noch nicht Mittag, als wir bereits den Anker vor der sauberen, kompakten kleinen Stadt Port Moresby fallen ließen. Kaum hatten wir an Deck alles aufgeräumt, als es in heftigen Güssen zu regnen anfing, so daß es einem fast den Atem benahm. An und für sich beginnt im Mai die trockene Jahreszeit, und der Hafenarzt ebenso wie der Zollbeamte beeilten sich, uns zu versichern, daß es solch ein Wetter noch nie gegeben hätte, denn es regnete *niemals* im Mai. Schon Muhlhäuser machte auf seiner Weltumsegelung in der *Amaryllis* die Erfahrung, daß örtliches Wetter nie so ist, wie es früher zu sein pflegte.

Die Mitglieder des Yachtklubs und viele andere Menschen, mehr als ich einzeln aufzählen könnte, erwiesen uns zahlreiche Aufmerksamkeiten. (Als wir zum erstenmal sonntags unser Mittagessen im Klub einnahmen, wurde die Verlosung so arrangiert, daß wir, ohne auch nur Lose gekauft zu haben, den Hühnersalat gewannen.) Mehrmals besuchten wir Hanuabada, ein großes, auf Pfählen über dem flachen Wasser an der Riffbarre erbautes Dorf – die meisten Küstendörfer sind genauso konstruiert, ursprünglich zum Schutz gegen räuberische Stämme aus den Bergen – wo jedes Haus sein Kanu unter oder neben dem Haus liegen hat. Wir beobachteten einige der Ausleger-Rennkanus, die zu den schnellsten Segelfahrzeugen der Welt gehören sollen, über die Lagune dahinflitzen, und natürlich besuchten wir das schwimmende Dorf Koki, in dem die Menschen auf Plattformkanus, sogenannten *lakatois*, leben. Jedes Kanu dient einer Familie als fester Wohnsitz; die Segel, über einen Mittelreiter ausgespannt, bilden ein Sonnensegelzelt. Freunde zeigten uns die Gummiplantagen, wo die „boys" etwa einen Schilling pro Tag verdienen und damit zufrieden sind, weil sie während ihres 18-Monat-Kontraktes genug Geld für den Kauf von Paradiesvogelfedern sparen können, die sie haben müssen, um eine Frau zu bekommen. Wir brauchten etwas Zeit, um uns an unsere Einkäufe auf den Märkten zu gewöhnen, wo viele Frauen nichts tragen außer einem kleinen Grasrock und vielen Tätowierungen. Noch überraschender war es, zum Essen in den Häusern unserer Freunde von Mädchen bedient zu werden, die oberhalb der Taille überhaupt keine Kleider trugen.

Ein Glanzpunkt unseres Besuches war das Zusammentreffen mit unserem englischen Freunde Frank Eyre, dem früheren stellvertretenden Vorsitzenden des Little Ship Clubs. Heute leitet er das Zweigbüro meines Verlagshauses in Australien. Er war aus geschäftlichen Gründen mit dem Flugzeug aus Melbourne herübergekommen, hatte aber sein Eintreffen höchst geschickt auf die Zeit unserer Anwesenheit eingestellt. Als Frank zum Frühstück an Bord kam, konnten Susan und ich, ganz an die Langsamkeit unserer eigenen Reiseform gewöhnt, uns kaum vorstellen, daß er sein Heim erst am Vorabend verlassen hatte.

Nur zu gern wären wir viel länger als die zweieinhalb Wochen geblieben, die alles waren, was wir uns leisten konnten, um mehr von diesem seltsamen Lande kennenzulernen, das Australien so geschickt verwaltet. Ein Land von 500 verschiedenen Sprachen, in dem die von den Städten ausgehenden Straßen weniger als 100 Meilen landeinwärts reichen (danach muß man entweder fliegen oder marschieren), in dem auf den Bergketten Dörfer abgeschlossen liegen, wo gelegentlich noch Ritualmorde vorkommen. Eine dieser Mordtaten, das Durchschneiden der Kehle eines willfährigen Märtyrers, wurde während unseres Aufenthaltes in Gegenwart des römisch-katholischen Bischofs begangen und hatte anscheinend in aller Offenheit aus religiösen Motiven stattgefunden.

Grund für unsere Eile war der Zwang, auf der langen Heimreise Schritt mit den Jahreszeiten zu halten, unter denen ein wichtiger

Termin die Passage durch das Rote Meer im Januar war. Um von Port Moresby aus in den Indischen Ozean zu gelangen, mußten wir durch den Großen Nordostkanal laufen, der in die Torres-Straße, ein besonders schwieriges Gewässer führt, in dem harte Tidenströme laufen und das in seiner ganzen Ausdehnung ein Labyrinth von Korallenriffen und kleinen Inseln darstellt. Die Absicht war, die Straße bei Nippniedrigwasser zu passieren, wenn die schwächsten Tidenströme laufen, und wir hatten unsere Ansteuerung zeitlich so abgestimmt, daß sie mit dem abnehmenden Mond zusammenfiel, in der Erwartung, in der Torres-Straße ein oder zwei Tage nach Vollmond und Mondwechsel wie anderswo in der Welt auch mit Springtiden rechnen zu können. Diese Annahme war aber falsch, denn am Eingang zur Straße herrscht Springtide, wenn am Ausgang Nipptide läuft, und in bestimmten Mondphasen ist Hochwasser an dem einen und Niedrigwasser am anderen Ende. Erst als wir unsere „Hausarbeiten“ auf dem Wege über den Papua-Golf vornahmen, entdeckten wir diese Tatsachen. Der Tidenverlauf in diesem Gebiet ist tatsächlich so kompliziert, daß die Gezeitentabellen der Admiralität Daten für drei Standardhäfen, Goods Island, Thursday Island und Twin Island, enthalten, die alle innerhalb eines Radius von nur 20 Meilen liegen.

Der Große Nordostkanal verläuft von Bramble Cay am Nordostende 130 Meilen in südwestlicher Richtung bis zur Einfahrt in die Torres-Straße.

Wir hatten eine angenehme Fahrt in bemerkenswert glattem Wasser über den Papua-Golf bis in die Nähe der Bramble-Sandbank, wo wir am zweiten Tag der Reise eine Stunde vor Hellwerden beidrehten. Obgleich die Sandbank nach Besteckrechnung noch 20 Meilen voraus lag, hielten wir es für möglich, von einer westlich laufenden Strömung versetzt zu sein, und wir verspürten keine Lust, unversehens vorbeigetrieben zu werden. Susan gelang es in der Dämmerung, eine Venushöhe zu erhalten, derzufolge wir auf einer Linie fünf Meilen östlich der Sandbank standen. Und wirklich, als die Sonne aufging, lag sie vor uns; das Gitterwerk des Leuchtfeuer-Unterbaus trat deutlich in den noch niedrig scheinenden Sonnenstrahlen hervor, aber merkwürdigerweise hatten wir das 14 Meilen weit reichende Feuer selbst nachts nicht ausmachen können.

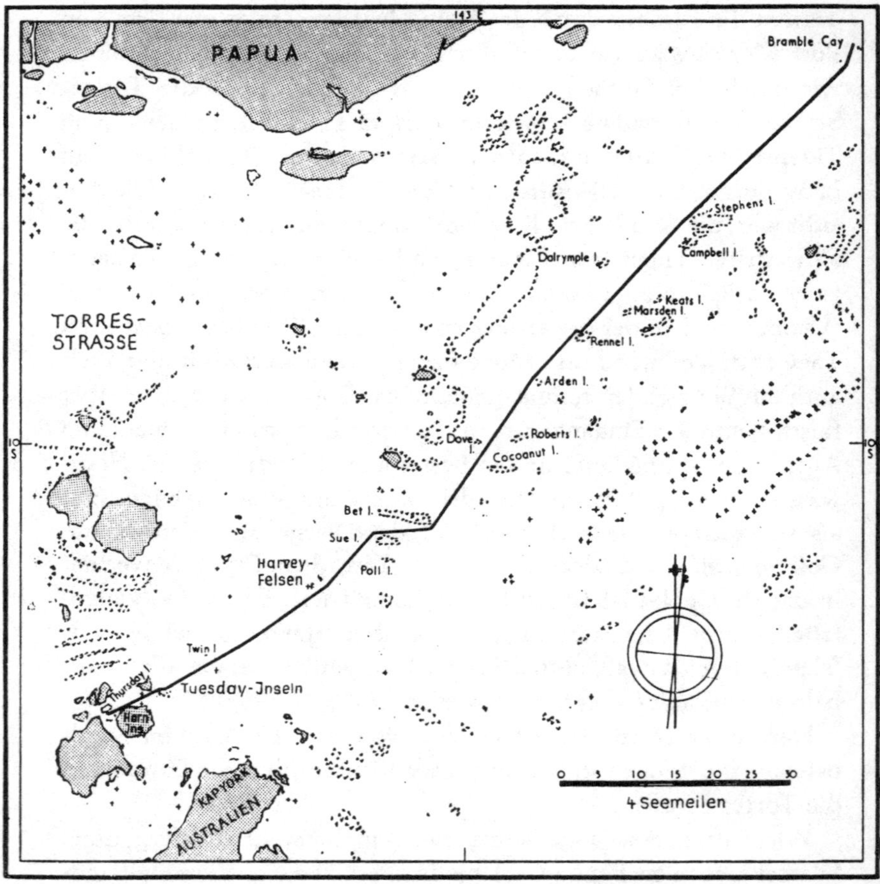

DER GROSSE NORDOST-KANAL

Ich beging dann einen törichten Fehler. Aus mir nicht mehr erinnerlichen Gründen hielt ich es für das Beste, in Lee der Sandbank zu ankern und mich erst am nächsten Morgen beim ersten Licht an die knifflige Navigation des Großen Nordostkanals zu machen, anstatt noch am gleichen Tage weiterzusegeln, wie es richtig gewesen wäre, da wir nur 30 Meilen weiter ohne Schwierigkeiten einen Ankerplatz bei Stephans Island hätten erreichen können. So aber arbeiteten wir uns in Lee der Sandbank so nahe heran wie es ging und ankerten auf 38 Meter Tiefe in verfärbtem Wasser (wahrscheinlich infolge des Schlammes, den der Fly River in die See hinausträgt). Dazu verwendeten wir einen unserer beiden 36 kg schweren Pfluganker an einer 18-Meter-Kette und 55-Meter-Nylontrosse und steckten eine Boje an den Anker.

Bramble Cay besteht aus nicht mehr als einem Körnchen Land, drei Meter hoch und im Durchmesser vielleicht 275 Meter groß. Bestimmt ist es keine leichte Aufgabe, ein so winziges Ziel aufzufinden, und manch ein Navigator mag ängstliche Stunden auf der Suche danach durchlebt haben, zumal in den Zeiten, als dort noch kein Leuchtfeuer stand. Die Bank besteht aus Sand und Muscheln auf Korallenuntergrund und hat in der Mitte eine Senke, in der Tausende von Meerschwalben und Tölpel auf einem Flekken groben Grases nisten. In der Nähe liegen zahlreiche Riffe, aber Land ist nirgendswo zu sehen, und selten haben wir an einem Ort haltgemacht, der eine ähnliche Atmosphäre vollkommener Isolation verbreitete. Das Wasser war zu bewegt für einen Landungsversuch, und so verbrachten wir den Rest des Tages und die ganze Nacht schwer in der Dünung rollend, da die Bank zu klein ist, um Schutz zu gewähren. Wir sahen Wolken von Vögeln sich emporschwingen und die Bank umkreisen und lauschten ihren unablässigen Schreien, und manchmal wehten aus den Brutplätzen heiße Wellen Hühnerhausgestanks zu uns herüber.

Bevor es hell wurde, holten wir die Kette ein und versuchten, Anker aufzugehen, aber entweder der Anker oder die Kette hatte sich mit einem Felsen oder Korallenkopf verfangen und rührte sich nicht. Wir setzten Segel und motorten nacheinander in jeder Richtung, wobei wir die Ankertrosse abwechselnd fierten und wieder einholten in der Hoffnung, den Anker auszubrechen oder freizuschleppen, aber alles blieb vergeblich. Darauf hievten wir das Bojereep steif ein und belegten es. Als *Wanderer* sich auf dem Rücken einer Welle erhob, ruckte sie kurz an dem Tau ($1^1/_8$ Zoll = 2,8 cm Terylene), das daraufhin dort brach, wo es am Ring auf dem Rücken des Ankers angeschlagen war. Nach zwei Stunden harter Arbeit und mit arg zerschundenen Händen, sahen wir ein, daß wir mit unserer Wissenschaft am Ende waren. Wir mußten den Anker aufgeben und kappten die Trosse, von der wir damit 18 Meter und die Kette dazu verloren.

„Arme alte Kaltnase", sagte Susan als wir davonsegelten, „es ist ein Gefühl als ließe man ein Stückchen von sich selbst in Bramble Cay zurück."

„Wenn wir noch einmal auf Korallengrund ankern müssen und dabei den anderen verlieren", antwortete ich, „werden wir wirklich Fliegende Holländer."

Obgleich es für eine hochseegehende Yacht eine Selbstverständlichkeit sein sollte, einen dritten Anker mitzuführen, haben wir niemals Platz dafür finden können. Jetzt fahren wir vier.

Mit frischem Seitenwind und prall stehenden Segeln machten wir uns nun eilends in südwestlicher Richtung auf den Weg und näherten uns schon bald der ersten der kleinen, schimmernden, palmenbestandenen Inseln: Stephens, Campbell, Dalrymple, Keats und Marsden glitten in schneller Folge vorbei, während wir mit etwas weniger als sieben Knoten Fahrt unter einfach gerefftem Großsegel und großer Fock voranstürmten. Am selben Nachmittag gingen wir in der Nähe des Außenriffs der unbewohnten Insel Rennel auf vier Meter Wasser und Sandgrund vor Anker. Zum erstenmal an diesem Tage, vor dem starken Wind geschützt, schwammen und erholten wir uns, und Susan kämmte das Salz aus ihren langen Haaren.

Nach der unbehaglichen Nacht von Bramble Cay genossen wir hier die Ruhe und einen tiefen Schlaf und waren schon wieder unterwegs, als der Morgen heraufzog. Es wehte etwas stärker als am Tage zuvor, so daß wir zu dem gerefften Großsegel nur die kleine Fock setzten. Wieder erreichten wir mit dem Wind etwas vorlicher als dwars unsere Maximalgeschwindigkeit. Jetzt waren es Arden, Roberts und Cocoanut Island an Backbord und Dove Island an Steuerbord, die wir alle in rascher Folge passierten, alles Koralleninseln wie aus dem Bilderbuch, mit golden schimmernden Stränden und sich neigenden Palmenwipfeln, windumtost und von der Sonne versengt, jede auf der Windseite von einer schneeweißen Brandungslinie gekennzeichnet Die See zeigte eine fast unwirkliche Färbung, so wie man sie manchmal in flachen Lagunen mit reinem Sandgrund sieht, ein blendendes Türkis, makellos, außer wenn sich gelegentlich eine Seeschlange dicht unter der Oberfläche entlangwand oder die purpurfarbenen Schatten kleiner flockiger Wolken darüber hinwegspielten. Diese Schatten, unversehens aus dem Augenwinkel erfaßt, erweckten flüchtig den Eindruck dort liegender Riffe.

Weiter ging die Fahrt, nun eine Weile außer Landsicht, denn die Inseln sind niedrig und verschwinden schnell unter dem Horizont. Als nächste Landmarke sichteten wir die schlanke Bake auf Bet Riff, rundeten sie und fegten bei den Inseln Bet, Sue und Poll vorbei (wurden sie so nach den drei Kapitänstöchtern benannt?) und befanden uns vorübergehend wieder auf freier See. Inzwischen hatte der Wind auf mehr als 30 Knoten aufgefrischt. Obgleich das Wasser verhältnismäßig glatt war, warfen wir Wände von Gischt empor, und die Sonne malte bunte Regenbogen in die Bugwelle. Ihre heißen Strahlen trockneten das Sprühwasser an uns und dem Schiff fast so schnell wie es fiel. Das ganze Schiff überzog sich wie mit sandigem Rauhreif. Dies war ein königliches Segeln, wie es sich schöner gar nicht vorstellen läßt. Wir hätten kaum größeres Glück mit dem Wetter bei der Passage durch diese heiklen Fahrwasser haben können, und die Zeit verging uns im Fluge. Als nächstes kamen die Harvey Rocks. Als wir diese Felsen passiert hatten, senkte sich bereits die Sonne, und wir begannen uns über einen Ankerplatz für die Nacht Gedanken zu machen. Möglich, daß sich die nächste kleine Insel, Twin Island, dafür eignete. Als wir sie aber erreichten, hatten wir immer noch eine volle Stunde Tageslicht zu unserer Verfügung, und so legten wir in gleicher rauschender Fahrt weitere acht Meilen zurück, bis wir zu den Tuesday-Inseln Nummer eins, zwei, drei und vier kamen – offenbar waren den ersten Entdeckern bei einer solchen Unzahl von Inseln die Namen ausgegangen. Obgleich der Leeschutz nicht gerade vielversprechend aussah, mußten wir unsere Fahrt für heute beenden, da es bis Thursday Island acht Meilen weiter keine Ankermöglichkeiten gab. Außerdem war die Nacht im Anzug, und die schmale Einfahrtsrinne zum Ankerplatz bei Thursday Island ist unbeleuchtet. Wir schossen daher in Lee der Insel in den Wind, ließen den Anker so dicht unter Land, wie wir uns zu nähern wagten, auf fünfeinhalb Meter Wasser fallen, steckten 36 Meter Trosse, stoppten dieselbe mit einer Nylon-Spring ab und hofften im übrigen, daß alles klar gehen würde.

Die Nacht war elend; der Wind schralte und *Wanderer* lag nicht mehr richtig unter Schutz. Wir stampften und rollten zum Gotterbarmen und warteten jeden Augenblick, wieder unter Segel gehen zu müssen, aber der brave Anker hielt. Wie waren wir froh, bei Tagesanbruch die Ankerwachen abbrechen und nach Thursday Island weiterlaufen zu können, wo wir zwischen den Perlenloggern vor Port Kennedy bei gurgelnder Springtide ankerten.

Thursday Island ist mit seinen schwarzen Bewohnern, sandigen und windigen Straßen, seinen halb verfallenen Hütten und den 30 Lotsen, die große Schiffe sicher durch die Straße und die Gewässer des Großen Barriereriffs bringen, ein heruntergekommen aussehender, sonst aber ganz interessanter Ort. Nur bietet er einem kleinen Fahrzeug zu dieser Jahreszeit des stärksten Südostmonsuns keinen geruhsamen Liegeplatz, da der Ankergrund auf der Windseite liegt. Als wir daher einklariert (beim Zollamt erwartete uns die übliche Menge australischer Papierformalitäten) und uns einen neuen Anker gekauft hatten – ein armseliges Ding von 13 kg war alles, was wir auftreiben konnten – verholten wir in Lee der benachbarten Insel Horn, wo wir ein oder zwei Tage lang zu unserer großen Zufriedenheit in ruhigem Wasser liegen blieben, bevor wir unsere Reise nach Darwin im Nordterritorium, wo wir Post erwarteten, fortsetzten.

ZEHNTES KAPITEL

Die Strandung auf Croker Island

Bei Verlassen der Torresstraße trafen wir in der Arafura-See auf höchst unhandiges Wetter, das der australische Rundfunk Tag für Tag als „sehr rauh" bezeichnete. Wir gönnten uns daher eine Ruhepause in der wohlgeschützen Bucht an der Westseite der Insel North Goulbourn, die nur 40 Meilen außerhalb unseres Kurses lag. Dann setzte eine Wetterverbesserung ein, und die nächsten sechs Wochen blieb es schön und fast wolkenlos mit überwiegend leichten und mäßigen Winden.

Da wir uns jetzt in der Nähe der Küste von Arnhemland befanden, eines Teils des Nordterritoriums, das als Eingeborenenreservat dient, wildes selten besuchtes Land, kamen wir auf den Gedanken, den inneren Weg nach Darwin zu wählen, der viel interessanter ist und uns jede Nacht ermöglichen würde, einen Ankerplatz zu finden. Nun, wir haben nicht den Wunsch, das Experiment zu wiederholen; es hätte leicht unser Ende bedeuten können. Dieses ganze Gebiet ist erst zum Teil vermessen, so daß man sich auf Seekarten nur bedingt verlassen kann. Das Wasser sieht trübe und verfärbt aus; die zahlreichen für die Navigation gefährlichen Stellen lassen sich nicht mit bloßem Auge ausmachen. Die buschbewachsene Küste ist flach und eintönig, nur von einigen seichten Flüssen durchbrochen, in denen Krokodile hausen. Als einziges Zeichen menschlichen Lebens gewahrt man gelegentlich eine dünne Rauchfahne, die über einer Kochstelle aufstieg, oder eine schwere Wolke über einem ausgedehnten Buschbrand. Die Eingeborenen, die nicht in Dörfern zusammenleben, sondern gewöhnlich herumziehen, brennen nämlich häufig den Busch herunter, um die wilden Tiere herauszutreiben und so leichter zu töten.

Eine Nacht verbrachten wir in dem dunklen, stillen Wasser der

Malay-Bucht vor Anker und machten dann Segel für die Passage durch die Bowen-Straße, die Croker Island vom Festland trennt. Die Straße ist 14 Meilen lang und zwischen eineinhalb und drei Meilen breit; auf dieser ganzen Strecke enthält die Karte nur acht Tiefenangaben und deutet außerdem einige flache Stellen in der Mitte an. Bei Point David hätten wir einen ausgezeichneten Ankerplatz finden und uns damit viel Sorge und Arbeit ersparen können, aber es war noch zu früh, um schon an eine Unterbrechung der Fahrt für die Nacht zu denken. So liefen wir vorbei und in die Straße hinein, wobei wir uns zur Vermeidung der Untiefen in der Mitte eng an die Inselseite hielten, während Susan oben im Mast auf Ausguck stand. Das grüne, buschbewachsene Ufer der Insel glitt rasch vorbei, denn der Wind wehte frisch in die Straße hinein, und *Wanderer* machte in dem glatten Wasser große Fahrt. Wir entdeckten keine Zeichen menschlichen Lebens; kein Kanu lag auf dem Strand, kein Rauch kräuselte sich über den Baumgipfeln. Wir mußten daher annehmen, daß die in der Karte auf der Ostseite der Insel eingezeichnete Mission verlassen worden und die 460 Quadratkilometer große Insel jetzt unbewohnt war.

Als wir den Westausgang der Bowen-Straße erreichten, stand die Sonne bereits tief; als nächster geeigneter Ankerplatz bot sich die Palm-Bucht an der Westseite der Insel an. Die Karte zeigte ein Flach, das sich etwa drei Meilen weit von der westlichsten Ecke der Insel hinaus erstreckte, mit einer Wassertiefe von etwa vier Metern über dem Außenteil. Um die Bucht noch vor Einbruch der Dunkelheit zu erreichen, schnitten wir ab und segelten quer über das Außenende des Flachs hinweg, wo die Wassertiefe bei dem zur Zeit herrschenden Springhochwasser sechs Meter hätte betragen müssen. Susan stand immer noch auf Ausguck in der Takelage, und ich warf von Zeit zu Zeit das Lot, so oft ich das Ruder einen Augenblick verlassen konnte. Susan konnte nichts sehen, und ich fand bei neun Metern keinen Grund. Das Schiff machte mit Seitenwind schnelle Fahrt und lag ziemlich weiter über, als es auf Grund lief.

Wir versuchten, die Yacht durch eine Halse freizusegeln, hatten aber keinen Erfolg. Wir brachten das Beiboot zu Wasser, fuhren einen Anker aus und versuchten, uns so herunterzuholen; auch das war vergeblich. *Wanderer* saß so eisern fest, daß nichts, was wir

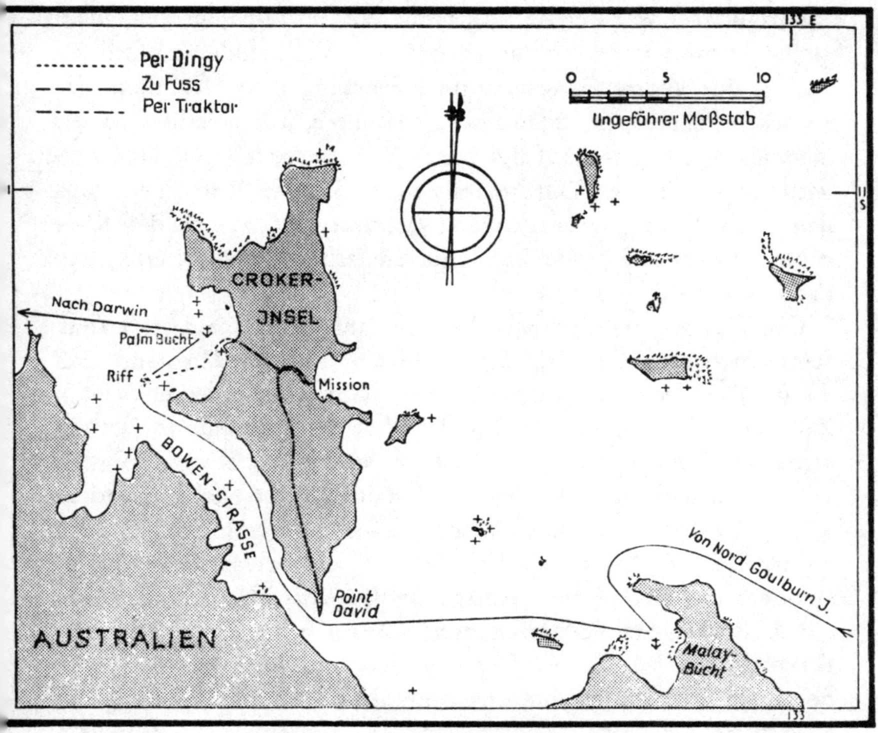

CROKER ISLAND UND ANSTEUERUNG

tun konnten, sie bewegte. Obgleich in Lee der Insel nur geringer Schwell lief, genügte er doch, um das Vorschiff anzuheben und mit einem herzzerreißenden Krach immer und immer wieder auf das Riff fallen zu lassen, so daß das ganze Schiff von vorn bis achtern erbebte und Mast und Takelage erzitterten.

Glücklicherweise starb der Wind eine Stunde nach der Strandung vollkommen ab. Unter widerwilligem Ächzen und Stöhnen und verstohlenen Geräuschen in den Schränken, wenn ein Gegenstand ins Rutschen geriet, legte sich das Schiff mit fallender Ebbe weiter und weiter auf die Seite, bis es in totenähnlicher Bewegungslosigkeit unter einem Winkel von 55 ° still liegen blieb. Bei

Niedrigwasser war der Anblick von Deck, im Licht des aus einem wolkenlosen Himmel herabscheinenden Vollmonds, einfach zu grausig für Worte. Rings herum lagen Hügel von Korallen, dazwischen Pfützen, in denen Fische spattelten, und es schien so, als läge das Schiff genau auf der Mitte eines ausgedehnten, sich vielleicht 450 Meter im Durchmesser erstreckenden Riffrückens, aus dem kein Ausweg zu erkennen war. Der achtere Teil des Kiels ruhte auf einem Korallenkopf; die Steuerbord-Kimmrundung lag tief in einer der Pfützen.

Obgleich wir bei Springhochwasser auf Grund geraten waren, setzten wir noch eine schwache Hoffnung auf den Umstand, daß die für Darwin vorhergesagte Tide am nächsten Morgen etwa zehn Zentimeter höher laufen würde. Da aber der Tidenhub in Darwin sechs und bei Croker Island kaum zwei Meter beträgt, konnten wir uns ausrechnen, daß der Unterschied nicht viel ausmachen würde. Das Schiff lag so weit über, daß es mühselig war, an Bord zu arbeiten. Trotzdem schafften wir es, alle beweglichen Gegenstände von Gewicht von achtern in die Vorpiek zu stauen, um auf diese Weise zu versuchen, den Tiefgang achtern zu verringern. Ferner leerten wir die Frischwassertanks und verlegten die Anker neu in einer Richtung, die uns zum Abbringen als am wenigsten aussichtslos erschien. Anschließend versuchten wir, ein wenig Schlaf zu finden, bevor die Morgentide einsetzte, aber mit nur geringem Erfolg, denn wir hatten angesichts der übermäßigen Schräglage Angst, daß sich das Schiff mit der Flut nicht wieder von selbst aufrichten würde. Aber natürlich tat es das und erhob sich, während die Stunden langsam vorbeischlichen, nach und nach in eine aufrechtere Lage. Dann begann von neuem das grauenvolle Hämmern, denn obwohl es noch immer windstill war, brachte die Flut etwas Dünung mit sich. Wieder erbebte das ganze Schiff bei jedem alles erschütternden Stoß, und es war schwierig, sich auf den Beinen zu halten. Trotzdem blieb es mit der Hinterhacke festsitzen. Ich hatte die Pinne belegt, um zu verhindern, daß das Ruder hin- und herschlug, aber die Beanspruchung war so gewaltig, daß die Pinne – ein robustes Stück aus dem Holz einer englischen Eiche – im Ruderkopf abbrach. Da es uns nicht gelang, den Stumpf herauszuschlagen, verloren wir jetzt jede Kontrolle über das Ruder, und ich mußte befürchten, daß als nächstes die Fingerlinge brechen würden, an denen das Ruder hängt. Langsam kroch das Wasser höher und höher, hörte aber auf zu steigen, als noch fünfzehn Zentimeter zum Aufschwimmen fehlten. Wir schwangen den Baum von einer Seite auf die andere, sprangen zusammen auf dem Vordeck in die Höhe und holten an der Ankertrosse ein, alles, ohne die leiseste Wirkung zu erzielen. Es schien nichts mehr zu geben, was zu tun übrig blieb.

„Jetzt holen wir sie niemals herunter", sagte ich, „und die Abendtide wird weniger hoch sein als die jetzige."

„Ich weiß." Susan sandte einen Blick zur Insel, deren nächstes Ufer drei Meilen entfernt lag. Uns beiden war klar, daß wir, wenn der Südost-Monsun mit seiner üblichen Stärke wieder einsetzte, was jeden Augenblick geschehen konnte, niemals in der Lage sein würden, mit unserem winzigen Dingi gegen den Wind und den kurzen Wellengang, der sich sehr schnell bilden kann, anzurudern.

„Besser, wir gehen an Land, so lange wir es können", sagte ich. Bevor wir aber von Bord gingen, verrichteten wir alle die kleinen Liebesdienste, die wir dem Schiff noch erweisen konnten. Für den Fall, daß eine Flutwelle oder ein anderes Wunder *Wanderer* flott machen sollte, ließen wir den Buganker fallen und steckten alle verfügbare Kette. Wir machten das Grossegel fest, schlugen die Fock ab und räumten das Deck auf. Die Kajüte mit ihren grün gepolsterten Kojen, der polierten Einrichtung, ihren Büchern, Bildern und den kleinen, auf unseren Reisen gesammelten und an den weißen Schottwänden befestigten Souvernirs sah im sanften Lichtschein der Lampen so ordentlich und behaglich aus – ich konnte kaum glauben, daß ich alles das zum letzten Male sehen sollte. Sogar das Chronometer zog ich auf.

Wir packten einige unersetzliche Dinge wie das Log- und Gästebuch, die Dosen mit den schwarz-weißen Negativen und Farbdias, in einen Segelsack. Auch nahmen wir ein Reservepaar Schuhe, Hautcreme gegen Sonnenbrand und Insektenstiche, eine wasserdichte Dose Dundeekekse, Schokolade und einen Wasserbehälter mit ins Beiboot und verstauten alles achtern. Jeder nahm ein Ruder, und so verließen wir traurigen Herzens unsere auf dem Riff arbeitende *Wanderer*. Mit Tränen in ihren Augen sagte Susan:

„Und es war doch ein so braves kleines Schiff."

Croker Island erstreckt sich von Norden nach Süden über

23 Meilen; an der breitesten Stelle sind es zehn Meilen von der einen zur anderen Seite. Unsere Hoffnung war, daß die Missionsanstalt auf der gegenüberliegenden Ostseite noch in Betrieb war oder daß wir einige Eingeborene finden würden, die sich um uns kümmerten, denn auf einer solchen Insel wären wir bestimmt außerstande, selbst für uns zu sorgen. Wir landeten nicht an der nächstgelegenen Stelle, da wir die Insel an ihrer engsten Stelle durchqueren und den Fußmarsch durch den Busch tunlichst abkürzen wollten.

Vielmehr ruderten wir etwa fünf Meilen weit, bevor wir landeten, zogen dann das Dingi auf den Sandstrand herauf und kippten es um. Inzwischen stand die Sonne bereits hoch am wolkenlosen Himmel, und der windstille Tag begann heiß zu werden. Wir ließen unsere Wertgegenstände unter dem Dingi liegen, schulterten die anderen Sachen und machten uns auf den Fußmarsch quer durch die Insel, wobei wir uns, so gut es ging, nach der Sonne richteten.

Der Busch war unheimlich schweigsam, nur dann und wann wurde die Stille von den Schreck einflößenden Schreien weißer Kakadus zerrissen. Der Boden wimmelte von Ameisen – ringsherum standen ihre riesigen rotbraunen Ameisenhaufen – und die Luft summte von Fliegen, die uns quälten. Besonders erinnere ich mich an eine Wildnis von Gummibäumen, deren silbergraue Stämme den Ausblick in jeder Richtung versperrten, ohne daß ihr dünnes Laubwerk uns Schutz vor den Sonnenstrahlen gewährte. Wir schleppten uns hintereinander gehend dahin, niedergeschlagen und entsprechend schweigsam, unsere Hemden von Schweiß durchnäßt. Keiner von uns erwähnte das Schlangenproblem, aber wir wußten beide, daß es auf den Arnhemlandinseln eine todbringende Natter gab, und mit unseren bloßen Füßen fühlten wir uns unangenehm verwundbar. Von Zeit zu Zeit machten wir auf einem umgestürzten Baumstamm Ruhepause, tranken einen Schluck Wasser und aßen ein wenig, wurden aber durch das Interesse, das die Insekten an uns nahmen, schnell weitergetrieben. Endlich stießen wir zu unserer Erleichterung auf eine Wagenspur, die aussah, als stammte sie von einem gummibereiften Fahrzeug. Obgleich sie sich zwischen den Bäumen hindurchschlängelte, entsprach ihre allgemeine Richtung unseren Wünschen, und so folgten wir ihr. Das Gehen war jetzt sehr viel leichter. Nach weiteren zwei Stunden Marsch erstiegen wir eine sanfte Erhebung, wo sich der Busch lichtete und wir die blaue See vor dem Ostufer der Insel zu sehen bekamen und von einer leichten Brise gekühlt wurden. Es dauerte nicht lange, und wir stießen auf eine große Viehkoppel und eine Bananenpflanzung, auf die eine Windmühle mit kühlem Rauschen Wasser heraufpumpte. Und dann endlich erreichten wir unversehens und zu unserer unbeschreiblichen Erleichterung die sauberen, weit auseinanderstehenden Gebäude der Missionsanstalt. Das erste Haus beherbergte einen Lastwagen, unter dem ein weißer Mann hervorkroch, als wir uns näherten.

„Ich möchte nichts unnötig dramatisieren", sagte ich, „aber Tatsache ist, daß meine Frau und ich schiffbrüchig geworden sind. Heute früh mußten wir unser Schiff auf einem Riff vor der Westküste verlassen."

Er verriet keine Überraschung. „Ich heiße Graham White und bin der Zimmermann der Mission", erwiderte er und nahm Susan den Sack und mir den Wasserbehälter aus der Hand. „Kommen Sie zu mir nach Hause und erzählen Sie, was passiert ist." Er führte uns über den sonnenverbrannten Rasen zu seinem Bungalow, wo uns seine Frau entgegenkam und etwas zum Essen anbot. Wir konnten aber nichts zu uns nehmen.

Ich fragte, ob es wohl ein Motorboot zu leihen gäbe, da wir noch einige persönliche Sachen retten wollten, bevor *Wanderer* auseinanderbrach.

„Gewiß, Kamerad", antwortete er, „wir haben hier ein Motorboot, aber Sie werden es nicht brauchen. Wir werden die Yacht für Euch herunterholen."

„Aber das ist unmöglich", warf Susan ein.

„Nichts ist unmöglich, wenn man nur will", lautete seine zuversichtliche Antwort, die vom Superintendenten der Mission, dem Rev. Eric Moore, bekräftigt wurde, nachdem auch dieser unsere Geschichte angehört hatte.

Diese beiden kräftigen, praktischen, selbstvertrauenden Australier erfaßten sofort die Notwendigkeit für schnelles Handeln und gute Organisation, wenn es noch gelingen sollte, *Wanderer* wieder flott zu machen, bevor sie auseinanderbrach. Es traf sich ungewöhnlich günstig, daß sich das Missionsschiff *Laarpan*, das gerade eine Schar von Eingeborenenkindern von einer anderen Mission weiter weg nach Darwin bringen sollte, in der Nähe befand und die Bowenstraße in der kommenden Nacht auf ihrer letzten Reise für die nächsten drei Monate passierte. Während des Mittagsprogramms wurde eine Funkverbindung hergestellt und ich sprach mit dem Kapitän Bill Pringle, der sich sofort bereit erklärte, jede in seiner Macht stehende Hilfe zu leisten. Gleichzeitig erwähnte er, daß er eine Ladung von leeren 200-Liter-Petroleumfässern an Bord führte, die sich als nützlich erweisen könnten. Für abends wurde ein Treffen mit ihm bei Point David verabredet. Inzwischen wurde die Missionsbarkasse, die normalerweise nur zum Beladen und Entladen der *Laarpan* verwendet wird, auf die 30 Meilen weite Fahrt bis zum Schauplatz der Strandung geschickt. Eine Schar von Eingeborenen wurde gesammelt und Essen und Decken für die ganze Expedition beschafft, da das Missionsschiff nur genug für den eigenen Bedarf an Bord hatte.

Es war schon ein seltsamer Zug, der sich gegen Abend von der Missionanstalt aus in Bewegung setzte, um sich den zehn Meilen weiten Weg nach Point David durch den Busch zu bahnen. Eric, der in seinem alten kurzärmeligen Overall nach allem anderen als einem Geistlichen aussah und in dessen hübschem, aber staubbedecktem Gesicht die Schweißtropfen dunkle Spuren zogen, steuerte den Traktor, während Graham neben ihm schwankend auf einem der schmalen Kotflügel hockte. Der Traktor zog einen langen, zweirädrigen, selbstgefertigten Trailer hinter sich her, auf dessen Ladefläche die Schar der Eingeborenen kauerte. Mitten unter ihnen saßen Susan und ich auf einem Stapel von Decken, unsere breitrandigen Strohhüte tief über die Augen herabgezogen, und erstickten fast in dem feinen schwarzen Staub, den die riesigen gerippten Reifen dicht vor uns aufwarfen. Es gab eine Art Wagenspur, die aber weitgehend zugewachsen war, und häufig wurde es notwendig, anzuhalten, wenn Eric von seinem Sitz herabsprang und mit geübten kräftigen Axthieben – er war Farmer, bevor er Geistlicher wurde – junge Bäume fällte oder umgestürzte, im Wege liegende Bäume wegräumte. Dann holperten wir weiter dahin, bis das nächste Hindernis kam. Unsere schwarzen Begleiter auf dem Anhänger betrachteten den Ausflug als einen großen Jokus und warfen beständig angezündete Streichhölzer, manchmal auch ganze Schachteln in den Busch, der trocken war wie Zunder. Für sie war dies zweifellos eine vom Himmel gesandte Gelegenheit, ein größeres Gebiet als sonst in Flammen zu setzen. Leider konnten wir uns nicht aufhalten und die Folgen dieser Brandstiftungen abwarten, denn um das Rendezvous einzuhalten, wurde unsere Fahrt zu einem Wettrennen mit der heraufziehenden Nacht, da es unmöglich ist, bei Dunkelheit den Weg durch den Busch zu finden. Tatsächlich gelang es uns nur mit knapper Not, Point David vor Einbruch der Nacht zu erreichen.

Die *Laarpan* lag dort bereits vor Anker. Aus ihren Bullaugen und Deckshausfenstern schien das Licht, und die aufgeregte Unterhaltung der Kinderschar an Bord summte zu uns herüber. Ein Boot erwartete uns am Strand und setzte uns an Bord, wo uns Bill Pringle begrüßte. Er stellte uns ein Duschbad zu Verfügung, denn wir waren unglaublich verstaubt, und ließ uns auch eine Tasse Tee bringen; sonst schien er sich aber weder für uns noch für die verzweifelte Lage zu interessieren, in der *Wanderer* sich befand.

Sobald der Mond aufgegangen war, starteten wir auf die Fahrt durch die Bowen-Straße. Wieviel war passiert, und wie lange schien es her zu sein, seit wir hier mit unserem eigenen Schiff manövrierten, und doch war es erst gestern gewesen. Die beiden australischen Schullehrerinnen, die für die Kinder verantwortlich waren, erhielten die Kojen in Bills Deckskabine zugewiesen, während Susan und ich auf dem Fußboden zwischen ihnen lagen. Wir rollten uns in die Decken ein, denn obgleich die Nacht heiß war, fröstelten wir, wahrscheinlich als Folge unserer seelischen und körperlichen Erschöpfung. Dicht unter uns pochte der Gardner-Dieselmotor mit gesundem, herzerfrischenden Ton, denn jede Umdrehung brachte uns *Wanderer* näher. Ausgepumpt wie wir waren, schliefen wir so tief, daß wir weder den Anker fallen noch die Missionsbarkasse längsseits kommen hörten. Bill, Eric und Graham wußten, daß es einige Zeit dauern würde, *Wanderer* aufzufinden, denn die *Laarpan* hatte sich nicht allzunahe an das Riff herangewagt, und es ist keine leichte Aufgabe, im Mondlicht auf glasiger See ein kleines, weißes Schiff zu finden. Außerdem hatten sie Verständnis dafür, daß uns eine in die Länge gezogene Suche beunruhigen mußte. So ließen sie uns weiterschlafen, während sie selbst in der Barkasse auf die Suche gingen und die Situation bei Niedrigwasser in Augenschein nahmen. Rücksichtsvollerweise ließen sie sogar die Hauptmaschine weiterlaufen, um uns nicht aufzuwecken. Natürlich sagten sie uns nichts davon; wir mußten es später Wort für Wort aus ihnen herausziehen. Um zwei Uhr morgens kam die Barkasse zurück, und Bill weckte uns mit der Mitteilung, daß er und seine Begleiter um *Wanderer* herumgelaufen seien und daß das Schiff außer einem abgerissenen Stück der Kupferung unbeschädigt schien. Später erfuhren wir von Eric, daß Bill vergessen hatte, seine Schuhe mitzunehmen. Er hatte sich dadurch aber nicht abhalten lassen und seine Besichtigung barfuß vorgenommen, ein wegen der Gefahr, auf einen Steinfisch zu treten, sehr gewagtes Unternehmen. Das Gift in den scharfen Stacheln dieser Kreaturen, die getarnt und bewegungslos auf den Korallenriffen liegen, kann so unerträgliche Schmerzen hervorrufen, daß Menschen daran gestorben sind. Ferner riskierte er, sich die Füße an den Korallen aufzuschneiden und sich dadurch ernsthafte Verletzungen zuzuziehen, die oft nicht heilen wollen und septisch werden.

Kurz vor Hochwasser verließ die Barkasse die *Laarpan* mit der ursprünglichen Besatzung, den beiden Schullehrerinnen, sechzehn Eingeborenen und uns selbst an Bord. Wir hatten uns in unsere Decken gehüllt, da wir noch immer nicht anders bekleidet waren als mit dünnen Hemden und Shorts, in denen wir am letzten Morgen das Schiff verlassen hatten. Die Barkasse fand noch einmal ihren Weg zu *Wanderer* zurück und ging längsseits, nicht ohne strengste Anweisungen von Bill, gut abzuhalten, um keine Schrammen auf der Bordwandfarbe zu hinterlassen. Auf seine Aufforderung sagte Eric ein Gebet, das mit den schlichten Worten schloß:

„Lieber Gott, in den nächsten ein oder zwei Stunden haben wir eine ganze Menge zu tun und denken vielleicht nicht an Dich. Du aber vergiß uns nicht."

Als erstes verluden wir unseren ganzen Konservenproviant auf die Barkasse und holten die Anker ein. Wie gut es sich fühlte, wieder an Bord zu sein und etwas *tun* zu können! Dann als die Flut aufhörte zu steigen, kamen die sechzehn Eingeborenen und die Lehrerinnen an Bord und versammelten sich mit uns auf dem Vorschiff, um den Bug herabzudrücken und dadurch das Heck an-

36

36 Die Kokosnuß bestimmt die Wirtschaft von Keeling Cocos. Jeder Mann sammelt 500 Nüsse am Tag; die Frauen öffnen sie, entfernen und trocknen das Fleisch.

37 Bald nachdem wir Keeling Cocos verlassen hatten, enthüllte der Indische Ozean seinen wahren Charakter; vor starken Winden und rauher See liefen wir tagelang brausende Fahrt.

38 Manchmal zeigte sich ein wolkenloser Abendhimmel, und dann sahen wir die Sonne blendungslos unter dem Horizont verschwinden.

37

38

39

40

39 Nur wenige Meilen von diesem armseligen arabischen Fischerdorf entfernt liegt der Hafen von Aden, den 500 Schiffe im Monat zum Bunkern anlaufen.

40 Nachts ist der Hafen nicht weniger geschäftig als am Tage.

41 Auf der Fahrt nordwärts durch den Suez-Kanal gewöhnten wir uns rasch daran, die größten Schiffe in unmittelbarer Nähe zu passieren.

41

42

43

Unsere Gastgeber in Kairo räumten uns das Schlafzimmer ihrer Wohnung in einem Wolkenkratzer ein.

42 Von einem der Fenster sahen wir über die Dächer der aus braun-gelben, scharf geschnittenen Würfeln bestehenden Stadt.

43 Von dem anderen Fenster blickten wir auf den Nil dicht unter uns herab, auf dem die Felukken entlangsegelten.

44

44 Der Hafen von Mandraki auf Rhodos, mit der alten Mole, auf der sich einst der Koloß erhob. Während der Sciroccos donnerten hohe Seen gegen die Mole und verursachten im Hafen einen schweren Schwell.

45 Torweg zu der alten, von einer Mauer umgebenen Stadt Rhodos, einer jener Seltenheiten, wo sich ehrwürdiges Altertum mit pulsierendem Alltagsleben vermengt.

46 WANDERER *ging in einer winzigen Bucht bei dem unfruchtbaren Kap Sideros an der Ostspitze Kretas vor Anker.*

45

46

47

4

47 In der kühlen Stille der frühen Morgenstunden besuchten wir die Akropolis von Lindos, die innerhalb der Festungsmauern eines Kreuzfahrer-Kastells gelegen ist.

48 Susan betrachtet das Fresko des »Gefäßträgers« in der rekonstruierten westlichen Säulenhalle des Palastes von Knossos.

zuheben. Bill stand in den Wanten und dirigierte von dort das ganze Unternehmen, während Eric und Graham die Barkasse manövrierten und die inzwischen zu uns ausgebrachte Schlepptrosse wahrnahmen. Die beiden Schrauben der Barkasse begannen das Wasser aufzuwühlen, und auf der *Wanderer* schwang sich die menschliche Decksladung im Takt von einer auf die andere Seite – ein wahrhaft bemerkenswerter Anblick im kalten Schein des Mondes. – Dies in Verbindung mit dem auf dem Vorschiff versammelten Gewicht, befreite endlich die Kielhacke aus dem Griff der Korallen, und das Schiff begann, sich stockend in Fahrt zu setzen.

Es blieb aber noch eine Strecke des Riffs von 180 Meter zu überwinden übrig; wieder und wieder blieben wir stecken und durchlebten qualvolle Minuten, während wir das Vorschiff weiter hin- und herrollten, bis die Yacht wieder flott wurde – um gleich auf dem nächsten Korallenhügel aufzulaufen. Ringsherum trübte sich das Wasser mit den zu Pulver zerstampften Korallen, auf die der Schwell die Yacht herabfallen ließ. Aber schließlich und endlich wurde sie flott. Wir verankerten sie in tiefem Wasser, luden unseren Proviant wieder ein und verstauten ihn, während unsere Helfer zum Frühstück an Bord ihres Schiffes zurückkehrten und das Tageslicht erwarteten. Dann kam die *Laarpan* heran, übernahm unsere Trosse und schleppte uns auf einen sicheren Ankerplatz in der Palm Bay, wo sie längsseits ging und unsere Tanks aus eigenen Beständen mit frischem Wasser auffüllte. Die Sonne schien, wir fühlten uns von Freunden umgeben, und unsere Herzen wurden leicht und froh, kurz, es war ein unvergeßlicher Augenblick. Alle Kinder stiegen zu uns an Bord, um sich unser Schiff anzusehen. Eines nach dem anderen kamen sie den Niedergang herunter, schauten sich mit weitgeöffneten, strahlenden Augen in der Kajüte um und stiegen durch das Vorluk wieder an Deck. Natürlich hatten sie noch nie etwas Ähnliches zu Gesicht bekommen; was sie aber am meisten beschäftigte, war unser kleines W. C. in der Vorpiek. Bill stand daneben und demonstrierte feierlich die Arbeitsweise der verchromten Pumpen.

Zu unserer großen Erleichterung stellten wir fest, daß die derbe kleine *Wanderer* kein Wasser machte; in Gedanken segneten wir William Kings tüchtige Schiffszimmerleute in Burnham-on-Crouch, die so ausgezeichnete Arbeit geleistet und so gutes Material in das

Schiff hineingebaut hatten. Außer der gebrochenen Pinne, die Graham sauber reparierte, war kein Schaden zu entdecken. Natürlich bestand die Möglichkeit, daß irgend etwas unterhalb der Wasserlinie nicht in Ordnung war, denn wir hatten, als das Schiff auf dem Riff auf der Seite lag, nur die eine Seite untersuchen können, und es hatte seitdem, während es in tiefes Wasser abgeschleppt wurde, einige harte Stöße erlitten. Da aber die Palm Bay häufig von Haifischen und Krokodilen heimgesucht wird – der Ausläufer einer flachen Felsenplatte am Strande, ganz in der Nähe der Stelle, wo wir mit dem Dingi landeten, soll zum Sonnenbaden von den Krokodilen bevorzugt werden, die sich laut Eric, ebenso schnell bewegen können wie ein Mann läuft – verspürte natürlich niemand Lust zu tauchen und eine Bodenuntersuchung vorzunehmen.

In einer Stimmung, die sich sehr von der unseres letzten Besuches unterschied, verbrachten wir eine Nacht in der Missionsanstalt, wo wir unsere Dias vorführten. Die Anstalt ist eine von fünf in Arnhemland von der Methodistenkirche geleiteten Missionen, deren besondere Aufgabe die Betreuung und Erziehung für das spätere Leben auf dem Festland von 50 vernachlässigten Eingeborenenkindern, vom Kleinkind bis zum Alter von 18 Jahren, ist. Sie sind in Hüttenkomplexen untergebracht und werden dort von weißen australischen Schwestern wie in einer Famile erzogen. Wir waren stark beeindruckt von ihrer anscheinend wunderbar glücklichen, gesunden Gemeinschaft und bildeten uns eine hohe Meinung von dieser Gruppe tüchtiger, begeisterter Menschen, die ihr Leben dieser Arbeit gewidmet haben.

Obgleich die Strandung wohl die schlimmste Erfahrung unseres Segellebens darstellte, sind wir heute froh, das Erlebnis gehabt zu haben. Es gestattete uns, einen Blick in das Leben dieser Menschen zu tun und bewies uns, mit welcher Bereitwilligkeit und Einsatzfreudigkeit Fremde in einem Notfall zur Hilfe eilen, ohne an eigene Bequemlichkeit, Sicherheit und persönlichen Vorteil oder Prestigegewinn zu denken. Ihre Bedürfnise waren einfacher Art; das einzige, was sie unmittelbar benötigten, war ein erstklassiges Tonbandgerät, um biblische Geschichten aufzunehmen und wieder vorzuspielen und Gesänge in einheimischer Sprache festzuhalten. Das Gerät befindet sich jetzt in ihrem Besitz, und doch bleiben wir ihnen einen Dank schuldig, den wir niemals ganz werden abtragen können.

Am Nachmittag unserer Abfahrt veranstalteten die Eingeborenen der Insel ein Fest, um *Wanderers* Rettung zu feiern. Ihre Leiber, Köpfe und Gesichter mit blauem Lehm in rohen Zeichnungen beschmiert und mit langen Speeren in ihren Händen, gaben sie uns zu dem monotonen, zweitonigen Schlag des *didgeridoo* (eines ein bis eineinviertel Meter langen Stücks ausgehöhlten Holzes, das auf dem großen Zeh balanciert und in das hineingeblasen wird) eine wilde Schau von Kriegstänzen. Wir waren wirklich heilfroh, daß unser Besuch im Jahre 1961 stattfand und nicht 100 Jahre früher.

Während unserer ganzen 160 Meilen langen Fahrt nach Darwin blieb der Wind leicht und die See ruhig. Angekommen, machte uns der Hafenmeister, Kapitän Noble, mit den zuständigen Leuten bekannt, und unverzüglich wurde *Wanderer* kostenlos auf Slip an Land geholt. Der einzige Schaden, den wir nach den vier auf dem Riff verbrachten Tiden feststellen konnten, war eine verbogene Vorstevenschiene, einige Einkerbungen im Bleikiel und Totholz und einige Quadratzoll abgerissenen Kupferbeschlags, wie Bill bereits festgestellt hatte.

ELFTES KAPITEL

Über den Indischen Ozean

Das Nordterritorium oder „Top End", wie die Einwohner von Darwin ihren Teil von Australien nennen, lieferte während unserer Anwesenheit Stoff für Zeitungsnachrichten. Es wurden Pläne erwogen, nach denen in einer Gegend mit dem unwahrscheinlich klingenden Namen Humpty Doo einheimisches Vieh mit Hilfe von Pfeilen, die mit einem Beruhigungspräparat getränkt waren, eingefangen werden sollten, in der Hoffnung, die Tiere zähmen und dann Rindfleisch produzieren zu können. Auch der Bergbau befand sich in der Entwicklung. Darwin, die Hauptstadt des Nordterritoriums, nur über eine einzige, als „The track" bezeichnete Straße erreichbar, ist heute nicht mehr eine Wildweststadt wie einst, sondern wird von zahlreichen interkontinentalen Flugzeuglinien angeflogen. Die Gebäude sind modern, es gibt einige chromglänzende Milchbars im vornehmeren Teil der Smithstreet, eine Radiostation und Marinebasis. Wir fanden die Einwohner entgegenkommend und hilfsbereit, konnten aber nicht länger bleiben als unsere Slip- und Reparaturarbeiten erforderten, und in einer Beziehung war das vielleicht ganz gut: Wenn nämlich der Südostmonsun mit voller Stärke weht, ist der einer weiten Drift ausgesetzten Hafen kein geeigneter Liegeplatz für kleine Yachten.

Von Darwin westwärts nach Christmas Island genossen wir 1400 Meilen weit fast ungemischte Segelfreuden. Wir hatten tatsächlich fast vergessen, daß eine Seereise so genußreich sein konnte. Während der ersten drei Tage wehte zwar nur leichter Wind, aber da keine Dünung stand, hatten wir nicht unter dem sonst bei solchen Wetterverhältnissen üblichen Schlagen der Segel zu leiden. Bis jetzt hatte *Wanderers* bestes Etmal 157 Seemeilen betragen; auf dieser Reise erreichte sie aber an drei aufeinanderfolgenden Tagen 166, 169 und 164 Meilen und legte innerhalb einer Woche eine Distanz von 1 032 Meilen zurück. Dies war Segeln in seiner schönsten Form und bewies nur, wie leistungsfähig ein kleines Segelfahrzeug unter günstigen Voraussetzungen sein kann. Zeitweise steuerte die Yacht sich unter doppelten Vorsegeln selbst, und wir konnten uns vom Rudergehen erholen. Meistens liefen wir aber raumschots unter Großsegel und einem Vorsegel und mußten dann natürlich am Ruder stehen, aber obgleich keine Wolke am Himmel stand, wurde es dabei doch nie zu heiß.

Bei einer Wassertiefe von 270 Metern in nur drei Kabellängen Entfernung von der Küste finden weder große noch kleine Fahrzeuge bei Christmas Island Ankergrund. Wir legten uns daher nahe unter Land an eine Boje und brachten eine Achterleine zu der neuen Pier aus, die für die Motorkähne gebaut worden war, deren Aufgabe darin bestand, die zum Phosphatladen anlaufenden Frachtschiffe zwischen riesigen Tonnen zu vertäuen. Die Kähne, zehn an der Zahl, liegen an Land in einem großen Bootsschuppen. Wenn einer gebraucht wird, kommt ein großer Laufkran und hebt ihn auf einen niedrigen Güterwagen auf Schienen. Ein Traktor schleppt diesen bis an das Ende der Pier, wo ein anderer Kran den Kahn anhebt und ins Wasser setzt, wo sofort eine Ausklinkvorrichtung betätigt wird. Der Grund für diese ausgefeilte und kostspielige Einrichtung ist, daß manchmal eine schwere Dünung in die Bucht steht, und dann ist es für Schiffe gefährlich, dort zu liegen. Die Bootsleute dieser Kähne, von denen viele aus Keeling Cocos stammen, einem 350 Meilen weiter westlich gelegenen Atoll, entfalten in der Handhabung ihrer Fahrzeuge und der bis 400 Meter langen schweren Stahltrossen für die vierseitige Vermuring der Schiffe eine große Geschicklichkeit.

Wir blieben drei Tage in Christmas Island liegen, verproviantierten uns (was man dort gut und preiswert tun kann), nahmen die während der letzten Jahre verbesserten Methoden für die Gewinnung und Verladung von Phosphat in Augenschein und genossen im übrigen die einzigartige Gastfreundschaft der Bewohner. Unser zum Ozean hin offener Liegeplatz war aber ungemütlich. Unablässig vernahmen wir das Donnern der Brandung am nahe gelegenen Strand und den Anprall und saugenden Abfluß der Wogen von den Felsen und verloren nicht einen Augenblick das Bewußtsein, unter Umständen innerhalb weniger Minuten unter Segel gehen zu müssen, sobald der Schwell anfing, höher zu laufen als gewöhnlich. So fühlten wir uns doch in gewissem Sinne erleichtert, als wir unsere Muring loswerfen und bei schönem Wetter nach Keeling Cocos unter Segel gehen konnten. Mit an Bord hatten wir Briefe und Pakete von den Cocos-Malaien auf Christmas Island an ihre Verwandten auf Keeling Cocos, denn obgleich die Inseln so nahe beieinander liegen, gibt es doch praktisch keine Verbindung zwischen ihnen. Jeder bot uns „Porto" in Form von Kauri und Catseyemuscheln an.

Unseren Landfall kündigte eine Reihe schwankender, grüner Palmenwipfel an, die jedesmal, wenn die Dünung uns emportrug, über dem gebrochenen Horizont sichtbar wurden. An diesem Morgen wehte ein kräftiger Wind, die See war ruppig, und eine Folge von Regenböen ging über uns hinweg, als wir mit rascher Fahrt und nur unter dicht gerefftem Großsegel auf das Atoll zuliefen. Häufig pflügte der Großbaum zitternd durch das Wasser, und in solchen Augenblicken zog das Schiff gewaltig am Ruder. Angesichts der heftigen Brandung an den Korallenklippen dicht in Lee fühlte ich, daß in diesem Augenblick und an dieser Stelle nichts schiefgehen durfte, und ich dachte sorgenvoll an die von Graham White auf Croker Island reparierte Ruderpinne, über deren Stärke er sich nur mit Vorbehalt und mit dem Rat geäußert hatte, mir so bald wie möglich eine neue machen zu lassen. Leider war mir dies in Darwin nicht gelungen, weil ich dort kein geeignetes Stück Holz hatte auftreiben können. Es ging jedoch alles gut, und schon bald befanden wir uns im Schutz einer im Sonnenlicht funkelnden Lagune, deren türkisfarbenes Wasser von einer atemberaubenden Schönheit war. Durch die Riffe hindurch kreuzten wir gegen den Wind, bis wir einen idealen Ankerplatz auf fünf bis sechs Meter kristallklaren Wassers, nur wenige Meter von einem glatten Sandstrand entfernt, auf der Leeseite von Direction

Island fanden. Dort blieben wir in ruhigem Wasser und so gut von den Palmen abgedeckt liegen, daß uns nur ein sanfter Luftzug fächelte, während die See auf der anderen Seite der schmalen sichelförmigen Insel unter lautem, ununterbrochenem Getöse brandete und uns ein angenehmes Gefühl von Geborgenheit empfinden ließ.

In die Insel teilen sich die Kabelstation und die Marinebasis; letztere ist bemannt und unterhält die in Verbindung mit der Flugzeuglandebahn auf West Island benötigten Landungs- und Rettungsboote. Sofort wurden wir von der großzügigen, spontanen australischen Gastfreundschaft verwöhnt, für die wir gegen Ende unseres Aufenthaltes versuchten, uns ein wenig durch die Veranstaltung eines Farbdia-Vortrages und eine Einladung zum Bier im Klub der Kabelstation erkenntlich zu zeigen. Jeder Bewohner der Insel kam – außer dem Wachhabenden und einigen Kindern – alles zusammen etwa 25 Personen. Wohl noch nie haben wir in einer Umgebung und vor einem Hintergrund so zauberhafter Schönheit vorgeführt; der Bildschirm wurde draußen vor der Klubveranda aufgebaut, und den Hintergrund bildeten die Lagune, die Palmen und der sternenbesäte Himmel. Die Party, auf der eine erstaunliche Menge Bier konsumiert wurde, dauerte bis in die frühen Morgenstunden; als wir dann mit dem Messeleiter abrechnen wollten, weigerte er sich, uns für mehr als einen kleinen Teil des Bierkonsums zahlen zu lassen. –

Die Wasserversorgung der Kabelstation ist vom Regenfall abhängig. Es hatte aber seit längerer Zeit nicht mehr geregnet, und da jedes der sechs Häuser für Ehepaare mit einer Waschmaschine ausgestattet ist, gab es natürlich eine ernsthafte Verknappung, und das Wasser mußte für jeden Haushalt rationiert werden. Infolgedessen wollten wir nur ungern um die kleinen Mengen bitten, die wir zum Auffüllen unserer Tanks brauchten. Die Marinebasis, die über einen eigenen Destillierapparat verfügte, befand sich dagegen in einer besseren Lage, so daß wir dort unseren Bedarf decken konnten.

In Abwesenheit von John Clunies Ross, dem die Keeling Cocos-Inseln gehören, verwaltete sein Vetter Gerry Home Island. Gerry kam mehrfach in seinem Motorboot herüber, um uns abzuholen und uns in angsterregender Geschwindigkeit über die Lagunenkorallen, die bestimmt den Boden hätten aufschlitzen können, in sein kühles Heim auf Home Island zum Curry-Frühstück mit ihm und seiner Frau Lettie zu bringen. Auf dieser Insel leben 400 Cocos-Malaien, und man hatte den Eindruck, daß sie unter der gütigen Herrschaft der Clunies Ross-Familie eine glückliche, zufriedene und gesunde Gemeinde bildeten. Es gibt keine störenden Einflüsse der Außenwelt, mit der, außer durch das gelegentlich die Insel anlaufende Versorgungsschiff, so gut wie keine Verbindung besteht. Australier, die auf anderen Inseln des Atolls leben, dürfen nur auf besondere Einladung zu Besuch kommen.

Einzige Grundlage der Wirtschaft bildet die Kokosnuß. Jeden Tag der Woche fahren die Männer, meist schon vor Sonnenaufgang, in ihren *jugongs* hinaus, um auf den anderen Inseln der Lagune Kokosnüsse zu sammeln. Um seinen Lohn zu verdienen, muß jeder Mann täglich 500 Nüsse sammeln, sie entschälen, in seine *jugong* verladen und nach Home Island zurücksegeln. Hier übernehmen die Frauen die weitere Bearbeitung. Sie spalten die Nüsse, entfernen das Fleisch und legen es in die mit Schalen geheizten Trockenapparate. Die endgültige Trocknung erfolgt auf Gestellen in der Sonne. Jeder bekommt eine Mindestration von Reis und Brot; außerdem gibt es in der Lagune reichlich Fisch und manchmal auch Schildkröten. Übrigens handelt es sich bei den *jugongs* um karveelgebaute Doppelender, häufig im Knickspantbau; sie sind schnell und sehr rank. Alle werden auf der Insel selbst gebaut, und jeder besitzt ein eigenes Boot. Sie sind huarigetakelt und werden seltsamerweise durch ein Ruderjoch mit Jochleinen gesteuert.

Gerry hatte die Freundlichkeit, uns mit einer neuen Pinne für *Wanderer* zu beschenken, die er von einem seiner geschickten Schiffbauer aus einem wunderschönen Stück seidenglatten *bungnwar*-Holzes hatte machen lassen. Das Holz stammte aus Christmas Island, aus der Zeit, als noch gelegentlich eine Dampferverbindung dahin bestand.

Bald nach unserer Abfahrt von Cocos begann der Indische Ozean, der es bisher so gut mit uns gemeint hatte, seinen wahren Charakter zu zeigen; der Wind legte zu, die See lief hoch, und es gab viel Regen, genug, um sogar den Durst der Waschmaschinen auf Cocos zu stillen. Auch lief der Strom wider alle Erwartung gegen, anstatt mit uns.

Wir hatten gehofft, unsere Fahrt nach den Seychellen bei Diego

Garcia, der südlichsten Insel des Chagos Archipels, unterbrechen zu können, aber als wir nach Besteckrechnung etwa 120 Meilen luvwärts dieser Insel standen, wehte ein Sturm, und der Himmel war mit Regenwolken bedeckt. Diego Garcia ist, ebenso wie Cocos, ein Atoll, das sich erst aus geringer Entfernung ausmachen läßt. Nördlich und westlich davon liegen Bänke, auf denen die See bei schlechtem Wetter gefährlich branden soll. Da wir keinen Wert auf weitere Annäherung ohne genaue Ortsbestimmung legten, drehten wir bei und warteten auf Wetterbesserung. Drei volle Tage warteten wir vergebens, so daß wir schließlich das Atoll seinem Wind und Regen überließen und nach Mahé, in der Gruppe der Seychellen-Inseln, abdrehten.

Es drückt immer auf die Stimmung, wenn man eine 1400 Seemeilen lange Fahrt angetreten hat und sich plötzlich weiteren 1000 Meilen gegenüber sieht. Glücklicherweise hatten wir uns nicht auf Diego Garcia für zusätzlichen Proviant verlassen, so daß wir auf dieser sich unerfreulich ausdehnenden Reise, die zudem durchweg von schlechtem Wetter begleitet war, jedenfalls genug zu essen hatten. Von Zeit zu Zeit, aber nie für länger als einige Stunden, konnten wir die Reffs ausschütten; den größten Teil der Reise legten wir unter dicht gerefftem Großsegel oder unter Trysegel zurück, wozu wir allerdings manchmal auch einen Spinnaker setzen konnten. Der Himmel war oft verschmiert, Sonne und Mond von Höfen umgeben, und Regen prasselte in häufigen Güssen auf uns herab.

Die Seychellen, 92 Inseln unter englischer Herrschaft, liegen auf einer riesigen, flachen Bank; wir achteten darauf, den Umkreis dieser Bank an einer Stelle zu kreuzen, wo die Wassertiefen nicht weniger als 21 Meter betrugen, weil wir fürchteten, daß die zur Zeit laufende hohe See auf den seichteren Stellen branden könnte. Als wir so weit waren, änderten wir unseren Kurs nach Port Victoria auf Mahé, der größten und bedeutendsten der Inseln. Nach einer wilden, stürmischen und regnerischen Nacht sichteten wir im Morgengrauen des 26. Tages unserer Reise von Cocos die Berge mit ihren nebelverhüllten Gipfeln; noch vor Mittag rundeten wir eine Gruppe schutzgewährender Inseln und gelangten in glattes Wasser. Unmittelbar darauf befanden wir uns mit einer fast bestürzenden Plötzlichkeit – der Ort ist klein, und wir segelten mit

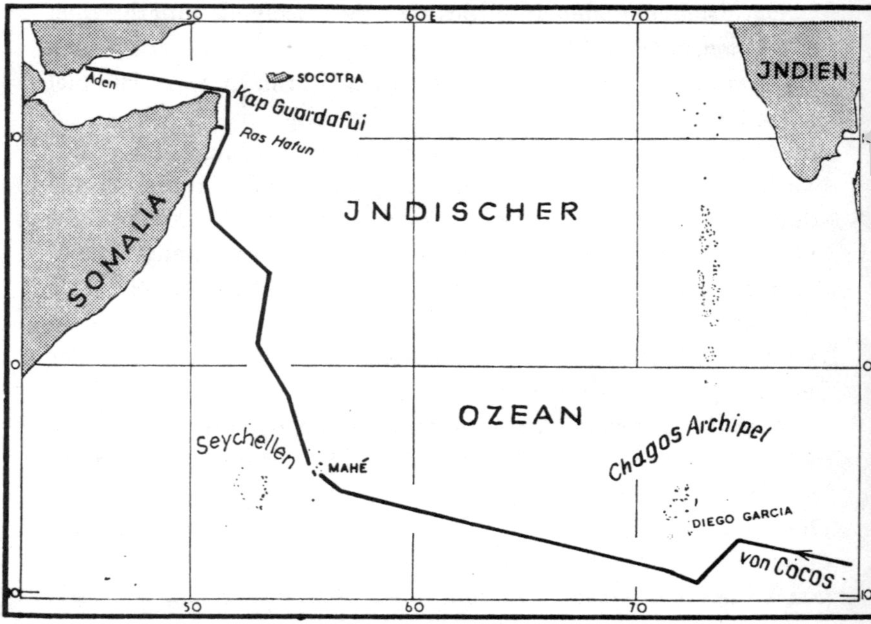

WESTTEIL DES INDISCHEN OZEANS

hoher Fahrt – bereits im inneren Hafen, wo wir vor der Long Pier, die mit ihrer Länge von einer halben Meile mit Recht so genannt wird, in den Wind schossen und ankerten. Sobald Quarantäne bewilligt war, erschien Harvey Brain, Besitzer eines zwölf Meter langen Motorfischerfahrzeuges und ein unterhaltender und freundlicher Begleiter, und lotste uns durch einen schwierigen kleinen Kanal zu einem geschützten Liegeplatz längsseits seines eigenen Schiffes an der sogenannten Short Pier.

Mahé, nur 15 Meilen lang und an der engsten Stelle fünf Meilen breit, ist eine bemerkenswert schöne Insel; ihre Berge erheben sich zu einer Höhe von über 900 Metern und sind von einem schmalen Küstenflach umgeben, auf dem die Palmen sich über leeren Stränden neigen. Die einzige Stadt ist Victoria, zum größten Teil bestehend aus einem malerischen Durcheinander holzgebauter Häuser mit roten Eisendächern; die Eingeborenenhütten, die wir zu Gesicht bekamen, waren aus Stroh und standen im Schatten der Bäume. Wir fanden die Kreolen höflich, aber ohne die natürliche Freundlichkeit und spontane Fröhlichkeit, die das köstliche Erbe der Bewohner so vieler kleiner Inseln sind, die wir besucht hatten. Mahé ist von Armut heimgesucht; es bestehen aber Pläne für die Gründung einer Fischindustrie, und man hofft, den Touristenverkehr beleben zu können. Ein so anziehender Platz müßte populär zu machen sein, zumal uns die Lebenshaltungskosten, selbst in den Hotels, als absurd billig vorkamen. Da die Insel aber abseits von aller Welt liegt (1000 Meilen von Mombassa und 1700 Meilen von Bombay) muß man sich allerdings fragen, wo die Touristen herkommen sollen, zumal keine Flugverbindung besteht.

Wir hätten einen viel längeren Aufenthalt als die acht Tage ertragen können, die wir uns zubilligten, aber das Einsetzen des Nordwestmonsuns mit dem ihn begleitenden schlechten Wetter stand bevor. Aus unseren Wetter- und Windkarten wußten wir, daß aller Wahrscheinlichkeit nach mit starken Gegenwinden und -strömungen zu rechnen war, wenn es uns nicht gelang, Kap Guardafui (Afrikas nordöstliche Ecke) bis Ende Oktober zu passieren.

Unsere letzte Nacht auf der Insel verbrachten wir in der North West Bay vor Beau Vallon, wo Gerry le Grand uns zum Essen in seinem Hotel eingeladen hatte, das dort an der Küste unter Palmen in der bezauberndsten Umgebung lag, die man sich vorstellen kann. Die Landung in der anbrechenden Dunkelheit war einigermaßen aufregend: vom offenen Meer setzte eine beträchtliche Dünung ein, und es gibt kein kleines Beiboot, das sich auch als Brandungsboot eignet. Gerry mit einigen seiner Gäste watete jedoch in die Brandung hinaus und rief uns seine Kommandos zu, wann wir vorauszurudern und wann wir die Riemen zu streichen hatten. Als wir dann auf dem Rücken einer Brandungswelle heranschossen, ergriffen sie unser Dingi und trugen es rasch den Strand hinauf, bevor sich die nächste Welle brach.

Wir verbrachten einen höchst erfreulichen Abend in dem Hotel, wo wir zunächst Eisgetränke im „Goggle & Flipper", der Strandbar, zu uns nahmen, um dann vom Rauschen der Palmen und Donnern der Brandung begleitet, zu Abend zu essen. Ich hatte Gerrys

Frau als Tischdame; in der Annahme, daß das Leben hier angenehm und gemächlich sein müsse, fragte ich sie, wie lange sie wohl schon hier gelebt hätte.

„Neun Jahre", erwiderte sie müde, „und ich habe jeden Augenblick davon gehaßt." Aber dann fuhr sie erklärend fort und erzählte, daß sie kleine Kinder hätte, die in Kenia zur Schule gingen und die sie mangels jeglicher Flugzeugverbindung nur selten zu sehen bekäme.

Das Unterfangen, an Bord von *Wanderer*, deren Ankerlicht als heller Punkt draußen in der Bucht winkte, zurückzugelangen, erwies sich als noch viel schwieriger als es die Landung gewesen war, denn jetzt konnten unsere Freunde nur wenig tun, um uns durch die Brandung zu helfen. Aber wieder riefen sie uns Anweisungen und ermutigende Worte zu, und obgleich beide Riemen aus den Gaffeln sprangen, als wir eine besonders steile Brandungswelle erklommen, gelang es uns, sie gleich wieder einzulegen und sicher tieferes Wasser zu erreichen. Nachdem Gerry uns am nächsten Morgen Früchte und frisch gebackenes Brot als Abschiedsgeschenk überbracht hatte, starteten wir nach Aden, das 1400 Meilen entfernt in nordwestlicher Richtung lag.

Eigentlich war es schon ein wenig spät in der Jahreszeit, um sich auf diese Reise zu begeben, auf der wir höchstens leichte Winde erwarten durften. Jedenfalls sollten sie bis zum Äquator günstig wehen (es sei denn, daß inzwischen der Nordwestmonsun einsetzte), aber von dort an konnten sie, bis wir Kap Guardafui erreicht hatten, aus jeder beliebigen Richtung kommen. Wir mußten mit zwölf Prozent Windstillen rechnen, brauchten aber keine Stürme zu befürchten. Und so kam es auch, außer daß die Winde noch flauer waren als die Wetter- und Windkarten angaben. Es dauerte zwei Tage, bis wir von der Seyschellen-Bank freikamen, und weitere drei, bis wir den Äquator erreicht hatten. In der ganzen ersten Woche machten wir nur 355 Meilen gut. Die zweite Woche, mit 281 Meilen, war noch schlechter; einen Teil dieser Zeit lagen wir in einer Windstille fest und an einem Tage betrug unser Etmal null; zwei aufeinanderfolgende Mittagsbestecke lagen eines genau auf dem anderen. Hiernach begannen wir ein wenig nervös zu werden, denn wir gerieten in eine Weströmung von ungefähr einem Knoten Geschwindigkeit, die uns stetig in Richtung der afrikanischen Küste setzte. An einem bestimmten Punkt in Küstennähe (dessen Lage sich von Monat zu Monat verändert und aus den Wetterkarten nicht deutlich ersichtlich ist) teilt sich die Strömung; ein Arm setzt Nordnordost in Richtung Guardafui, der andere Südwest in Richtung Sansibar. Wenn wir die Küste nördlich der Trennungslinie erreichten, war alles in Ordnung und wir konnten auf eine schöne Unterstützung unserer Fahrt rechnen; wenn aber unser Landfall zu weit südlich stattfand, wozu im Augenblick noch wenig zu sagen war, konnten wir unter Umständen gezwungen werden, uns nach den Seyschellen zurückzuarbeiten, neuen Proviant zu übernehmen und den Versuch zu wiederholen.

Ungeachtet der Tatsache, daß kein Seegang und nur geringe Dünung liefen, waren die Wetterverhältnisse beschwerlich und anstrengend. Die Wassertemperatur betrug 27 Grad Celsius, und in der Mittagszeit erreichte die Hitze in der Kajüte gut 35 Grad. Die Luft war feuchtigkeitsgesättigt, und wenn sich kein Lüftchen regte, konnten sich unsere überhitzten Körper nicht auf normale Weise abkühlen, wir saßen feucht in unseren eigenen Schweißpfützen und warteten auf die leichte Linderung während der Stunden der Dunkelheit. Der Himmel bot in der Dämmerung morgens und abends ein großartiges Schauspiel, das fast jeden Tag in farbenprächtigster Weise nur für uns allein veranstaltet wurde; jedenfalls schien es uns so, denn außer uns gab es ringsherum niemanden sonst, der seine Freude daran gehabt hätte; allenfalls ein paar Seevögel, Blasenquallen oder springende Stachelrochen, von denen die letzteren einen Lärm wie eine Schnellfeuerkanone entfesselten, wenn sie mit einem Krach auf ihren Bäuchen landeten. Manchmal war der Abendhimmel wolkenlos, und wir beobachteten dann die blendungsfreie Sonne sich zur Birnenform entstellen und schließlich unter dem Horizont verschwinden. Wir warteten dann auf die grün auflodernde Flamme; einmal konnte Susan, indem sie im Augenblick des Aufloderns einfach aufstand und damit ihre Augenhöhe vergrößerte, diesen Moment ganz wesentlich ausdehnen.

Der Anbruch unseres 18. Tages auf See ließ uns die schwachen Konturen der afrikanischen Küste, der Küste von Somalia, sichten. Da ein bewölkter Himmel alle Sternenbeobachtungen vereitelt hatte, erwarteten wir ungeduldig die Mittagsstunde, um zu erfahren, was die Strömung mit uns gemacht hatte. Die Sonne schien klar vom Himmel, aber als ich unser Mittagsbesteck ausgearbeitet hatte, wollte ich kaum meinen Augen trauen, denn danach waren wir 68 Meilen über unseren gegißten Schiffsort hinaus versetzt worden. Weitere Beobachtungen nachmittags und abends bestätigten unsere Position, und wir waren nun erleichtert zu wissen, daß wir richtig den Nordstrom zu fassen bekommen hatten – und was für eine Strömung, die uns mit fast drei Knoten voranschob. Guardafui lag jetzt nur noch 200 Meilen voraus, aber wir brauchten weitere vier Tage, um das Kap zu erreichen. Der schwach wehende Wind kam genau von vorn, und nachdem wir die Halbinsel von Ras Hafum passiert hatten, blieben wir erneut in einer Windstille liegen; gerade wo wir den härtesten Strom erwartet hatten, lief überhaupt keiner. Und doch befanden wir uns inmitten von unruhig bewegtem Wasser, das nach starker Stromkabbelung und kurzer brechender See aussah, eine Erscheinung, die aber durch aufsteigendes kaltes Wasser hervorgerufen sein mochte.

Die Gewässer vor dieser Ecke Afrikas, besonders südlich von Socotra, können für kleine Fahrzeuge sehr schwierig sein. Das Segelhandbuch bemerkt, daß aus diesen Gewässern häufig Strömungen von vier bis fünfeinhalb Knoten gemeldet worden sind, gelegentlich sogar von sechs Knoten und mehr, d. h. stärkere Strömungen als in irgendwelchen anderen ozeanischen Gebieten bekannt sind. Ferner soll diese Gegend im Juli mit 20 Prozent Windstärke 8 und darüber einen höheren Prozentsatz an Stürmen erreichen als irgendein anderes Gebiet der in den tropischen Zonen gelegenen offenen Ozeane. Kap Horn zeigt mit 30 Prozent die höchste Sturmhäufigkeit.

Die unfruchtbare Küste mit ihren fast 1000 Meter hohen Bergen wirkt fast kulissenhaft; das Kap Guardafui selbst hinterläßt zwar keinen nachhaltigen Eindruck, sah aber ganz lieblich aus, als wir es bei Tagesanbruch rundeten und die ersten Strahlen der aufgehenden Sonne seine grauen Klippen in Gold und Rosa tauchten. Unmittelbar jenseits des Vorgebirges erblickten wir ein großes Dorf, dessen Hütten dicht zusammen auf dem abfallenden Sand der Wüste kauerten, die sich hier in Wellen bis zur Küste erstreckt. Wir sahen keinen einzigen Grashalm und kein Zeichen irgendeiner Vegetation, und doch waren viele Menschen auf den Beinen und Herden von Ziegen unterwegs. Wir fragten uns, wovon sie wohl alle lebten und fühlten uns versucht, die Fahrt zu unterbrechen und der Sache auf den Grund zu gehen, aber der leichte Wind stand auflandig, und der Ankerplatz war schlecht. Später, in Aden, hörten wir, daß es wahrscheinlich ebenso gut war, nicht an Land gegangen zu sein, da die Bevölkerung in diesem Teil von Somalia den Ruf hat, sich Fremden gegenüber unfreundlich zu verhalten; wir hätten sogar beraubt werden können. Wenn man solche Warnungen zum erstenmal hört, neigt man dazu, sie nicht ernst zu nehmen, aber von Zeit zu Zeit beweist ein Vorfall ihre Berechtigung. So hatte z. B. vor einigen Jahren ein amerikanischer Einhandsegler namens Peterson das Mißgeschick, auf einem Riff in der Nähe von Mocha im Yemen zu stranden, wenig mehr als 100 Meilen von Aden entfernt. Er wurde für mehrere Tage ins Gefängnis geworfen und als man ihn schließlich freiließ, fand er sein Schiff inzwischen ausgeplündert vor. Vor noch kürzerer Zeit, eben bevor wir in Aden eintrafen, hatte ein Deutscher einen kleinen Hafen im Protektorat angelaufen. Auch sein Schiff wurde ausgeplündert und er selbst schwer verprügelt. Wir führen zwar eine zwölfkalibrige Schrotflinte als Verteidigungswaffe an Bord, würden aber nur ungern in eine Situation geraten, in der wir sie für diesen Zweck benutzen müßten.

Wir hatten erwartet, daß der Nordostmonsun inzwischen im Golf von Aden eingesetzt hätte; statt dessen blieben Windstillen und leichte Brise vorherrschend. Erst als wir uns Aden näherten, fanden wir anständigen Wind, der uns ein Tagesetmal von 150 Meilen einbrachte. Endlich kamen am Nachmittag unseres 25. Tages auf See, im starken Kontrast gegen den blaßblauen Himmel, die scharfen Bergspitzen der Halbinsel von Aden voraus in Sicht. Wir nahmen davon Abstand, den Hafen noch in derselben Nacht anzulaufen, suchten unseren Weg zu einem ruhigen Ankerplatz in Lee der Außenmole – und versanken in einen tiefen Schlaf.

Im allgemeinen machen wir nicht gern Gebrauch von Einführungsbriefen; wir haben immer das Gefühl, daß sie die Empfänger unbillig verpflichten, und ziehen es vor, Freundschaften in weniger formeller Weise zu schließen. Ein großer Handelshafen wie Aden kann aber für eine besuchende Yacht sehr unbequem sein, und da wir doch längere Zeit bleiben und das Schiff überholen wollten, hatte ich vorher an Generalmajor Bray geschrieben, der ebenfalls Mitglied des Royal Cruising Clubs ist und damals in Aden stationiert war. Er mußte zwar vor unserer Ankunft nach England zurückkehren, hatte aber Anweisungen hinterlassen, sich in jeder Weise um uns zu kümmern. So kam es, daß wir nach Einlaufen in den Hafen und beim Anlandgehen am nächsten Morgen am Strand in der Nähe der Post Office Piers von einem uniformierten Empfangskomitee, bestehend aus Oberst Pallot, Kommandant der Garnison, und Fregattenkapitän Alan-Williams, dem ansässigen Flottenoffizier, begrüßt wurden. Beide sind Segler und boten uns Gastfreundschaft und jede Unterstützung an. Oberst Pallot war bereits im Besitz unserer langersehnten Post; er stellte uns seinen Wagen für eine Fahrt zur Bank und zu den Läden, sowie das Bad eines Sultans zur Verfügung und lud uns im Namen seiner Frau zum Abendessen an diesem oder irgendeinem anderen Abend ein. Der Fregattenkapitän besorgte uns unverzüglich einen geschützten und bequemen Liegeplatz für *Wanderer* an der Marinepier, dem besten Platz im ganzen Hafen, wo in der Nachbarschaft eingemottete Minenräumboote unser Schiff vor den vorherrschenden Nordostwinden und dem herumschwimmenden Öl schützten. Auch er und seine Frau bezeigten uns jede Gastfreundschaft.

ZWÖLFTES KAPITEL

Das Rote Meer und der Suez-Kanal

Wir blieben den ganzen November und halben Dezember in Aden liegen, und der Aufenthalt wurde uns nicht einen Tag zu lang; wir fanden unseren ersten Besuch im Nahen Osten nicht nur interessant, sondern auch sehr erfreulich, trotz der Hitze und Fliegen, trotz des Gestanks und der zudringlichen Ladenbesitzer, die es verstanden, innerhalb weniger Stunden den Passagieren der großen Schiffe das Geld aus der Tasche zu ziehen – Kameras, Radioapparate, Tonbandgeräte und Schreibmaschinen sind nämlich alle zollfrei zu haben — und da 500 Schiffe im Monat Aden zum Bunkern anlaufen, hört der Strom von Passagieren nie auf. Die uns bewiesene Gastfreundschaft war manchmal fast überwältigend; besondere Dankbarkeit schulden wir Derek Import, einem Techniker der B. B. C. und Hafenoffizier des Little Ship Clubs, der uns in seinem Land-Rover abholte, um uns einen Eindruck vom Protektorat zu verschaffen. Die einzige aus Aden herausführende Straße verläuft am Strand, auf festem, zweimal am Tage von der Flut bespülten Sand, auf dem man mit einem Fahrer wie Derek, der den weichen Stellen auszuweichen verstand, glatt dahin fuhr. Auf der einen Seite brandete die Dünung des Indischen Ozeans, lange Reihen windverwehten Schaums hinterlassend, und auf der anderen Seite erstreckte sich die Wüste bis an den Horizont. Wir fuhren wohl 40 Meilen weit zwischen Meer und Wüste, bevor wir landeinwärts zu der Stadt Ga'ar abbogen, wo sich der englische Bezirksberater mit einer bewaffneten Leibgarde von zwei Soldaten zu umgeben pflegt. Das Fort könnte unmittelbar aus einer der Novellen von P. C. Wren stammen; hier werden Geiseln abtrünniger Stämme in der meist erfolgreichen Bemühung festgehalten, den Frieden zu bewahren. In Stadtnähe wächst Baumwolle, aber ein großer Teil des Landes besteht aus Wüste; Felsen, Steine und welliger Sand meilenweit, über den die schwankenden Kamelkarawanen ihren Weg suchen. Jeder geht bewaffnet einher, und Frauen sind nur selten zu sehen. Auf anderen Ausflügen besuchten wir die von Menschen wimmelnde Stadt Sheik' Othman und das Fischerdorf Fuqum, wo die aus Kisten und Ölfässern erbauten Häuser den Strand bedecken und das Wort *baksheesh* von allen Seiten widerhallt, während Ziegen die Fischnetze kauen und die Sonne aus einem wolkenlosen Himmel herabbrennt. Etwa eine Meile von diesem armseligen kleinen Ort entfernt liegen in sauberen Reihen die mit Klimaanlagen versehenen Angestelltenhäuser der B. P.-Ölraffinerie in Little Aden. Hier werden die Tanker gelöscht, das Öl raffiniert und nach Aden gepumpt, um die Schiffe zu versorgen.

Die Beschaffung von Seekarten bedeutet für eine kleine Yacht auf großer Fahrt so etwas wie ein Problem. Mit Ausnahme des amerikanischen Seekartensatzes für die Galapágos-Inseln benutzten wir ausschließlich die britischen Admiralstabskarten und benötigten für die gesamte Weltumseglung etwa 800 Stück. Obgleich wir etwa 400 Karten unterbringen können, fanden wir es unbequem, mehr als 250 an Bord mitzunehmen. Infolgedessen hatten wir eine Vereinbarung mit J. D. Potter, der Londoner Seekartenagentur, getroffen, wonach uns Karten in bestimmten Häfen erwarteten und wir das ausgebrauchte Material nach Hause schickten. Dieses Arrangement bot den zusätzlichen Vorteil der laufenden Berichtigung aller in Gebrauch genommenen Karten, die wir bis nach Rhodos brauchten. Es ist immer wieder eine aufregende Sache, ein Rolle frischer neuer Karten, die wie Uhrfedern aufspringen und so angenehm nach Druckerschwärze und gutem Papier riechen, auseinanderzunehmen und sie in geographischer Reihenfolge zu ordnen (ich weiß nicht, nach welcher Methode Potter packt, jedenfalls weder geographisch noch nach Nummern). Man unterzieht sie und das Seehandbuch einer ersten Durchsicht, liest eine Reihe fremdländisch klingender Namen zum ersten Mal, versucht sich an ihrer Aussprache und widmet dabei ein besonderes Studium den Hafenplänen, um herauszufinden, was für Ankerplätze einem bevorstehen und wie leicht oder schwierig sie anzulaufen sind. Die in Aden übernommenen Karten waren spannender als sonst, da sie u. a. das ganze Rote Meer und den Golf von Suez erfaßten. Immerhin waren dies Gewässer, an die zu denken oder ihrer Erwähnung zu tun schon genügt hatte, uns Schauer der Erwartung den Rücken herabzusenden. Bisher hatten sie aber immer in weiter Entfernung gelegen, und wir hatten uns um sie noch nicht allzuviele Sorgen gemacht und uns lieber auf die dringlichen Probleme der jeweiligen oder nächsten Passage konzentriert. Jetzt standen wir jedoch wirklich vor dem Eingangstor zum Roten Meer; seine Gefahren ragten drohend in unserem Bewußtsein empor und mußten endlich ernsthaft in Angriff genommen werden.

Wanderers Überholung nahm in Aden viel von unserer Zeit und Energie in Anspruch. Um die Bordwände zu malen, benötigten wir ruhigeres Wasser als wir an der Marinepier finden konnten. Liebenswürdigerweise erteilte uns die Royal Air Force die Erlaubnis, zu ihrer Marinebasis im östlichen Ende des Hafens zu verholen. Dort hatten wir das Vergnügen, zwei andere Fahrtensegler-Ehepaare kennenzulernen: Tom und Janet Steele (Amerikaner) in ihrer Tahiti-Ketsch *Adios*, und Blue und Dot Bradfield (Australier) in *D'Vara*, einem Boot, das sie nach Plänen des verstorbenen Harrison Butler mit eigenen Händen gebaut und als Spreizgaffelketsch getakelt hatten. Tom hatte bereits eine Weltumseglung mit *Adios* hinter sich. Dann hatte er geheiratet und war jetzt zusammen mit seiner hübschen, blonden Janet ein zweites Mal unterwegs, dieses Mal komplett mit Waschmaschine und Motorrad. Ich möchte bezweifeln, ob sich je zuvor zwei kleine Yachten, beide mit Weltreisenruf, auf ihrer zweiten Weltumsegelung getroffen haben. Auf jeden Fall war es für uns alle ein großes Ereignis.

Beide Paare beabsichtigten ebenso wie wir, durch das Rote Meer nordwärts zu laufen, und es war daher nur natürlich, daß wir stundenlang alle Aspekte dieser Unternehmung besprachen. Ich äußerte die Ansicht, daß diese Fahrt sich leicht als der schwierigste und vielleicht auch gefährlichste Teil der ganzen Reise erweisen könnte und

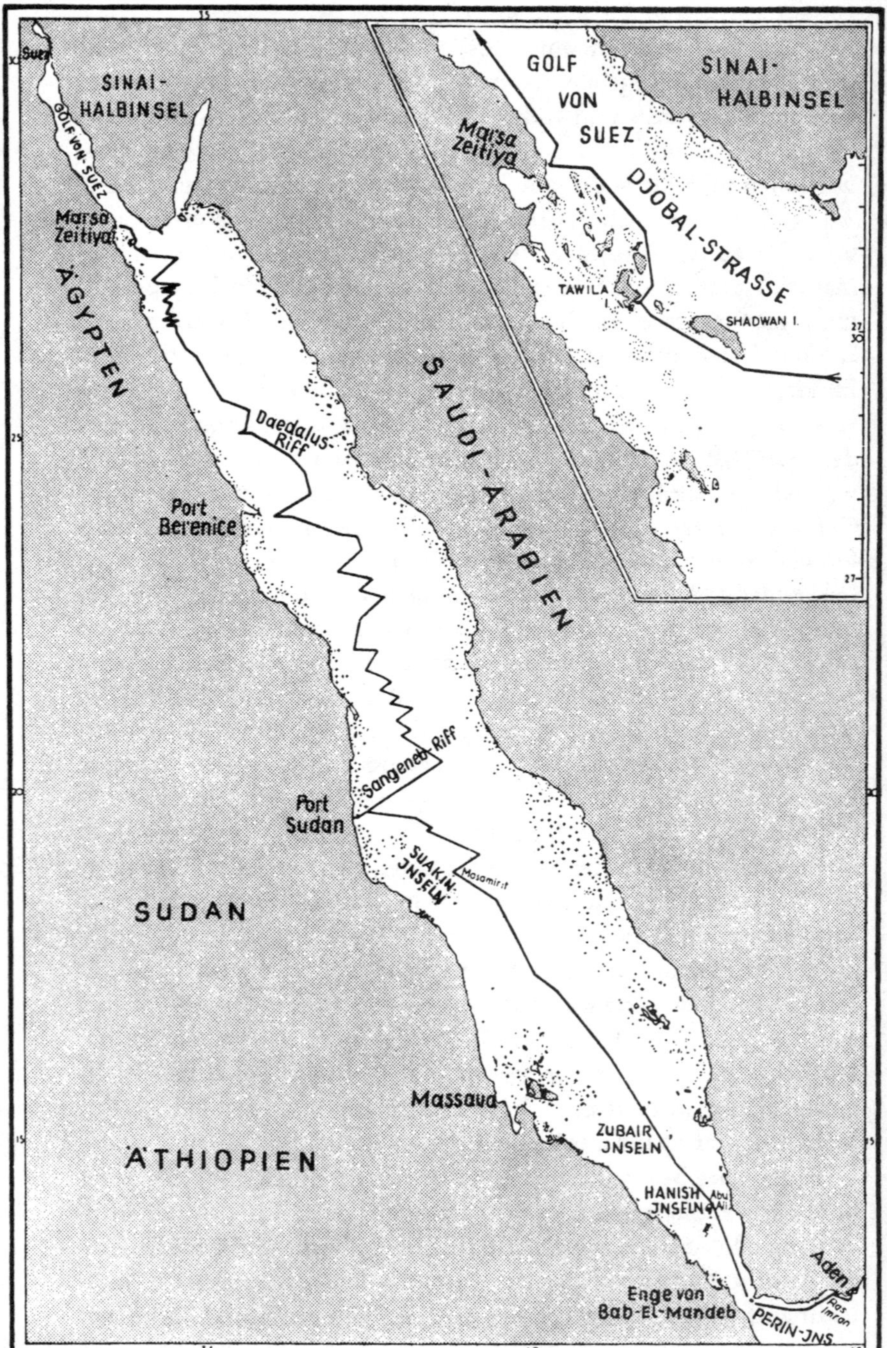

DAS ROTE MEER MIT NEBENKARTE DER STRASSE VON GÛBAL

erwähnte die starken Gegenwinde in der nördlichen Hälfte, die von beiden Küsten weit vorspringenden Riffe, die nicht freundliche Gesinnung der Eingeborenen und den dichten Schiffsverkehr in der Mitte.

„Sicher", gab Tom zu, „es ist schon ein übles Gewässer. Daher wollen Janet und ich uns auch in der Mitte halten und solange wir können, auf Deubel komm heraus motoren."

Blue hingegen war der Ansicht, daß wir uns beide unnötig aufregten.

„Wir wollen uns unter der Küste heraufarbeiten", sagte er in seinem schleppenden Tonfall. „Da gibt es einen Haufen Ankerplätze, und Dot möchte dort ein wenig herumgraben, da sie glaubt, einen Absatzmarkt für ihre Muscheln gefunden zu haben."

Irgendwie war es tröstlich zu wissen, daß diese beiden Yachten in gleicher Richtung gingen, trotz der Unwahrscheinlichkeit, sich oft, wenn überhaupt zu treffen – aber wir waren schon zu lange Zeit immer allein unterwegs gewesen. Dazu hatten beide viel stärkere Maschinen als *Wanderer* und Brennstoff für eine ansehnliche Distanz, meiner Ansicht nach sogar genug, um notfalls die ganze Strecke zu motoren.

Eine kurze Ruderfahrt von der R. A. F.-Basis entfernt lag der Kleinschiffhafen, wo die Dhaus aus Sansibar, Somalia und dem Persischen Golf löschten, überholten und luden. Wir waren begeistert von diesen charaktervollen, auffallend schönen Schiffstypen mit ihren hohen, verzierten Hecks, hängenden Abtritten und lateinischen Rahtakelagen. Im Hafen selbst fand aber nur geringer Verkehr unter Segeln statt, weil die meisten Dhaus heutzutage mit Hilfsmotoren ausgerüstet sind.

Nach Verlassen Adens genossen wir eine hübsche kleine Segelfahrt von 20 Meilen an der Küste entlang bis zu einem freundlichen Ankerplatz vor dem innerhalb von Ras Imran gelegenen Fischerdorf. Das übliche Durcheinander schäbig gebauter Hütten duckte sich auf dem Sand zu Füßen einer 200 Meter hohen, eindrucksvollen Felsklippe; der einzige Zugang dahin führte am Strand entlang, an dessen äußerstem Ende ein Haufen Jeeps zusammenstand, die den Fisch an den Markt nach Aden bringen. Von dort segelten wir einen Tag und eine Nacht lang weiter nach Perim Island; unterwegs begegneten wir mehreren Dhaus unter Segel. Perim Island liegt an der Straße von Bab-el-Mandeb, dem südlichen Eingangstor zum Roten Meer. Wir hielten uns dort einige Tage auf, da ich an einer Blutvergiftung litt und mich einer Penizillinbehandlung unterziehen mußte, was nicht gerade die beste Vorbereitung für die Schwierigkeiten war, denen wir entgegenblickten. Einstmals war Perim eine geschäftige Kohlenstation, fristet aber schon lange ein kümmerliches Dasein. Seine Kais und Gebäude liegen in Trümmern, und der Fischfang allein ist übriggeblieben. Die freundlichen Inselbewohner erzählten uns jedoch, daß sie ihre Fänge nur an den Markt bringen könnten, wenn sie die Fische auf dem Festland landeten und mit Jeeps den Strand entlang transportierten, da sie keine Schiffe von ausreichender Geschwindigkeit und Seetüchtigkeit für die direkte Fahrt nach Aden besäßen. Neuerdings verlangt die korrupte Polizei aber so hohe Bestechungen für das Passieren der Jeeps, daß das Geschäft sich nicht mehr lohnt.

Als wir Perim verließen, wehte ein frischer Südoster, der zu dieser Jahreszeit im südlichen Teil des Roten Meeres vorherrschende Wind und einer der Gründe, warum die Zeit von Dezember bis Februar für nach Norden bestimmte Segelfahrzeuge als die am wenigsten ungeeignete Jahreszeit für die Fahrt durch das Rote Meer gilt. Wir durften billigerweise annehmen, daß dieser Wind uns bis oder fast bis Port Sudan bringen würde, mußten anschließend aber mit starken Gegenwinden rechnen, die, von gelegentlichen Windstillen unterbrochen, im Nordteil des Roten Meeres das ganze Jahr hindurch vorherrschen.

Als die Insel hinter uns verschwunden war, nahm der uns günstige Wind Sturmstärke an, und allein unter der kleinen Fock liefen wir unseren Kurs mit höchster Fahrt. Es wurde ein wilder Tag und eine ebenso wilde Nacht und war bestimmt nicht das Wetter, um uns inmitten der korallenumgürteten Hanish-Inseln einen Ankerplatz auszusuchen, wie es eigentlich unsere Absicht gewesen war. Statt dessen ließen wir diese Inseln an Backbord liegen und eilten weiter. In den frühen Morgenstunden passierten wir den Abu Ali-Kanal und änderten dann unseren Kurs ein wenig, um westlich der 70 Meilen vorausliegenden Zubair-Inseln vorbeizulaufen. Während der Nacht begegneten wir vielen nord- und südwärts bestimmten Schiffen, wobei sich unsere kleine Fockbesegelung als recht vorteilhaft bewies, da wir so, um uns von den Schiffen freizuhalten, halsen konnten, ohne die Freiwache unter Deck stören zu müssen. Keines der Schiffe verursachte uns ernsthafte Besorgnis; alle hielten stetig ihren Kurs. Sobald wir Topplaternen in Linie erblickten, gingen wir sofort aus dem Weg, da wir nur zu gut wissen, daß unsere kleinen, schwachen Positionslaternen aus größerer Entfernung nicht mehr zu erkennen sind. Der moderne Schiffbau rückt leider die Topplichter seiner Schiffe immer näher zusammen, eine Tendenz, die wir tief bedauern, denn je enger die Topplichter zusammenstehen, umso länger dauert es, bis ein Kurswechsel sie öffnet. Manche Schiffe laufen so schnell, daß ein langsamer bewegliches Segelfahrzeug unter Umständen handeln muß, bevor die roten und grünen Positionslampen in Sicht kommen. Wenn die Schiffbaukunst den augenblicklichen Trend weiterverfolgt, werden Schiffe bald überhaupt keine Masten mehr besitzen, an denen sie Topplaternen fahren können. Heute gibt es schon moderne Schnelldampfer, die als Mast nur noch einen kleinen Stumpf haben und auf denen es keine richtige Stelle mehr gibt, um Flaggen zu führen. Nach meinem Geschmack sind die Rumpflinien dieser modernen Schiffe immer noch harmonisch, zweckmäßig und sehr ansprechend in ihrem Verlauf, aber die Aufbauten sehen aus, als wären sie, ähnlich wie Waschmaschinen und Eisschränke, von zweitklassigen Kunstschülern entworfen worden und für Geschwindigkeiten von hundert Meilen in der Stunde bestimmt.

Am ersten Tage unserer Passage von Perim liefen wir 128 Meilen und hatten davon die meiste Zeit nur die kleine Fock gesetzt. Dann ließ der Wind nach, und in der darauffolgenden Nacht liefen wir wieder unter Vollzeug. Nach Passieren der Zubair-Inseln schwenkte unser Kurs langsam westlicher des Hauptschiffahrtsweges, als wir auf das Masamarit-Feuer zuhielten, das die nordöstliche Ecke der ausgedehnten Suakin-Gruppe von Riffen und Inseln bezeichnet, und gerundet werden muß, um Port Sudan zu erreichen.

Die Länge des Roten Meeres beträgt etwa 1000 Meilen, und vor beiden Ufern ragen Korallenriffe heraus. Diese Riffe liegen gewöhnlich in kleinen Flecken zusammen, manchmal aber auch in großen Flächen von annähernd 100 Meilen Durchmesser. An gewissen Stellen reichen sie bis zu 50 Meilen seewärts und sind, außer in den Ansegelungen nach Massaua und Port Sudan weder befeuert noch bezeichnet. In einigen Gebieten gibt es unter der

Küste und innerhalb der Riffe Durchfahrten, die von kleinen Fahrzeugen mit Ortskenntnis benutzt werden, aber man muß dort seine Navigation mit dem Auge betreiben und vor Dunkelwerden einen geeigneten Ankerplatz finden. Tom und Ann Worth, die beiden tüchtigen und erfahrenen Weltumsegler, versuchten nach Verlassen von Port Sudan die Innenpassage, fanden aber, daß sie die aufregende und anstrengende Wachsamkeit und Navigation nicht wert war. Außerdem hatten sie ein beunruhigendes Erlebnis, als sie eines Nachts neben einer Dhau ankerten. Wir zogen es daher vor, uns in der Mitte zu halten, wo man allerdings vielen Schiffen aus dem Wege gehen muß, denn durchschnittlich passieren im Monat an die tausend Dampfer das Rote Meer.

Am Weihnachtsabend sahen wir uns bekalmt, so daß wir keine Hemmungen fühlten, die Maschine anzustellen, umsoweniger, als wir in Aden 110 Liter Benzin extra in Kanistern für gerade solche Gelegenheiten an Bord genommen und dadurch unseren Aktionsradius unter Motor von 80 auf 200 Meilen erweitert hatten. Wir hätten gut daran getan, unser Weihnachtsdiner jetzt zu essen und dazu die Flasche Champagner zu trinken, die uns Freunde in Aden mit auf den Weg gegeben hatten, denn der erste Weihnachtstag brach ziemlich rauh und mit frischem Gegenwind an; dicht gerefft steckten wir unsere Nase in die steile Kopfsee, der Gischt flog durch die Luft, und wir spürten wenig Appetit. Immerhin konnten wir hoch am Wind auf Backbordbug das Masamarit-Feuer anliegen.

An diesem Nachmittag verloren wir unseren Patentlog-Propeller. Er war ein alter Freund von uns gewesen und war uns schon in unserer 4-Tonnen-Yacht *Wanderer II* Tausende von Meilen gefolgt. In *Wanderer III* hatten wir denselben Propeller rund um die Welt mit uns geschleppt, und jetzt wurde er, nachdem er sich auch auf dieser Reise weitere 25 000 Meilen lustig gedreht hatte, vermutlich von irgendeinem großen Fisch verschlungen, der nichts besseres für sein Weihnachtsfestessen hatte finden können.

Um Mitternacht standen wir vor dem schwachen kleinen Masamarit-Feuer, konnten aber nicht genug Höhe halten, um es sicher zu passieren; im Gegenteil, der Wind drehte gerade jetzt ein oder zwei Strich zurück, so daß wir selbst, wenn wir hätten vorbeischrammen können, auf keinen Fall vom Nordausläufer der

Suakin-Insel-Gruppe klar gekommen wären. So waren wir gezwungen, uns auf den anderen Bug zu legen, und für die nächsten eineinhalb Tage stampften wir gegen starken Wind und steile See an, in dem Bestreben genügend Seeraum von den Riffen zu gewinnen, um dann auf einem westlichen Kurs Port Sudan anliegen zu können.

In navigatorischer Hinsicht gestaltete sich dieser Abschnitt zu einem Alptraum. Obgleich wir für unsere Beobachtungen beidrehten, blieben diese wegen der rauhen See schwierig genug auszuführen, und die Ergebnisse versetzten uns manchmal bis zu fünfzehn Meilen von unserem angenommenen Kurs. Möglicherweise war dies die Schuld von Strömungen, die im Roten Meer in jeder beliebigen Richtung und mit großer Stärke laufen können; mit größerer Wahrscheinlichkeit war dafür aber die Strahlenbrechung verantwortlich, eine häufig vorkommende Erschwerung der Navigation in diesen Gewässern, wo der falsche Horizont Irrtümer von zehn Meilen in der Breite und 20 Meilen in der Länge verursachen kann. So oft wir konnten, kontrollierten wir unsere Breite durch Beobachtungen des Polarsterns, der leicht aufzufinden ist, indem man den Sextanten auf die annähernde Breite einstellt und dann mit dem Instrument den Nordhorizont bestreicht. Sonst war die See aber zu grob, um die Höhe anderer Sterne zu nehmen, wobei der Stern auf den Horizont herab oder der Horizont mit dem Stern in Deckung gebracht werden muß.

Dies, dachte ich, war genau die Situation, in der sich das neue, in Aden an Bord genommene Instrument, ein Funkpeiler, bewähren müßte, denn Port Sudan hat ein Funkfeuer, auf das wir uns einpeilen könnten; nach Erreichen seiner Breite, wäre es dann einfach gewesen, Port Sudan anzusteuern. Die Peilung ergab aber keinerlei vernünftiges Resultat; danach hätten wir weit zurück irgendwo zwischen den Inseln der Suakin-Gruppe stehen müssen, was doch offensichtlich nicht der Fall war. Damals schalt ich mich selbst für meine Ungeschicklichkeit, hörte aber später von dem Kapitän eines ebenfalls von Süden kommenden und nach Port Sudan bestimmten britischen Frachters, daß er mit seinem Funkpeiler zu den gleichen Ergebnissen gekommen war wie wir. Demnach mußte sich die Kennung des Funkfeuers wohl geändert haben, ohne daß sich die Sudanesen die Mühe gegeben hatten, davon Nachricht zu geben. In den letzten Berichtigungen der *List of Radio Signals* war jedenfalls keine Änderung erwähnt.

Mit der Zeit erreichten wir jedoch einen Punkt, von dem aus wir es für unbedenklich hielten, direkten Kurs auf das mächtige Leuchtfeuer von Sanganeb vor Port Sudan abzusetzen. Kurz nach dem Abendessen sichteten wir am 27. Dezember zu unserer großen Erleichterung den Widerschein des Feuers im Dunst des Abendhimmels, denn zu diesem Zeitpunkt wehte es bereits mit Sturmstärke und wir liefen nur unter dicht gerefftem Großsegel in einer See, die ich anfing, für gefährlich zu halten. In den frühen Stunden des nächsten Morgens hatten wir das Feuer endlich dwars und drehten für den Rest der Nacht in dem verhältnismäßig ruhigen Wasser in Lee des Riffs bei, auf dem das Feuer steht, und segelten erst nach dem ersten Frühstück in den Hafen hinein. Die Hälfte des Roten Meeres, wenn auch die einfachere Hälfte, lag damit hinter uns.

Port Sudan ist ein betriebsamer kleiner Hafen, der für das ganze Land das einzige Ausfalltor darstellt. Infolgedessen gab es ein dauerndes Ein- und Auslaufen von Schiffen zahlreicher Nationalitäten. Manche mußten viele Tage im Hafen liegen bleiben, da die kleine eingleisige Eisenbahn nach Khartoum und die antiquierten Methoden des Ladens und Löschens, großenteils wahrgenommen von wild aussehenden Sudankriegern mit schmutzigen, verfilzten Strubbelköpfen, notwendigerweise Stauungen hervorriefen. Wir fanden, daß die Polizei überall zu stark in Erscheinung trat. Sie hielt uns an, als wir in der Stadt photographierten, und unweigerlich stand ein Polizist auf dem Landungssteg, an dem wir festgemacht hatten, um unsere Einkaufstaschen zu durchsuchen. Er versuchte sogar zu verhindern, daß wir den Proviant an Bord nahmen, für den wir an Land hohe Preise hatten zahlen müssen. Susan brachte die Sache aber bald in Ordnung; sie hatte nämlich entdeckt, daß, wenn sie einem Polizisten nur mit Entschiedenheit, aber mit einem Lächeln, sagte, was er zu tun hatte, er es gewöhnlich auch ohne Widerrede tat. Mit Ausnahme von zwei jungen, bei der Eastern Telegraph Company beschäftigten Leuten, die uns freundlicherweise in ihre Messe zum Abendessen einluden und uns die Möglichkeit verschafften, einen Eindruck von dem wüstenähnlichen Hinterland und dem Vorgebirge zu erhalten, fanden wir zu den 70 ansässigen Engländern keinen Kontakt. Dagegen lernten wir Dr. Grant kennen, einen jungen Amerikaner, der einige Tage zuvor, als er einhand im Roten Meer südwärts segelte, das Unglück gehabt hatte, auf ein Riff zu laufen. Seine Yacht *Picotee* war, unmittelbar nördlich der sudanesisch-ägyptischen Grenze, an Land getrieben worden und vollkommen zu Schaden gekommen.

So waren wir nicht traurig, als wir am 9. Januar 1962 unseren Abschied nehmen mußten. Ein starker Wind blies uns genau entgegen, als wir das lange, harte Ringen um nördliche Breite begannen, einen Kampf, der mit Ausnahme von kurzen Flautenunterbrechungen von zusammen vielleicht 33 Stunden unter Motor, vierzehn volle Tage dauern sollte. Die ganze Zeit, außer unter Maschine, steuerte sich *Wanderer* von selbst, ohne daß die Pinne belegt wurde, meist unter doppelt gerefftem Großsegel und kleiner Fock. Es war ermutigend für uns zu beobachten, welchen Fortschritt sie trotz der harten Wetterverhältnisse machte. Sie warf sich in die steile Gegensee und hüllte sich in fliegenden Gischt, der bis zur unteren Saling heraufspritzte. Fast sofort trockneten die braunen Terylensegel in der Sonne, so daß sie im unteren Teil oft weiß von Salz leuchteten. Und die ganze Zeit arbeitete sich *Wanderer* voran, legte Tag für Tag Strecken von 40 bis 90 Meilen durch das Wasser zurück und gewann dabei zwischen 20 und 45 Meilen nördlicher Breite. Während der ganzen Kreuztour von 540 Meilen gestattete der Wind uns kein einziges Mal, den direkten Kurs anzuliegen. Regelmäßig ließ er in den Vormittagsstunden ein wenig nach und blies am härtesten zur Nachtzeit. Siebenmal, und zwar immer während der dunklen Nachtstunden, hielten wir es für angebracht, beizudrehen und auf Wetterbesserung zu warten. Abgesehen von der Heftigkeit des Windes war das Wetter herrlich, der Himmel wolkenlos und die Luft so frisch und trocken, daß es trotz einiger Leckstellen und obgleich Sprühwasser sich gelegentlich den Niedergang herab verirrte, selten unter Deck feucht wurde. Unter den Leckstellen im Deck bildeten sich kleine Salzstalaktiten, und wiederholt nahmen wir Kerichtschaufel und Handfeger zur Hilfe, um die Salzkristalle vom Fußboden zu entfernen.

Getreu unserem Plan hielten wir uns in der Mitte; nur in der Morgen- und Abenddämmerung, wenn sich der hartnäckige Dunst vorübergehend lichtete, traten die Umrisse der Gebirge schwach hervor. Ein einziges Mal gewannen wir einen näheren Ausblick, als wir uns der Küste in der Nähe von Port Berenice mit der Absicht näherten, uns im Schutz einer vorgelagerten Insel auszuruhen, falls wir einen Ankerplatz finden sollten. Aber bevor wir die Insel erreichten, war die Dunkelheit hereingebrochen; wir gingen auf den anderen Bug und standen wieder zur See hinaus.

Die Tendenz, uns in der Mitte zu halten, hatte den einen Nachteil, daß unsere Schläge hin und zurück immer wieder die Dampferroute kreuzen mußten, die, wie wir bald bemerkten, keineswegs entlang der sauber gestrichelten Linie in den Seekarten verlief, sondern in der Breite bis zu 25 Meilen einnahm. Es hieß daher scharf aufpassen, und alle zehn Minuten, bei Tag und bei Nacht, mußte einer von uns beiden den Kopf nach draußen in Wind und Gischt stecken. Wir versuchten, unsere Kreuzschläge so anzulegen, daß wir die Dampferroute nicht bei Nacht zu kreuzen brauchten, aber diese Absicht wurde häufig durch schralende Winde vereitelt, die gerade den anderen Schlag zum Streckbug machten.

Mit Ausnahme der Tanker, die heutzutage einen großen Prozentsatz des Verkehrs durch das Rote Meer ausmachen und die uns mehrmals durch unnachgiebiges Verharren auf Kollisionskurs zum Wenden zwangen, hatten wir wenig Schwierigkeiten mit dem Schiffsverkehr; die meisten Dampfer hielten guten Ausguck und benahmen sich vorschriftsmäßig und höflich. Eine Nacht erlebte ich aber aufregende Augenblicke: Ich stand Ruderwache, als wir uns dem Dädalus-Riff näherten, einer für sich mitten in der Dampferroute liegenden Gefahrenstelle. Weder Segelhandbuch noch Seekarte vermitteln eine Vorstellung von der Ausdehnung dieses Riffs, auf dem eines der wenigen Leuchtfeuer im Roten Meer steht. Obgleich ich annahm, daß *Wanderer* wohl luvwärts vorbeischrammen könnte, wagte ich doch nicht, das Risiko einzugehen, falls sich das Riff nach dieser Seite ausdehnte; so ergriff ich die Pinne und fiel ab, um es in Lee zu passieren. Die Kurse der meisten herannahenden Schiffe schienen alle gleichzeitig mit uns bei dem Riff zusammenzulaufen. Sechs von ihnen liefen südwärts, und alle steuerten wie wir in der Absicht, das Riff auf der Westseite zu passieren. Ich versuchte mich in Luv von ihnen zu halten, mit anderen Worten, zwischen ihnen und dem Riff hindurchzuschlüpfen. Drei andere, nordwärts bestimmte Schiffe, schienen außerhalb aller anderen Schiffe passieren zu wollen. Zu meiner Bestürzung änderte aber plötzlich eines von ihnen, ein schneller Passagierdampfer, seinen Kurs, um innerhalb aller anderen Schiffe zu passieren, also gerade dort, wohin ich selbst steuerte. Natürlich hatte er unsere Hecklampe nicht ausmachen können und so beeilte ich mich, mit einem plötzlich trockenen Geschmack im Munde, durch den Wind zu gehen und in rascher Fahrt auf das Riff zuzuhalten, wobei ich mich im Stillen fragte, welche Entscheidung von beiden wohl das größere Risiko bedeutete, Schiff oder Riff. Im gleißenden Mondlicht bot der vorbeirauschende Schnelldampfer einen wunderbaren Anblick; der schön geformte Rumpf leuchtete von tausend Lichtern, vorn schäumte die weiße Bugwelle empor, und ich dachte an die in dem Bienenstock ihrer Kabinen verborgenen Passagiere, die nichts von den Schönheiten und erregenden Momenten dieser einmaligen Nacht ahnten. Sobald der Schnelldampfer klar gelaufen war, ging ich wieder auf den alten Schlag zurück; einige Minuten später änderte einer der südwärts laufenden Schiffe, ein Union Castle Dampfer, Kurs und drängte sich zwischen *Wanderer* und dem Riff hindurch, das sich also, wie ich nunmehr begriff, weniger weit ausdehnte als ich gefürchtet hatte. Die Nacht war voller Leben und spannender Momente, aber ich war doch recht froh, als ich endlich den Dampfertreck hinter mir hatte und die Topplaternen der Dampfer schön geöffnet ostwärts vorbeiziehen sah.

In unserer vierzehnten Nacht auf See sichteten wir die hochgelegene Masse der Insel Shadwan in der Straße von Gûbal, und bald nach Hellwerden segelten wir an ihren braunen ausgedörrten Hängen entlang, auf denen das Leuchtfeuer das einzige Zeichen von Leben bildete. In der Meerenge liegen zahlreiche Riffe und etwa ein Dutzend kleiner Inseln, von denen eine, Tawila, über einen gut geschützten Naturhafen verfügt. Mit dem Roten Meer glücklich achteraus und nach 43 Kreuzschlägen seit Verlassen von Port Sudan, hatten wir das Gefühl, eine Ruhepause verdient zu haben. So suchten wir uns mit unseren Augen einen Weg durch die vorgelagerten, schützenden Riffe und ankerten im Hafen auf Lehmgrund, geborgen vor allen Winden.

Das eintönige, fünfmal drei Meilen große Tawila besteht ganz aus Sand und Korallen und ist an keiner Stelle höher als etwa 14 Meter. Nirgendwo zeigten sich auch nur Ansätze von Pflanzenwuchs; in unserem ganzen Leben haben wir kein unfruchtbareres Stück Land gesehen. Und trotzdem war es in seiner tiefgoldenen Färbung unter dem wolkenlosen blauen Himmel vor dem Hintergrund der im fernen Dunst verschwimmenden Festlandsgebirge schön anzusehen. Der Wind, der so unbarmherzig geweht hatte, während wir auf See waren, nahm bald nach unserer Ankunft ab, und das Wetter wurde herrlich mit frischen Tagen und kühlen, trockenen Nächten. Tawila ist unbewohnt, wird aber dann und wann von Fischersleuten mit ihren offenen Felukken angelaufen, angeblich, um Köder an der Küste zu fangen oder den Boden ihrer Boote zu schrubben, aber der wirkliche Grund war wohl die Umladung von Opium, worin ein beträchtlicher Handel zwischen der Sinai-Halbinsel und Ägypten stattfindet. Die Fischer hatten das Aussehen einer rauhen Gangsterbande, und wir fühlten uns nicht ganz behaglich bei dem Gedanken, nachts mit ihnen im gleichen Hafen zusammenzuliegen, um so weniger als sich auf einigen Felukken bis zu sieben Mann starke Mannschaften befanden. Sie bettelten uns an, und wir schenkten ihnen Zigaretten, ließen aber niemanden an Bord steigen. Wir hatten reichlich Trinkwasser, aber Susan, die an einen großen Waschtag dachte, versuchte auf dem Wege der Zeichensprache einen der Araber, der in einem Kanu zu uns herübergekommen war, zu befragen, ob es auf Tawila Wasser gäbe. Der Araber verließ uns und kehrte bald darauf mit 20 Litern sehr rostigen Wassers in einem alten Petroleumkanister zurück. Wir nahmen es und revanchierten uns mit etwas Zucker, natürlich in dem Glauben, er habe das Wasser von der Insel geholt. Erst später, als wir die Insel durchforscht und keine Spur von Wasser gefunden hatten, begriffen wir, daß es sich um ein Geschenk gehandelt hatte, das aus dem kostbaren eigenen Bestand der Felukke stammte.

Während wir dort lagen, lief die *D'Vara* mit den beiden Bradfields an Bord ein. Sie hatten Port Sudan eine Woche nach uns verlassen und vollkommen anderes Wetter erlebt als wir. Wenn es überhaupt Wind gab, kam er aus günstiger Richtung; im ganzen waren sie 111 Stunden, also fast den ganzen Weg unter Motor gelaufen. In Aden hatte Blue die Ansicht geäußert, daß Tom Steele und ich die

Schwierigkeiten des Roten Meeres übertrieben; jetzt war er davon überzeugt.

Auf Tawila Island verbrachten wir acht Tage mit Arbeit und im Wohlleben; wir schrieben ein wenig, photographierten, überholten einiges und streckten unsere Beine auf der öden Inselfläche, bis wir uns imstande fühlten, die letzte Kreuzstrecke von 170 Meilen bis zum Golf in Angriff zu nehmen, eine Strecke, die viel enger als das Rote Meer und stellenweise nur zehn Meilen breit ist. Die Riffe auf beiden Seiten erstrecken sich nicht weit seewärts; dafür mußten wir aber mit einem viel konzentrierteren Schiffsverkehr rechnen. Wir verbrachten die erste Nacht in Marsa Zeitiya, einer verlassenen Bucht am Westufer, nur 25 Meilen von Tawila entfernt, um am nächsten Morgen zu unserer Freude von einem günstigen Wind überrascht zu werden, vor dem wir eilends mit gut sechs Knoten Fahrt nach Norden rauschten. Dieser Wind war ein erstaunlicher Glücksfall in einem Gebiet, in dem das ganze Jahr hindurch nordwestliche Winde vorherrschen. Nachmittags fing das Wetter aber an schlecht auszusehen; die Sicht ging stark zurück, der Himmel nahm eine gelbliche Färbung an, und der Wind, der mehrmals zwischen Südost und Südwest hin und her gependelt war, entschied sich für Südwest und begann frisch zu wehen. Bei Einbruch der Nacht war es uns klar, daß wir im Begriff waren, einen Sandsturm zu erleben, und hofften nur, daß es sich nicht um den gefürchteten *Khamsin* handelte, der die Sichtweite auf wenige Meter beschränken kann. Er kommt zwar im allgemeinen erst in einer späteren Jahreszeit vor; aber gerade diese Art Sturm zu vermeiden war einer der Gründe gewesen, warum wir die Fahrt nach Norden schon im Januar angetreten hatten.

Als es dunkel geworden war, schoß der Wind aus, legte zu, und bald vergrub sich das Vorschiff in eine bösartige See von vorn; unter dichtgeholten Schoten gegen einen Wind ankämpfend, der schon fast Sturmstärke erreichte, konnten wir unseren Kurs nicht mehr anliegen. Für uns wurde es eine schwere, sorgenvolle Nacht. Es war rabenschwarz, außer wo der wirbelnde, staubige Wind voraus und achtern den Schein unserer Positionslampen zurückwarf, als wenn wir in dichtem Nebel segelten. Mehrmals sichteten wir im Dunst verschwommen die Topplaternen passierender Dampfer; stets standen sie hoch über uns und befanden sich daher in unbehaglicher

Nähe. In dieser Nacht schienen aber alle Dampfer, denen wir begegneten, ihre Fahrt herabgesetzt zu haben, so daß wir Zeit genug fanden, die notwendigen Manöver zu unternehmen; trotzdem wurden uns ängstliche Augenblicke nicht erspart. Obgleich Schätzungen schwierig waren, bezweifle ich doch, daß die Sichtweite mehr als eine Viertelmeile und zeitweise sogar nur wenige Meter betrug. Selbst unter dicht gerefften Segeln arbeitete *Wanderer* schwer; Wasser, bitterkaltes Wasser für unsere bloßen Füße (wir besaßen nur noch ein Paar Seestiefel) spülte in Lee unseres Kockpits, und während der kurzen Ruhepausen, die jeder von uns unter Deck nahm, zitterten wir in unseren Kojen vor Kälte, obgleich wir alle Kleider unter den Decken anbehalten hatten. In unserer Unwissenheit hatten wir beide den Golf für eine heiße Gegend gehalten.

Am folgenden Morgen ließ der Wind nach, aber die Sicht blieb schlecht, und von der Sonne war noch mehrere Stunden nach Aufgang nicht mehr als ein schwacher, verschleierter und silbergrauer Fleck zu sehen. Eine feine Sand- und Staubschicht hatte die ganze Kajüte überzogen und war sogar in den Chronometerkasten eingedrungen; Segel und Takelage waren oberhalb der Grenze, bis zu der die See hochspritzte, damit bedeckt. Das Tauwerk lief schwer durch die Blöcke, die Rutscher des Großsegels blieben beim Ausreffen an der Schiene hängen, und Nasen und Rachen fühlten sich so dick an wie bei einer schweren Erkältung.

Unserer Position ungewiß und verhindert, unseren Schiffsort durch Beobachtungen zu bestimmen, da Sonne und Horizont, zu undeutlich waren, manövrierten wir uns vorsichtig an das Westufer heran und zwar an einer Stelle, wo es, wenn unser Besteck nur auf fünf Meilen in jeder Richtung stimmte, keine außen vorliegenden Gefahrenstellen geben sollte. Gegen Mittag zeichneten sich die Gipfel einer Gebirgskette, die dort zwischen 600 und 1200 Meter emporragen, gegen den blaßblauen Himmel ab. Zwei von ihnen konnten wir an Hand einer Skizze im Segelhandbuch identifizieren und so unseren Schiffsort bestimmen; danach lag Suez etwa 50 Meilen voraus. Mit der Flagge der Vereinigten Arabischen Republik im Steuerbordwant gesetzt (die alte grün-weiße ägyptische Flagge ist nicht mehr in Gebrauch), erreichten wir Suez am folgenden Morgen. In der Bucht von Suez fanden wir 35 Schiffe vor Anker liegen, die alle auf die Durchfahrt durch den Kanal warteten, denn der Hafen war infolge des Sandsturms geschlossen worden und die Organisation der Kanalkonvois durcheinandergeraten. Wir registrierten unsere Nummer beim Lotsenkutter und gingen dann vor dem Denkmal an der Kanaleinfahrt vor Anker. Wir waren erleichtert, diesen schwierigen Abschnitt unserer Reise geschafft zu haben; es war ein Kampf und manches Mal auch eine Plage gewesen, hätte aber auch noch viel schlimmer kommen können.

Wir hatten gehört, daß Ägypten sich besuchenden Yachten gegenüber recht umständlich benimmt, und daß die Formalitäten und der Papierkrieg in Verbindung mit dem Transit durch den Kanal einfach fürchterlich sind. Infolgedessen hatten wir uns schon rechtzeitig mit einem Schiffsagenten in Verbindung gesetzt, das erste Mal, daß wir solche Dienste in Anspruch nahmen, obgleich die Agenten uns überall in der Welt, ohne zu bitten, freundschaftlich zur Seite gestanden hatten. Die englische Firma, Messrs. Hull, Blyth & Co. tat alles Erdenkliche, um alle Transitschwierigkeiten für uns aus dem Wege zu räumen, kümmerte sich um uns an beiden Kanalenden mit väterlichem Wohlwollen, lehnte es aber ab, uns irgendwelche Kosten zu berechnen.

Jeden Tag gibt es einen nach Norden und zwei nach Süden bestimmte Konvois. Eine Yacht startet die Durchfahrt im Anschluß an einen Konvoi; sie braucht normalerweise zwei Tage, wobei sie eine Nacht in Ismailia am Lake Timsah, ungefähr auf halbem Wege, liegen bleibt, denn selbst wenn sie die Konvoigeschwindigkeit (siebeneinhalb Knoten) einhalten könnte, wäre sie doch nicht in der Lage, die riesigen Scheinwerfer zu führen, die für Nachtfahrten im Kanal Vorschrift sind. Da aber die Konvois, als wir Suez verließen, noch immer Verspätung hatten, mußten wir die Fahrt zweimal anstatt nur einmal unterbrechen, das erste Mal in El Kabret, wo sich der große und der kleine Bitter Lake vereinigen, und das zweite Mal in Ismailia. Dies war, nebenbei gesagt, der Ort, wo wir ursprünglich einen Monat oder länger hatten bleiben wollen, um abzuwarten, bis der schlimmste Teil des Winters vorbei war, bevor wir in das Mittelmeer liefen, denn der Liegeplatz dort ist sauber und geschützt, und der Ort ist ruhig. Ich hatte im voraus die Erlaubnis hierfür beantragt, und unsere Agenten hatten das gleiche getan. Der Antrag wurde aber abgelehnt, Suez und Port Said seien die einzigen Häfen, in denen ich länger verweilen dürfe.

Wir sahen der Durchfahrt durch den Kanal mit einiger Beunruhigung entgegen, da wir schreckenerregende Geschichten über die fürchterlichen Dinge gehört hatten, die kleinen Schiffen bei der Begegnung mit großen im Kanal widerfahren können. Es war am Vormittag des zweiten Tages, daß wir dem ersten entgegenkommenden Konvoi begegneten, und dies war der Augenblick, den Susan und ich gefürchtet hatten. Das führende Schiff, ein dicker Franzose, schien eine ansehnliche Wassermasse vor sich herzuschieben und, aus der Entfernung gesehen, den ganzen Kanal einzunehmen. Wir drängten uns nahe an das Westufer und steuerten innerhalb der kleinen Bojen, die den Rand der tiefen Fahrrinne bezeichnen. Wir stiegen den herankommenden Wellenberg empor, dessen Gipfel wir gerade, bevor der abfallende Steven querab vorbeischnitt, erreichten, um dann sanft in das nachfolgende Wellental zu sinken, während das Wasser von den steilen Kanalufern weggesogen wurde. Am Ufer folgten dem Tal brechende Wellen, und dann kam die Kielwelle, die uns wiederum emporhob, aber nicht ganz so hoch wie die Bugwelle. *Wanderer* zeigte keine Neigung, in irgendeine Richtung auszuscheren, weder durch Sog noch durch Schwell, und innerhalb weniger Augenblicke war die hohe stählerne Bordwand, ohne Schaden zu tun, vorbeigeglitten, unsere Aufmerksamkeit galt jetzt dem nächsten Schiff im Konvoi, einem riesigen holländischen Tanker in Ballast. Die von ihm verursachte Störung sah näherkommend noch alarmierender aus, aber wir wurden damit ebenso leicht fertig wie mit der des Franzosen. Als der Tanker bei uns vorbeiglitt, rief uns eine Stimme hoch oben von der Brücke zu: „Viel Glück! Seien Sie vorsichtig!" Ein Tanker dieser Größe hat auf dem Rückweg mit voller Ladung bis zu £ 11 000 an Kanalgebühren zu zahlen. Schiff auf Schiff, unterschiedlich in Form und Größe, Anstrich und Nationalität fuhr in Abständen von fünf Minuten vorbei; das letzte Schiff in der Prozession war Präsident Nassers elegante Dampfyacht. Diktator sein hat doch gewisse Vorteile.

Für kleine Fahrzeuge werden keine Kanalgebühren verlangt, und obgleich Lotsenzwang besteht – der eine Lotse geht nur bis Ismailia, wo ein anderer die Strecke nach Pord Said übernimmt – werden hierfür keine Kosten erhoben. Unsere beiden Lotsen waren Ägypter; sie sprachen nur wenig Englisch, schienen aber ihr Geschäft zu verstehen. Obgleich der 87 Meilen lange Kanal zum größten Teil flaches, wüstenähnliches Land durchschneidet, war unser Interesse doch durch mancherlei Dinge in Anspruch genommen: durch Schiffe, Bagger, Signalstationen, die eine und einzige Drehbrücke und sogar durch einige Fischerkähne und Rennvierer. Während des größten Teils der Passage hatten wir den Wind gut vorlicher als dwars und konnten mit vollstehenden Segeln den Motor unterstützen.

Als wir glücklich den belebten Hafen von Port Said erreicht hatten, zahlten wir einem Wachmann eine phantastisch hohe Bestechungssumme und verließen darauf das Schiff, um einige Tage nach Kairo zu gehen, wo wir von einem reizenden amerikanischen Ehepaar, Frank und Roberta Fuqua, die von unserer Reise gelesen hatten, eingeladen waren, einige Tage mit ihnen in ihrer Wohnung im 21. Stockwerk des einzigen Hochhauses der Stadt zu verbringen. Sie bestanden darauf, uns ihr eigenes Schlafzimmer einzuräumen, das zwei Fenster hatte. Von dem einen ging der Blick hinunter auf den nahen Nil mit seinen Felukken unter Segel, und von dem anderen über die Dächer der enggebauten Stadt, über scharf geschnittene Würfel brauner und gelber Färbung – eine Aussicht, die man sonst nur vom Flugzeug aus haben kann. Bei Sonnenaufgang erschien dieser Blick aller Wirklichkeit entrückt, denn dann ragten die obersten Stockwerke der größeren Gebäude wie Inseln aus dem Rauch und frühmorgendlichen Dunst hervor. Vom Wohnzimmerbalkon sahen wir über den Nil unmittelbar auf die Pyramiden, zu denen uns unsere Gastfreunde neben anderen interessanten Plätzen hinausführten. Außerdem gewannen wir eine gewisse Vorstellung von dem seelischen Druck, der wohl stets das Leben in einem Polizeistaat begleitet. Es sind solche Erlebnisse wie dieser unser Besuch in Kairo, die uns reichlich für die Unbequemlichkeiten und Probleme einer Weltreise in einem kleinen Schiff entschädigen und uns mit einem Gefühl tiefer Dankbarkeit erfüllen. Sie bleiben deutlich in der Erinnerung haften, wenn sich die unangenehmen Begleitumstände längst in ihren richtigen Proportionen eingeordnet haben.

Bei unserer Rückkehr nach Port Said fanden wir ein kaltes, nasses und windiges Wetter vor. Außerdem waren die Beschränkungen von offizieller Seite zu lästig als daß wir Lust hatten, uns ihnen noch viel länger auszusetzen. So legten wir ab und segelten früher in das Mittelmeer hinein, als es eigentlich unsere Absicht gewesen war. Drei Tage später erreichten wir Limassol an der Südküste Zyperns, nachdem wir am Anfang und am Schluß gar keinen, und unterwegs viel zu viel Wind gehabt hatten. Es war ein wohltuendes Gefühl, sich wieder einmal in der gastfreundlichen Fürsorge der Armee zu wissen. Da aber Zypern einer kleinen Yacht kein unbedingt sicheres Winterquartier bietet, blieben wir nur sechs, allerdings recht angenehme Tage und setzten dann bei schrecklich schlechtem Wetter Segel nach Rhodos, um dort bis Mitte April zu bleiben, da das Mittelmeer erst von diesem Zeitpunkt an ein vernünftiges Segelrevier für kleine Fahrzeuge darstellt.

DREIZEHNTES KAPITEL

Durch das Mittelmeer heimwärts

Unser malerischer Ankerplatz in Rhodos bot viel Abwechslung. Wir lagen im Hafen von Mandraki, dessen Eingang von zwei schlanken Steinsäulen flankiert wird, die das grüne und rote Hafenlicht tragen und von zierlichen Bronzehirschen gekrönt werden. Wir lagen nach Mittelmeersitte vertäut, die Anker in Richtung der Säulen ausgebracht, die Achterleinen zum Kai. Zu Steuerbord erstreckte sich die alte Mole, auf der sich einstmals der Koloß erhob und heute drei alte, ausrangierte Windmühlen und am äußersten Ende ein Fort stehen. Nahe an Backbord verlief die geschäftige Hauptstraße, und weiter fort breitete sich der große, weiße Markt aus – für uns ein bequem gelegenes Einkaufszentrum – mit einer Reihe Cafés auf der Seeseite. Über einigen in der Nähe stehenden Bäumen ragten die Zinnen des Kastells empor, das umgeben von einem Labyrinth enger Straßen inmitten der Stadtmauer und des Burggrabens der alten Stadt gelegen ist. Dort verbrachten wir viele Stunden, in denen wir uns verliefen und dabei immer wieder auf neue Überraschungen stießen, denn die Stadt ist eine jener Seltenheiten, ein ehrwürdiges Denkmal aus alter Zeit, das noch von vollem, alltäglichen Leben erfüllt ist.

Zweimal erlebten wir *sciroccos* (Südoststürme) mit Windgeschwindigkeiten über 80 Knoten, den schlimmsten seit 20 Jahren, wie man uns sagte. Gewaltige Seen donnerten gegen die Hafenmole und sandten eine schwere Dünung in den Hafen hinein. Was diese Stürme bei uns an Bord anrichteten, war erstaunlich; obgleich wir alle Bullaugen und Luken geschlossen hatten, war die Kajüte, genau wie in dem Sandsturm, den wir im Golf von Suez erlebten, mit Staub bedeckt. An Deck lag aber mehr als nur Staub; der fürchterliche Wind wehte Kies und Schindeln an Deck, die Luft war von

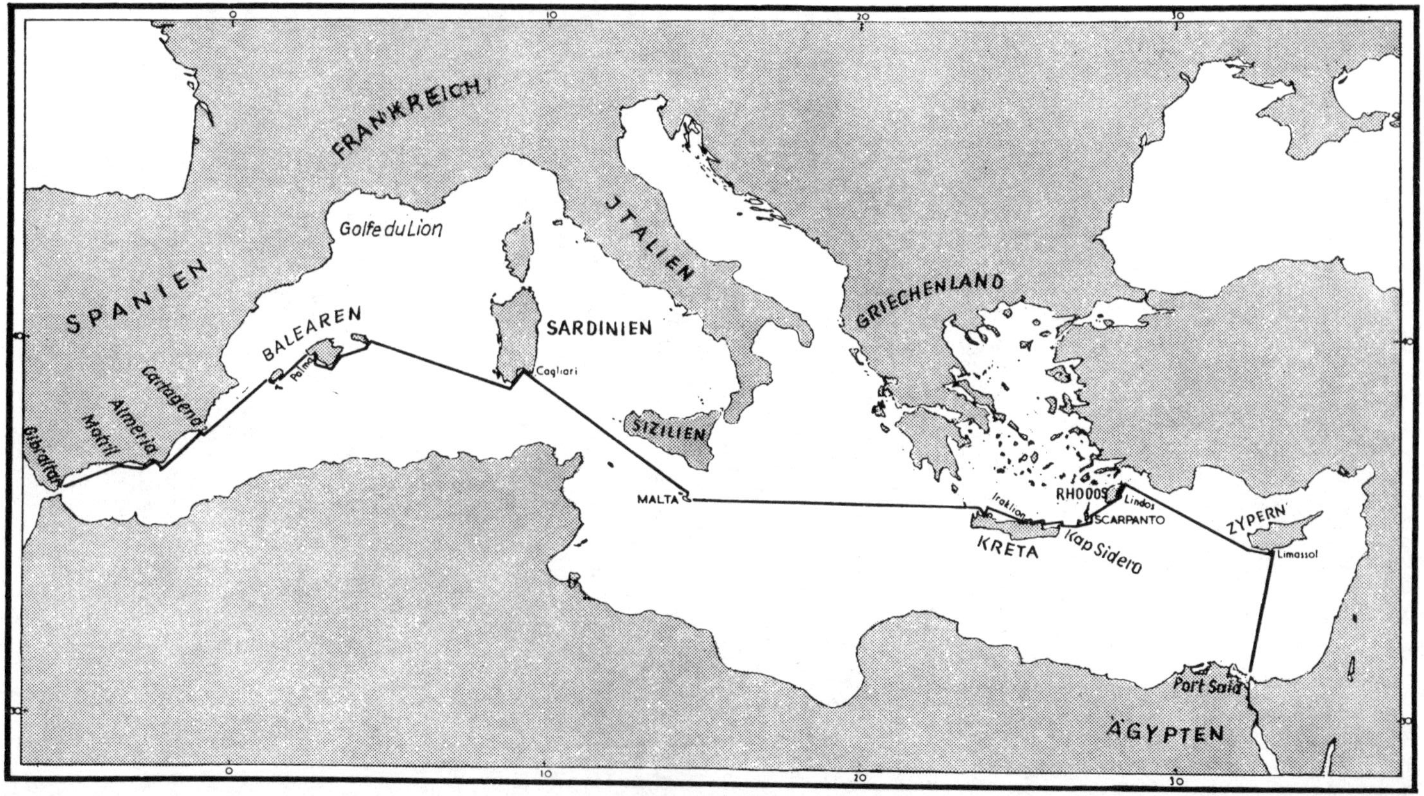

DAS MITTELMEER

fliegendem Gischt erfüllt, und unser armes Schiff sah bald aus wie mit Zement beworfen, und zwar bis zum Masttopp hinauf.

Noch vor unserer Abreise hatten wir die Freude, die *Adios* einlaufen zu sehen, von der wir seit Aden nichts mehr gehört hatten. Tom und Janet waren auf ihrer Fahrt nach Rhodos in sehr schlechtes Wetter geraten. Sie kamen inmitten eines starken Sturmes an, vor dem sie unter Ausbringung eines Treibankers achteraus, mit zerrissenen Segeln und ausgefallenem Motor gelenzt hatten. Sie waren klug genug gewesen, unter diesen Verhältnissen nicht in den Hafen zu laufen, sondern sich lieber einen Ankerplatz in Lee der Insel zu suchen. Dort verloren sie beide Anker und wurden von einem Kümo auf den Haken genommen, brachen aber bei diesem Manöver ihren Bugspriet. Tom gelang es schließlich mit großer Zähigkeit und der Hilfe eines Tauchers, Buganker und Kette wiederzufischen. Als wir uns verabschiedeten, planten Tom und Janet eine Kreuzfahrt durch die griechische Inselwelt, um anschließend den Winter in Spanien zu verbringen. Auch von Blue und Dot Bradfield hörten wir, daß sie in Zypern einen geschützten Liegeplatz und vorübergehend Arbeit an Land gefunden hätten.

Andere Segelfreunde von uns, Fred und Joan Georgeson aus Kalifornien, überwinterten damals mit ihrem Elf-Tonnen-Kutter *Alano* in Palma de Mallorca. Sie hatten durch den Kommodore des dortigen Segelklubs Vorkehrungen getroffen, *Wanderer* aufslippen zu lassen, vorausgesetzt, daß wir dort vor dem 7. Juni einträfen. Wir waren sehr daran interessiert, uns diese Möglichkeit nicht entgehen zu lassen, da unser Kupferbeschlag oxydiert war und seine anwuchsverhindernden Eigenschaften zum größten Teil verloren hatte. Wir wollten der Kupferhaut gern einen Anstrich mit faulfester Farbe geben, um sicher zu sein, daß das Unterwasserschiff auf der Heimreise sauber blieb, zumal ein Teil der Fahrt eine Kreuztour gegen den portugiesischen Passat bedeutete. Ferner sollten die Bordwände, die während unseres Aufenthaltes in Ägypten verschrammt waren, ebenfalls einen neuen Anstrich erhalten.

Mit diesem Termin im Kopf hielten wir es nicht für ratsam, vorher die griechischen Inseln zu besegeln oder Italien zu besuchen. Wir wußten, daß wir uns nicht auf günstige Winde verlassen konnten, zeitweise sogar mit gar keinem Wind rechnen durften, und wir erinnerten uns der Erfahrungen, die Oberst Tilman zu etwa der gleichen Jahreszeit mit seinem ehemaligen Lotsenkutter *Mischief* gemacht hatte; er brauchte einen vollen Monat, um bei flauen Winden von Port Said nach Malta zu segeln und einen weiteren Monat für die Weiterfahrt nach Gibraltar bei einem Übermaß von starken Gegenwinden. Wir beschlossen daher, zunächst nach Kreta zu gehen, da wir uns besonders wünschten, den Palast von Knossos zu besichtigen, und anschließend direkt nach Malta zu laufen. Wenn dann noch Zeit übrig blieb, wollten wir Sizilien oder Sardinien besuchen. Wir waren uns bewußt, daß dies kein anspruchsvolles Programm war, und daß es selbst dann noch auf einen Wettlauf mit der Zeit herauskommen konnte. Schließlich und endlich befanden wir uns auch auf der Heimreise mit dem begreiflichen Wunsch, England nicht später als Anfang August wiederzusehen.

Nachdem wir den Hafen von Mandraki verlassen hatten, blieben wir noch vier wunderschöne Tage in dem Naturhafen von Lindos an der Südostküste von Rhodos liegen. Dicht neben uns lag der Ort mit seinen kopfsteingepflasterten Straßen – so eng, gewunden und steil, daß nur Esel als Verkehrsmittel dienen können – und mit seinen farbig getünchten Häusern, die sich um einen 120 Meter hohen Felsen drängen, auf dem die Akropolis an hervorragender Stelle innerhalb der Mauern eines schönen Kastells aus der Kreuzfahrerzeit steht. Dieser Szenerie wegen wird der Blick vom Hafen aus als einer der großartigsten ganz Griechenlands gepriesen, und es ist schon höchst eindrucksvoll, wenn man ihn wie wir in der kühlen Stille der frühen Morgenstunden, bevor die tägliche Touristeninvasion begann, genießen konnte. In unserer Phantasie bevölkerten wir den Ort mit den Menschen, die so viele Jahrhunderte zuvor dieselbe Flucht breiter Steintreppen erklommen, um ihre Andacht zu verrichten und in den Säulentempeln ihren Göttern Opfer darzubringen. Von oben sahen wir auf der einen Seite auf *Wanderers* Ankerplatz herab, auf der anderen ging der Blick vorbei an dem aus Naturstein herausgehauenen Theater zu dem Holy Apostle-Hafen, wo nach der Überlieferung der Apostel Paulus gelandet ist.

Bei Windstille liefen wir unter Maschine hinüber zu der Insel Scarpanto, aber der Windstille folgte bald ein Nordweststurm, der uns zwang, zwei Tage lang Schutz in einer Bucht auf der Leeseite der Insel zu suchen. Wir hatten keine Verbindung mit dem Lande und wechselten uns ab mit der Lektüre von *The Bull of Minos*, von Cottrell, während der Sturm in der Takelage heulte und der Anker sich tiefer und tiefer in den ausgezeichneten, lehmigen Ankergrund einwühlte. Der Sturm wurde von einer neuen Flaute abgelöst, und wir kreuzten unter Motor die Straße von Kaso, wo William Robinson auf seiner Weltumsegelung mit der *Svaap* eine ganze Woche vergeblich versucht hatte, gegen den Wind anzukreuzen. In einer winzigen Bucht gingen wir dicht unter dem großen Leuchtturm von Kap Sidero am östlichen Ende von Kreta vor Anker. Die einzigen Bewohner dieses gottverlassenen Stücks Erde sind die Leuchtturmwärter und ihre Frauen. Obgleich wir uns durch kein einziges Wort miteinander verständigen konnten, waren sie freundlich und ließen uns das mit Öl betriebene und mit der Hand bediente Leuchtfeuer besichtigen.

Wir segelten dann an der Nordküste Kretas entlang, wobei wir den größten Teil der 130 Meilen gegen frische Winde und rauhe See aufzukreuzen hatten. Wir unterbrachen die Fahrt an mehreren Ortschaften, unter denen Iraklion, von wo sich der Palast von Knossos in kurzer Omnibusfahrt erreichen läßt, am bemerkenswertesten war. Wir hatten eigentlich nur zwei Tage bleiben wollen, aber Susan hatte sich nur wenige Minuten nach Erreichen unseres Liegeplatzes so schlimm am Rücken verletzt, daß sie sich mehrere Tage nicht bewegen konnte. So vergingen zwei Wochen, bis sie wieder in der Verfassung war, in See zu gehen.

Sobald sie sich genügend erholt hatte, um an meinem Arm herumzuhumpeln, unternahmen wir die Fahrt nach Knossos, und zwar, wie es unsere Gewohnheit ist, früh am Morgen, so daß wir den Platz wie in Lindos ganz für uns hatten. Dieser Ausflug allein hätte die lange Kreuzfahrt durch das Mittelmeer gelohnt. Der berühmte Archäologe Sir Arthur Evans, der den 3000 Jahre v. Chr. errichteten Palast ausgrub, baute gewisse Teile auf eigene Rechnung so wieder auf, daß Leute wie ich, denen ein Haufen Steinruinen wenig sagt, begreifen können, um was für einen Bau es sich gehandelt hat und wie er mit seinen Säulenhallen, seinen Treppenfluchten, seinem Thronsaal und dem an seiner ursprünglichen Stelle stehenden ältesten Thron Europas, seinen Schatzgewölben, den Privatgemächern der Könige und Königinnen, seinen Badezimmern, W. C.'s und den dazu gehörigen Rohrleitungen in Wirklichkeit ausgesehen haben muß. In unserer Phantasie bevölkerten wir den

Palast mit den frohsinnigen, kunstliebenden Minoern mit ihren unglaublich schmalen Taillen – auffälliges Charakteristikum sowohl der Männer als auch der Frauen –, die dort vor so langer Zeit gelebt hatten. Die dort aufgefundenen Malereien, Schnitzarbeiten und Fresken befinden sich jetzt alle im Museum von Iraklion, aber ausgezeichnete Reproduktionen nehmen ihren Platz im Palast ein – besonders interessant sind die Fresken des „Gefäßträgers" und „Priesterkönigs" – und alles leuchtet inmitten einer grünen, friedlichen Landschaft in den satten Farben der Originale. Zweimal machten wir unsere Wallfahrt zu dieser einzigartigen Stätte und fanden unsere Erwartungen reichlich erfüllt.

Eine weitere Station auf Kreta machten wir in Khania, der verfallenden Hauptstadt, wo wir lange nach ihrer eigentlichen Schlafenszeit von schlechterzogenen aber gutgekleideten kleinen Mädchen belästigt wurden, bevor wir uns direkt auf den Weg nach Malta machten. Ohne Wind am Anfang, mit umlaufenden Winden unterwegs und einem günstigen Wind erst am Schluß brauchten wir für die 470 Meilen lange Strecke fünfeinhalb Tage.

Eines Abends versuchten vier Schwalben, die sich entweder ausruhen wollten oder eine Freipassage suchten, zu uns an Bord zu gelangen. Immer wieder probierten sie auf den Nähten des Großsegels zu landen, ohne auf dem glatten Terylenetuch einen Halt zu finden, wobei unglücklicherweise eine von ihnen ins Wasser fiel und verloren ging. Die anderen gaben darauf ihre Absicht auf und ließen sich nach wiederholten Ansätzen und unter viel Geschwätz, die eine auf der unteren Backbordsaling, die zweite auf dem Kajütenaufbau vorn neben dem Entlüfter und die dritte auf dem Backstagshebel, nur eine Handbreit vom Rudergänger entfernt, nieder. Dort verbrachten sie die Nacht, ihre kleinen Köpfchen unter die Federn gesteckt. Sie schienen überhaupt nicht scheu zu sein und schenkten uns nicht die geringste Beachtung. Ohne Insekten an Bord konnten wir sie nicht füttern, waren aber mit Rücksicht auf ihre Schlafplätze gezwungen, auf demselben Schlag weiterzusegeln, was uns einige Meilen aus unserem Kurs brachte, bis sie uns am Morgen verließen. Wir konnten nur hoffen, daß die ihnen in der Nacht geschenkten 50 Meilen westlicher Länge nicht ihre eigene Navigation ernsthaft durcheinanderbrachte.

Bei unserer Ankunft in Malta wurden wir fast wie V. I. P.'s (Very

Important Persons) behandelt – sehr zu unserem Erstaunen, da doch besuchende Yachten dort keine Seltenheit sind. John Miles, der Generalkonsul der Vereinigten Staaten – nebenbei der längste Mann, dem wir je begegnet sind – entfaltete von seinem Balkon, als er die *Wanderer* kommen sah, seine größte Flagge. Er und seine Frau stellten uns ihre Badezimmer zur Verfügung, luden uns zum Essen ein, sandten uns einen eigens für Susan geeisten Geburtstagskuchen und einen Wagen mit Chauffeur, um uns etwas von der Insel zu zeigen. Auch alle anderen Menschen, die wir kennenlernten, gaben sich die größte Mühe, unseren Aufenthalt so angenehm wie möglich zu gestalten. S. E. der Gouverneur und Lady Grantham hatten die Freundlichkeit, uns zum Lunch zu bitten, und als S. E. persönlich erschien um uns abzuholen, bestand er darauf, unsere Riemen und Dollen mit in seinen Palast zu nehmen, um jedes Diebstahlsrisiko auszuschließen.

Es ist sehr fraglich, ob der flüchtige Besucher von George Cross noch viele Spuren von der heldenhaften Rolle findet, die es im Kriege gespielt hat, denn viele schöne, neue Gebäude, aus dem gleichen, auf die alten Häuser hervorragend abgestimmten, warmfarbigen Stein füllen die Lücken und decken die Narben. Im ganzen gewannen wir den Eindruck einer sauberen, hellen und verhältnismäßig heiteren Insel, obgleich die Schließung der Werft ein schwerer Schlag gewesen sein muß.

Die Tage in Malta gingen viel zu schnell vorbei, und wir waren wirklich traurig, unsere neugefundenen Freunde verlassen und weitersegeln zu müssen, und unser Bedauern wuchs, als wir draußen in der Straße von Malta von einem frischen Gegenwind empfangen wurden. Dieser Umstand führte zu dem Entschluß, einen Hafen am Westende von Sizilien anzusteuern. Kaum hatten wir uns aber bis auf Sichtweite an den Hafen herangearbeitet, als der Wind nach Osten umschlug, worauf wir keinen Augenblick zögerten, den günstigen Wind wahrzunehmen und unsere Pläne entsprechend umzustellen, denn die Zeit fing an knapp zu werden. Wir setzten also Kurs auf Cagliari ab, die Hauptstadt von Sardinien, zu der wir, schon 330 Meilen von Malta entfernt, den Rest des Weges in dickem Nebel suchen mußten. Cagliari, unser einziger italienischer Hafen, entpuppte sich für uns als eine Überraschung. Ohne darüber mehr als den kurzgefaßten Hinweis im

Segelhandbuch zu kennen, hatten wir eine ziemlich primitive Ortschaft erwartet. Statt dessen fanden wir eine Stadt mit eleganten Läden als Anziehung für die Touristen und mit hohen, neuen Gebäudeblocks, die auf allen Seiten aus der Erde wuchsen. Dies interessierte uns wenig, aber als wir hinter die glänzende Fassade drangen, entdeckten wir das eigentliche Cagliari, ein Gewirr steiler, enger Gassen mit Mietskasernen auf beiden Seiten, die so hoch waren und so eng zusammenstanden, daß das Sonnenlicht Mühe hatte einzudringen. Das Innere der Häuser schien, soweit wir durch Türen und Fenstern erkennen konnten, fast ganz in Dunkelheit zu liegen, und über jeden dieser Gängecanyons waren Leinen gespannt, an denen die Bewohner hofften, ihre Wäsche zu trocknen. Trotz ihrer wenig versprechenden Behausungen sahen die Leute, die wir trafen, sauber und heiter aus. Eine schlaflose unruhige Nacht im Hafen mit bellenden Hunden, schmetternden Radios, grölenden Betrunkenen, schreienden Fischern und knatternden Motoren reichte uns; am nächsten Morgen versegelten wir zu den Balearischen Inseln.

Während der Überfahrt gerieten wir in zwei Stürme. Der erste war nicht so schlimm und dauerte nicht lange, so daß wir ihn unter gerefften Segeln abwettern konnten. Der andere brachte vorlichen Wind und wurde von einer schweren Dünung begleitet, die uns veranlaßte, beizudrehen. Während wir so lagen, sprang der Wind in einer Weise herum, wie es uns langsam zur Gewohnheit wurde: Er ließ einige Minuten lang nach und fing dann wieder an mit gleicher Stärke zu wehen wie zuvor, aber aus Nordwest, ein Wechsel von 90°. Sehr schnell baute sich eine noch schwerere Dünung aus dieser Richtung auf, über deren Höhe wir uns nur wundern konnten, denn der Wirkungsbereich vom Golf von Lyons her (zugegebenermaßen die stürmischste Gegend des Mittelmeers) ist nicht sonderlich weit. Die von der Kreuzdünung hervorgerufene Bewegung machte uns schwindlig; als der Sturm genauso schnell aufhörte wie er ausgebrochen war, hinterließ er eine solche Kabbelsee, daß wir noch stundenlang auf der Stelle traten.

Trotz dieser und anderer Widerstände gelang es uns, Palma de Mallorca einen Tag früher als geschätzt zu erreichen. Wir erhielten einen Liegeplatz vor dem ausgedehnten Gelände des Club Nautico und wurden von Señor Coll, dem Kommodore, freundlich willkommen geheißen. Am folgenden Tage wurde *Wanderer* wie versprochen auf dem Slip des Klubs, der gepflegtesten Anlage, die wir jemals benutzt haben, an Land geholt. Señor Coll, den offenbar die Vorstellung schockierte, daß Susan und ich die Arbeit selbst verrichten wollten, sandte uns am ersten Tag einige Bootsleute des Klubs zur Hilfe. Als wir ihnen aber einige Bogen Sandpapier in die Hand drückten, um die Farbe abzuschleifen, schüttelten sie den Kopf und erwiderten, sie seien Maler und keine Arbeiter. So mußten wir die Arbeit schließlich doch selbst machen und gaben den Bordwänden in drei glutheißen Tagen einen Grund- und Lackanstrich. Dagegen halfen uns Mike und Betty Slater von der Motoryacht *Trog,* auf der die irische Flagge wehte, in höchst kameradschaftlicher Weise bei dem Anstrich der Kupferung mit Patentfarbe, und als wir *Wanderer* wieder zu Wasser gebracht hatten, legten wir uns in dem gemütlichen, dicht besetzten Yachthafen längsseits der *Trog,* bis wir unsere Überholungsarbeiten beendigt hatten.

Die Balearen bestehen aus drei größeren Inseln – Minorca, Mallorca und Ibiza – und verschiedenen kleineren, die sich auf etwa drei Längengraden verteilen. Mit ihren zahlreichen, einladenden Ankerplätzen bilden sie ein schönes Kreuzrevier; das Sommerwetter ist gut, der Himmel blau, und die Einwohner sind freundlich und verstehen dazu etwas von Yachten. Einschließlich der mit Überholungsarbeiten verbrachten Tage blieben wir drei Wochen dort, wovon wir die schönsten Tage auf Ibiza verbrachten, der westlichsten und unserer Ansicht nach schönsten Insel der ganzen Gruppe. Die Stadt Ibiza, eine Ansammlung farbig getünchter Häuser, die bis zum Gipfel eines von der Kathedrale gekrönten Hügels heraufsteigen, ist von großem Reiz, und der Hafen, an den die Häuser sich so nahe herandrängen, als wollten sie hineinstürzen, ist belebt mit dem Kommen und Gehen buntfarbiger Küstenfahrzeuge. Leider mündete die Sielleitung im Hafen, aber das ist etwas, an das man sich beim Besuch spanischer Häfen gewöhnen muß.

Durch einen glücklichen Zufall trafen wir in Ibiza Gordon Sellers. Er hatte 1956 zusammen mit Jan Major in der 7,6 Meter langen Slup *Buttercup* den Atlantik überquert, wobei er im Passat unter Breitfock und *vane stearing-gear* (Windfahnen-Steuerung) segelte. Einige Jahre später startete er in seiner eigenen kleinen Yacht *Falken* in der Absicht, die gleiche Reise zu wiederholen, wählte aber den Midi-Kanal als Route in das Mittelmeer. So gelangte er nach Ibiza, in das er sich so sehr verliebte, daß er seine Reise dort beendete; er kaufte sich eine kleine Farm, ohne aber das Segeln aufzugeben. Mit seinem scharlachroten 1925er-Modell T-Ford nahm er uns rund um die sonnenerfüllte Insel, ohne den steilen Anstieg zur Kathedrale auszulassen, und segelte am folgenden Tage in Gemeinschaft mit uns zur kleinen Insel Española hinüber, wo wir nebeneinander in einer Bucht an der Südwestseite ankerten. Nach dem Lunch schwammen Susan und ich zum *Falken* hinüber, wo wir im Sonnenschein an Deck saßen und geeisten kalten Wein tranken. Als wir uns zur Rückkehr wieder ins Wasser stürzten, kam Gordon mit uns; er trug dabei einen breitrandigen Strohhut, blaßgelbe Shorts und rauchte eine Zigarette. Er rauchte sie noch, als wir *Wanderer* erreichten, wo wir wiederum Wein tranken. Wir können uns schwerlich vorstellen, wie man einen heißen Nachmittag auf angenehmere Weise verbringen kann als so, und das haben wohl auch die Leute im Sinn, wenn sie von den Freuden der Segelei im Mittelmeer sprechen. Wir jedenfalls hatten bei entweder viel zuviel oder nicht genug Wind und bei einer allzu häufig ermüdend steilen Dünung auf einer Strecke von 2500 Meilen dieses langgestreckten Meeres nicht mehr als fünf Tage gefunden, in denen das Segeln wirklich Freude machte. Am nächsten Morgen trennten sich die beiden Yachten; *Falken* kehrte nach Ibiza zurück; und *Wanderer* machte einen letzten Halt an der Westküste von Ibiza in der hübschen kleinen Bucht von Cala Badella, wo wir dicht am Strand mit nur einer Handbreite Wasser unter dem Kiel auf Sandboden ankerten. Um diese Stelle zu erreichen, mußten wir innerhalb von Vedra, einer 380 Meter hohen Insel ungewöhnlicher Gestaltung, passieren; ihre Berggipfel erinnerten uns sehnsüchtig an unser geliebtes Moorea, Tahitis Schwesterinsel, aber hier erklangen keine Gitarren und tanzten keine mit Grasröcken bekleidete Mädchen. Vedra ist unbewohnt.

Auf der Fahrt hinüber zur spanischen Küste blieb es fast windstill, und erst als wir näher kamen, trafen wir auf eine frische Südostbrise, die zu gut war, um sie ungenützt zu lassen. Anstatt in Alikante haltzumachen, wie wir eigentlich geplant hatten, segelten wir daher die Nacht durch und erreichten am nächsten Nachmittag Cartagena, den einzigen Naturhafen an der Südostküste

Spaniens. In einer Bucht unmittelbar außerhalb des Hafens war eine Ölraffinerie gebaut worden, und als wir am nächsten Tag vor Morgengrauen weitersegelten, fanden wir den ganzen Hafen mit Öl bedeckt. Auf unseren neugemalten Bordwänden und unseren Festmachern lag eine dicke Schicht teeriger Dreck und auf Deck und Takelage der ölhaltige Ruß eines benachbarten Kriegsschiffes. Wir mußten vier Meilen weit in See laufen, bevor wir einen Eimer mit sauberem Wasser an Bord holen, um unter Hinzunahme von Reinigungsmitteln eine große Säuberungsaktion veranstalten konnten.

Der Trip nach Gibraltar verlief ohne besondere Ereignisse. Der Wind wehte nur flau; dafür warf uns eine ärgerliche achterliche Dünung in der See umher, und wir stoppten nur in zwei Häfen, dem Erzhafen von Almeria, um Benzin überzunehmen, und dem großen, sauberen, aber leeren Hafen von Motril, wo wir eine lange Nachtruhe genossen. Erst als die aufregende, lichterglänzende Silhouette des Felsens von Gibraltar in Sicht kam, trafen wir auf lohnenden Wind, der rasch zunahm. Der morgendliche Wetterbericht von Gibraltar sprach von einem 60-Meilen-Wind, aber glücklicherweise war er nicht ganz so stark, obwohl er mit voller Sturmstärke wehte, als wir Europa Point umrundeten und unseren Weg zu dem Bootshafen in Waterport suchten, der zwischen dem Nordende des Marinehafens und der Flugzeuglandebahn liegt.

Dort machten wir längsseits des in peinlicher Sauberkeit glänzenden elf Tonnen großen Kutters *Alano* fest, auf dem sich unsere Freunde Fred und Jean Georgeson und ihr Besatzungsmitglied Edward Shute befanden. Hätten wir nicht diese Freunde getroffen und mit ihnen reden und etwas unternehmen können, wäre uns Gibraltar sehr langweilig vorgekommen, denn außer dem Manager des Bootshafens, der ein vielbeschäftiger Mann war, und dem stellvertretenden königlichen Hafenmeister, der nur vorsprach, um unsere Berechtigung zur Führung des „Blue ensign" (der blauen Nationalflagge) nachzuprüfen, kümmerte sich niemand sonst um uns. Zweifellos war das nach unserem Empfang als „V. I. P.'s" (Very Important Persons) in Malta, der uns vielleicht zu Kopf gestiegen war, sehr gesund für uns, und die Affen hoch auf dem Felsen taten ein Übriges, uns wieder richtig einzuordnen, denn sie beurteilen ihre Besucher ausschließlich danach, wieviele Bananen sie mitbringen.

Alano war auf dem Wege nach England, und am Vorabend ihrer Abreise hatten wir Fred, Jean und Edward bei uns an Bord zum Essen. Hinterher spielten wir einige unserer Tonbandaufnahmen von der Musik auf den Inseln des Südpazifik, die solchen Beifall fanden, daß wir sie mehrfach wiederholen mußten.

Am folgenden Morgen preite Fred uns an: „Wir haben es uns anders überlegt."

„Was willst du damit sagen?" fragte ich zurück.

„Wir haben uns entschlossen, nun doch nicht nach England zu gehen", antwortete er. „Wenn wir hier herauskommen, drehen wir nach links statt nach rechts ab und segeln über Westindien nach Tahiti. Eure Musik aus den Südseeinseln hat es uns angetan."

Wir verließen zusammen den Yachthafen, aber anstatt gleich durch die Straße von Gibraltar zu schlüpfen, liefen wir den nur vier Meilen entfernt auf der anderen Seite der Bucht liegenden spanischen Hafen Algeciras an. In Vorbereitung unserer 1200 Meilen Passage heimwärts wollten wir gern vorher unseren Kompaß kompensieren und neue Deviationstabellen für Kompaß und Funkpeiler aufstellen. Wir erledigten dort unsere Aufgabe bei vollkommener Windstille und in beträchtlicher Hitze, wobei uns manchmal von dem Gestank des Kloakenwassers übel wurde, das den ganzen Hafen verpestete, und waren froh, als wir wieder auslaufen konnten. Wir motorten fünf Meilen weiter unter der Küste bis zu dem Osteingang der Straße, wo wir auf einen starken Westwind trafen. Wir refften das Großsegel, wechselten zur kleinen Fock und versuchten hindurchzukreuzen. Nach einem Schlag in die Mitte, wo eine rauhe See lief, und einem zweiten zurück zur Nordküste, mußten wir aber feststellen, daß wir zurückgetrieben worden waren. Wir gaben es auf und segelten nach Algeciras zurück. Sobald wir die Enge verlassen hatten, verloren wir den Wind und motorten in unerträglicher Hitze zu unserem Ankerplatz zurück.

Der engste Teil der Straße ist acht Meilen breit und von Carnero Point am östlichen Ende bis Tarifa-Feuer am westlichen Ende etwa zehn Meilen lang. Um den unaufhörlichen Wasserverlust durch Verdunstung im Mittelmeer auszugleichen, läuft fast immer ein nach Osten setzender Strom aus der Straße heraus. Es gibt auch Tidenströmungen, aber wenn die Tide nach Westen läuft, bewirkt sie in der Mitte der Enge höchstens eine Schwächung der Ostströmung, ohne sie aber zu überwinden. Starke und anhaltende westliche Winde lassen den Wasserspiegel der See draußen ansteigen, wodurch sich aber die Stärke der Ostströmung nur erhöht. In Küstennähe überwindet die nach Westen laufende Tidenströmung den Oststrom; um hieraus Vorteile zu ziehen, muß man sich jedoch sehr nahe an der Küste halten, der Felsen vorgelagert sind, darunter La Perla, knapp zweieinhalb Meter unter Wasser; unglücklicherweise liegt auf dieser Untiefe ein Wrack, das bei Niedrigwasser sichtbar werden soll. Diese Gefahrenstelle liegt weniger als eine Meile vor der Küste und ist unbezeichnet. Man muß an ihrer Innenseite vorbeilaufen, wenn man den günstigen Tidenstrom ausnützen will. Angesichts des starken Gegenwindes waren wir zunächst nicht bereit, dieses Risiko einzugehen.

Im Laufe der folgenden acht Tage unternahmen wir noch fünf weitere Anläufe, um durch die Enge zu gelangen, wobei wir es stets so einrichteten, daß unsere Ankunft mit dem Beginn der westlaufenden Tide zusammenfiel, und als wir immer verzweifelter wurden, versuchten wir sogar die Passage innerhalb von La Perla. Aber jedes Mal wehte uns der unbarmherzige Westwind mit annähernder Sturmstärke ins Gesicht, und es gelang uns nicht, gegen den Wind, die von ihm aufgewühlte steile See und den Strom irgendeinen Fortschritt zu erzielen. Wir versuchten es bei Tag und wir versuchten es bei Nacht; wir versuchten es unter Segel, unter Motor und Segel, und wir versuchten es sogar unter Motor allein; vergeblich, es war nicht dagegen anzukommen. Besonders ärgerlich war es, nach jedem Fehlschlag in das Gebiet fast durchgehender Windstille nördlich von Carnero Point zurückkehren und zu unserem Ankerplatz motoren zu müssen. Nach einigen Tagen gaben wir Algeciras zugunsten der Getares-Bucht auf, die der Enge etwas näher liegt. Dort war es kühler, das Wasser sauber, und wir konnten baden. Wer aber irgendwo in der Nähe von Gibraltar an der spanischen Küste auf offener Reede ankert, läuft Gefahr, von der *guardia civil* beschossen zu werden, die natürlich des Schmuggels wegen nervös ist, eines Geschäftes, das in großem Umfang von sogenannten Yachten betrieben wird, meist Motorfahrzeugen unter britischer Flagge und mit fremder Besatzung.

Es bedeutete nur geringen Trost, in Bechers *Winds und Cur-*

rents of the Mediterranean (Wind und Strömungen im Mittelmeer) nachzulesen, daß es in den Tagen der Segelschiffahrt nichts Ungewöhnliches war, vor Algeciras an die hundert Schiffe vor Anker auf günstigen Wind warten zu sehen, der sie durch die Straße bringen sollte. Bei jenen Schiffen handelte es sich aber durchweg um Rahsegler, während wir bisher unser eigenes schratbesegeltes Schiff für einen verhältnismäßig tüchtigen Segler gehalten hatten.

Elf Tage waren verflossen, seit wir Gibraltar verlassen hatten, und zum siebenten Mal liefen wir mit Motor in der üblichen Windstille die Küste entlang zum Eingang der Straße. Als wir Carnero Point gerundet hatten, stellten wir zu unserer Freude fest, daß der Westwind eingeschlafen war. Unter Maschine hielten wir uns dicht unter der Nordküste, passierten innerhalb von La Perla und schrammten uns an den der nächsten Landzunge vorgelagerten Felsen vorbei. Wie dankbar fühlten wir uns, diesen großen weißen Turm, der so viel Tage unser Ziel gewesen war, achteraus entschwinden zu sehen. Selbst dann hatten wir aber die Straße, die sich noch 25 Meilen weiter bis nach Kap Trafalgar erstreckt, noch nicht überwunden; nach Tarifa verbreitert sie sich jedoch, so daß der Strom nicht mehr ganz so stark läuft, und der Wind weniger heftig hindurchpreßt als in der Enge.

Es war ein schönes Gefühl, sich wieder in dem vertrauten Nordatlantik zu befinden, obgleich der Wind jetzt so flau wurde, daß wir dreieinhalb Tage brauchten, bis wir Kap St. Vincent runden konnten. Dort kreuzten wir den Track unserer Ausreise an dem Punkt, an dem wir am Abend des 6. September 1959 gestanden hatten, als die marokkanische Küste unser nächstes Ziel war. So hatte die kleine *Wanderer* zum zweiten Mal innerhalb von zehn Jahren, Monat auf Monat dem Horizont im Westen entgegenstrebend, die Erdkugel umsegelt, und unser Herz schlug in großer Liebe zu ihr. Obgleich wir volle Befriedigung erst dann empfinden durften, wenn wir den Hafen, von dem wir ausgelaufen waren, erreicht hatten, so bot dieser Augenblick doch Grund genug für eine kleine Feier. Wir hatten noch eine Dundee-Torte und einen *garafon* spanischen Weißweins an Bord. Als ich nun im Kockpit im warmen Sonnenschein saß, mit der schön geformten Flasche unter dem Arm, fühlte ich mich wie Omar Khayyám sich gefühlt haben muß, denn da stand Thou kuchenkauend im Niedergang und reichte mir Schnitte auf Schnitte herauf gegen ebensoviele Gläser Wein.

In diesem Augenblick spürten wir den ersten Hauch des portugiesischen Passats, des frischen Norders, der den ganzen Sommer hindurch mit großer Gleichmäßigkeit die Westküsten Spaniens und Portugals entlang weht und von einer anderthalb Knoten laufenden Strömung begleitet wird. Einem nach Norden bestimmten Segelfahrzeug, das diesen Wind antrifft, wird im allgemeinen empfohlen, auf Backbordschlag von der Küste so lange abzuhalten, bis es auf günstige Winde stößt, die es in den Kanal bringen. Wir taten genau dasselbe, aber hatten mit Ausnahme von zwei Tagen Gegenwind, bis wir die Breite von Ushant erreichten. Ich glaube, der Grund hierfür war, daß wir nicht weit genug nach Nordwesten vorgestoßen waren, und zwar hatten wir während der zwei Tage günstigen Windes nicht der Versuchung widerstehen können, den direkten Kurs zu segeln. Trotzdem war dieser Teil der Reise keineswegs so unangenehm, wie wir gefürchtet hatten. Das Wetter war schön, auch wenn wir es als kühl empfanden und uns zusätzliche Decken in die Kojen holen und alle Wintersachen auspacken mußten. Die Nächte wurden kürzer, je weiter wir nach Norden kamen, während der Wind nur vorübergehend frisch, meistens aber mit mittlerer Stärke wehte. Abgesehen von gelegentlich höherem Seegang gab es nicht viel Dünung, und den größten Teil des Weges steuerte sich das Schiff allein. Da wir uns weit außerhalb der Dampferrouten befanden, konnten wir fast alle Nächte zur Koje gehen und uns darauf beschränken, eine helle Ankerlampe in das Luvbackstag zu hängen. Erst hinter Finisterre trafen wir auf zahlreiche Thunfischer und mußten richtige Wache gehen.

So arbeiteten wir uns langsam bis auf die Höhe von Ushant herauf, wo der Wind bei fallendem Barometer auf Südwest drehte und einige Stunden lang mit Sturmstärke wehte. Wir befanden uns jetzt auf der Kante des kontinentalen Schelffs; obgleich der Seegang keine große Höhe erreichte, war er doch grob und lief wild durcheinander, so daß wir sechs Stunden lang beidrehten. Wie wir es bei solchen Gelegenheiten, die sich während der letzten sechs Monate für unseren Geschmack ein wenig zu häufig wiederholt hatten, gewohnt waren, klemmten wir uns in unseren Kojen fest, träumten, lasen und lauschten dem Lärm in der Takelage, ein wenig besorgt, aber ohne eigentliche Veranlassung, sich Gedanken zu machen. Zweimal rochen wir den eklig-süßen Gestank von Öl. Als ich abends bei nachlassendem Wind draußen nachschaute, fand ich das ganze Schiff, Kockpit, Deck, Bordwände, Takelage und die Segel, so hoch das Gischtwasser reichte, mit Schaum bespritzt und mit Streifen einer dicken braunen Ölemulsion besudelt. Offenbar hatte irgendein in Luv von uns stehender Tanker den Ölschlamm aus seinen Tanks gepumpt, und der aufgewehte Gischt hatte den widerwärtigen Dreck über unser ganzes Schiff verteilt. Das Deck war so schlüpfrig, daß wir dort nicht arbeiten konnten, ohne nicht vorher das Öl zu entfernen, eine Arbeit, die uns unter Verbrauch vieler Rollen Toilettepapier und Zusatz von Benzin mehrere Stunden ekelerregender Arbeit kostete. Während wir auf Händen und Knien das Deck des heftig rollenden Schiffes bearbeiteten, wurden wir mehr als einmal von überkommenden Seen bis auf die Haut durchnäßt, denn unser Ölzeug war längst dem Tropenklima zum Opfer gefallen.

Dann setzten wir Segel und machten infolge gegen uns drehender Winde erst zwei Abende später unseren Landfall mit dem strahlend leuchtenden Feuer von Lizard. Der Sonnenuntergang war düster; über dem Horizont lag ein karmesinfarbiger Streifen unheilverkündender Röte unter einem Himmel, an dem sich schwarze Wolkengebilde auftürmten. Wenige Augenblicke lang warfen sie das Licht der untergehenden Sonne zurück. Das Barometer fing an rasch zu fallen, und der Wind nahm zu.

Um Mitternacht drehte der Wind zurück auf Südost und in der Ferne verschwanden die Lichter von Falmouth im Regen. Der Wind frischte weiter auf und alles deutete auf die Wiederkehr harten Wetters. Die Wetteransage am nächsten Morgen bestätigte unsere Ansicht. Da wir mit dichtgeholten Schoten anfingen heftig zu arbeiten, drehten wir bei, um zu frühstücken und unsere nassen Kleider zu wechseln. Bis die Mahlzeit zubereitet, gegessen und wieder abgeräumt war, hatte der Wind weiter zurückgedreht und wehte nun stürmisch mit Windstärke 8 aus Nord.

Es war August Bank Holiday, ein Feiertag, an den mancher zurückdenken wird. Für viele Gebiete waren Sturmwarnungen ausgegeben worden, mehrere Rettungsboote mußten auslaufen, weiter im Norden war ein Fischdampfer aus Schottland untergegangen und 30 Schiffe suchten nach Überlebenden. Nach unserem Besteck standen wir zehn Seemeilen südlich von Eddystone, d. h. wir befanden uns im Dampfertreck zwischen Lizard und Start Point, was uns auch die Schiffe bestätigten, die sich von Zeit zu Zeit im Osten oder Westen aus der unsichtigen Regenwand herauslösten. Schwere Regengüsse begleiteten den größten Teil des Tages und beschränkten die Sicht auf eine Meile und weniger, während der Wind langsam bis auf Nordwest krimpte. Im Augenblick konnten wir nichts anderes tun als mit größter Wachsamkeit auf Ausguck zu bleiben.

Abends hörte es auf zu regnen und siehe da, nur wenige Meilen entfernt stand in klarer Silhouette gegen das Hügelland von Devonshire, wie ein dünner grauer Bleistift, der Leuchtturm von Eddystone. Inzwischen hatte der Wind ein wenig nachgelassen. Da es sinnlos erschien, weiter beigedreht liegen zu bleiben und langsam der Küste zuzutreiben, um so weniger, als der Wetterbericht weitere Stürme in Aussicht stellte, fielen wir ab und rauschten kanalaufwärts mit Kurs auf Start Point davon.

Die Nacht brach herein als wir bei dem dunkeldrohenden Vorgebirge von Bolt Head vorbeieilten. Als wir die Einfahrt nach Salcombe passierten, erreichte unser Ohr, deutlich gegen das Heulen des Windes und das Rauschen der See vernehmbar, die Doppelexplosion von Signalraketen. Wenige Minuten später, als wir Prawle querab hatten, sah ich die Lichter eines Fahrzeuges herauskommen, das ich für das Salcombe-Rettungsboot hielt. Es kreuzte unser Kielwasser achteraus und verschwand seewärts im wiedereinsetzenden Regen.

Vor Start Point nahm der Wind wieder Sturmstärke an. Da er aber schräg über Land wehte, war die See nicht schlimm. Die ganze Nacht hindurch verfolgten wir in rascher Fahrt unseren Kurs und passierten Portland Bill in sieben Meilen Abstand. Die Nacht hindurch regnete es ununterbrochen weiter, ohne aber die Sicht wesentlich einzuschränken, und da wir uns am Rande der Dampferroute bewegten, brauchten wir uns keine großen Sorgen zu machen. Beim Frühstück am nächsten Morgen peilten wir, gegen die Tide laufend, Portland Bill im Norden; der Wind hatte etwas nachgelassen, mäßigte sich bald weiter, und als wir mittags die Studland-Bucht aufkreuzten, wehte nur noch ein mildes Lüftchen; bald brach auch die Sonne durch das Gewölk und half uns beim Trocknen unserer nassen Sachen. Wir blieben die Nacht über in der Bucht, um uns auszuruhen und unser Schiff nach 21 Seetagen zu säubern und aufzuräumen, und genossen eine herrlich stille, ruhige Nacht voll tiefen Schlafes. Die Heimreise hatte wirklich lange genug gedauert; in diesen letzten drei Wochen hatten wir nicht mehr als 1130 Meilen geschafft.

Am nächsten Morgen – es war der 8. August – hatten wir mäßigen westlichen Wind und abwechselnd Regenschauer und Sonnenschein. Unter vollen Segeln kreuzten wir die Poole Bay und hielten auf die Needles zu. Wie lieblich vertraut erschien uns die englische Landschaft. Das Land war grün, die See war grün, und ringsherum segelten Yachten, die ersten, denen wir seit langer Zeit begegneten.

Früh nachmittags lief Wanderer in ihren Heimathafen Yarmouth ein. Von der Nock ihrer Steuerbord-Obersaling wehten in bunter Reihenfolge die Flaggen von siebzehn Ländern, die sie auf ihrer 30000 Seemeilen weiten Reise besucht hatte. Die Kunde unseres bevorstehenden Eintreffens war uns offenbar von den Needles vorangeeilt, denn einige Yachten in dem kleinen Hafen hatten Flaggengala angelegt und ließen ihre Sirenen ertönen als wir einliefen. Charlie Attrill, der Hafenmeister, kam uns entgegen und geleitete uns zu unserem Liegeplatz, wo er unsere Leinen wahrnahm. Bald lagen wir sicher vertäut. Alle Welt bekundete so herzliche Freude und war so lieb zu uns, daß unsere Augen doch ein klein wenig feucht wurden.

Anhang I

Wanderer III

Wanderer III ist im großen und ganzen eine orthodoxe britische Yacht vom schweren Verdrängungstyp bei schmaler Breite. Ich bin überzeugt, daß sie bei größerer Breite bequemer gewesen wäre und daß ein kurzes, abgeschnittenes Yachtheck ihr Aussehen verbessert und den achterlichen Ausleger unnötig gemacht hätte; leider konnten wir uns beides nicht leisten.

Die Yacht wurde für Susan und mich 1952 bei William King, Ltd., Burnham-on-Crouch, nach Plänen von Laurent Giles & Partners, Ltd., Lymington, Hampshire, gebaut und kostete uns £ 3300. Ausführung und Material waren beide untadelig und während der ganzen Bauzeit fiel nicht ein einziges ärgerliches Wort.

Die Abmessungen sind wie folgt: Länge über alles 9,23 m, Länge in der Wasserlinie 8 m, Konstruktionstiefgang 1,52 m. Während der ganzen Reise betrug der Tiefgang jedoch als Folge der schweren Bauweise und des Gewichtes von Wasser, Proviant und anderen Ausrüstungsgegenständen an Bord, 23 cm mehr. Die Tonnage nach Themsevermessung beträgt 8 Tonnen und die Wasserverdrängung in seeklarem Zustand etwa 9 Tonnen. Kiel und Totholz sind aus Ulmenholz, der etwa 3 Tonnen schwere Ballastkiel aus Blei. Innenballast gibt es nicht. Vor- und Achtersteven, Spanten, Stringer und Decksbalken bestehen aus englischer Eiche. Alle Spanten sind dampfgeformt und einige davon sind verdoppelt. Einige wenige Bodenwrangen sind ebenfalls aus Eiche, die Mehrzahl aber aus Schmiedeeisen. Kielbolzen und Rüsteisenbolzen sind aus Stahl, alle anderen Beschläge aber aus Kupfer, Bronze oder Messing. Die Planken sind aus Iroko, einem teakähnlichen Holz westafrikanischer Herkunft; ihre Stärke beträgt nach Verarbeitung 2,8 cm. Die Sülls und Luken, das Kockpit, die Reling und der Kajütsfußboden sind alle ebenfalls aus Iroko. Das auf Nut und Feder verlegte Deck ist aus Rotzeder und mit Leinwand bespannt, die unter Farbe gehalten wird. Das Unterwasserschiff ist mit Kupfer beschlagen.

Die Inneneinrichtung ist aus hellem afrikanischen „Mahagoni" getischlert, bis zur Höhe der Seitenborte lackiert und darüber weiß gestrichen. Anschließend an die Kajüte achtern liegt die Kombüse mit ihrem Nirostablech-beschlagenen Küchentisch (ohne Abwaschbecken) und

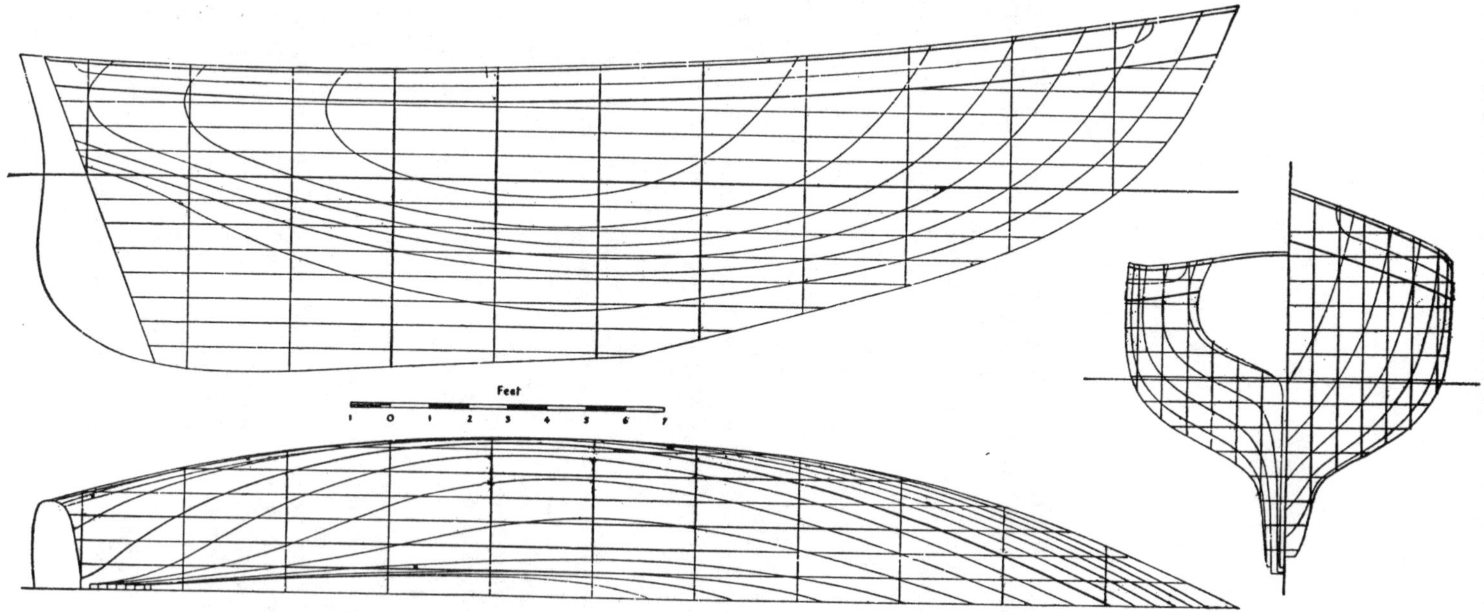
Feet
1 0 1 2 3 4 5 6 7

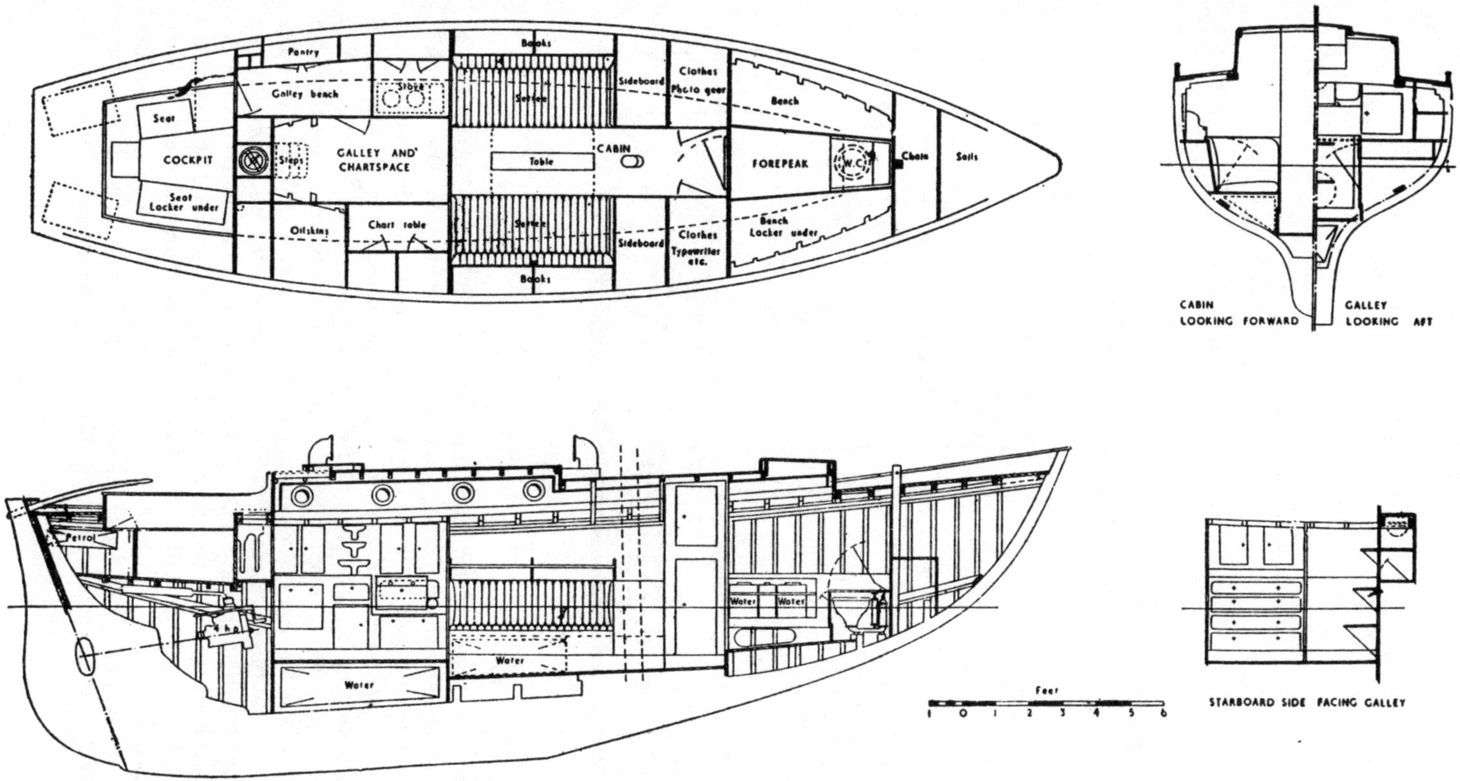
Pantry
Galley bench
Stove
Books
Settee
Sideboard
Clothes
Photo gear
Bench
Seat
COCKPIT
Steps
GALLEY AND CHARTSPACE
Table
CABIN
FOREPEAK
W.C.
Chain
Sails
Seat
Locker under
Oilskins
Chart table
Settee
Sideboard
Clothes
Typewriter etc.
Bench
Locker under
Books
CABIN
LOOKING FORWARD
GALLEY
LOOKING AFT
Petrol
4 h.p.
Water
Water
Water
Water
Water
Feet
1 0 1 2 3 4 5 6
STARBOARD SIDE FACING GALLEY

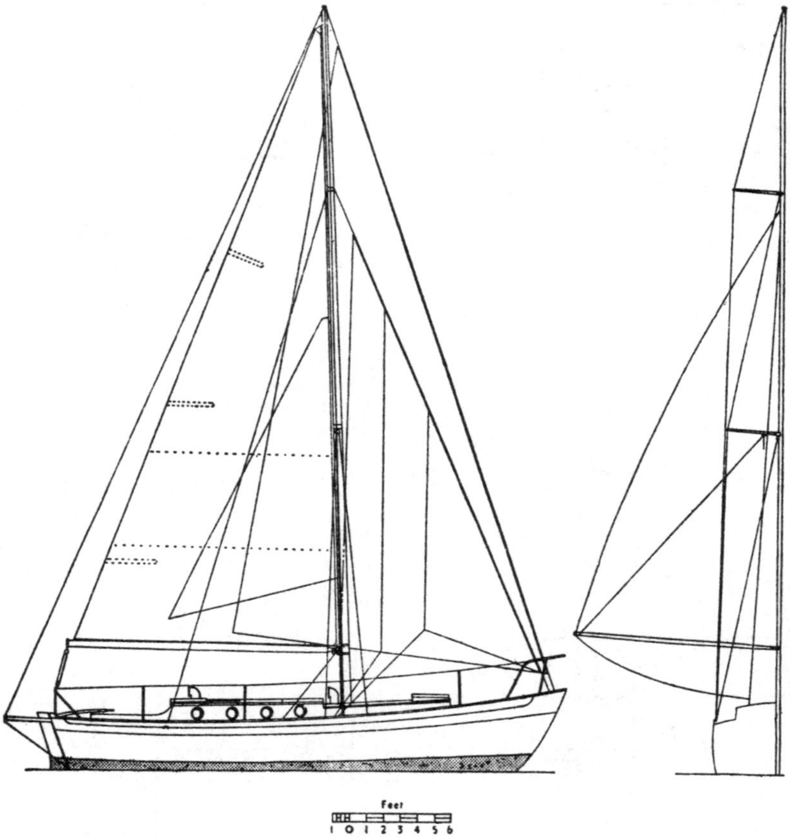

dem frei schwingenden zweiflammigen Paraffin-Primus-Kocher. Gegenüber an Steuerbord Ölzeugspind und Navigationsraum. Dieser enthält einen Kartentisch mit Schubladen und Borten darunter, in denen sich bis zu 400 Seekarten flach verstaut unterbringen lassen, aber wir finden, daß es bequemer ist, jeweils nicht mehr als 250 Karten an Bord zu haben. Die Kajüte hat Dunlopillo-Sofakojen auf jeder Seite eines feststehenden Tisches mit herunterklappbaren Seiten, an denen sich hohe Schlingerleisten anbringen lassen. Über den Rückwänden der Sofakojen befinden sich Borte für 150 Bücher. Die Vorderenden der Sofakojen erstrecken sich bis unter die Querborte, wo nachts die Füße des Schläfers und tagsüber das Bettzeug Platz finden. Die Kojensegel aus Leinwand werden, wenn außer Gebrauch, flach unter den Matratzen verstaut. Vor und über den Quertischen am Fuß der Sofakojen sind große Schränke zur Aufnahme von Kleidern, photographischer Ausrüstung, medizinischer Vorräte, der

Schreibmaschine usw. angebracht. Die Vorpiek enthält ein Baby Blake W. C., den Kettenkasten und vier Wasserkanister; außerdem ist dort Stauraum für alle Segel, Festmacher, Reservetauwerk und Positionslaternen. Ferner stehen dort ein Arbeitstisch, ein Kasten für Werkzeuge und Handwerksgerät für Segelmacherarbeiten.

Wir führen etwa 230 Liter Frischwasser an Bord verteilt auf drei Tanks, die sich voneinander absperren und getrennt füllen lassen. Zusammen mit den vier Kanistern in der Vorpiek läßt sich der Gesamtvorrat auf etwa 320 Liter erhöhen, genug für die Versorgung von zwei Personen für 80 Tage und mehr. Proviant für etwa die gleiche Zeit kann in den zahlreichen Schränken und Backskisten verstaut werden, mit denen die Yacht versehen ist. Die Ventilation erfolgt durch sechs Bullaugen in den Seitenwänden des Kajütsaufbaus, vier große Entlüfterstutzen (die beiden vorn stehenden mit Wasserabscheider vom Dorade-Typ) und je einen Pilzkopflüfter vorn und achtern. Bei heißem Wetter bringen wir ein Sonnensegel aus Terylene aus, um dem Deck hinter dem Mast Schatten zu gewähren; manchmal riggen wir auch einen Windsack, um die Luft durch eine der Luken nach unten zu leiten.

Als Hilfsmotor benutzen wir einen 8-PS-Zweitakt-Benzinmotor, der eine in der Mittschiffslinie gelagerte Schraubenwelle antreibt. Die Höchstgeschwindigkeit beträgt in ruhigem, glatten Wasser 5 Knoten. 55 Liter Brennstoff in zwei ganz achtern gelegenen Tanks gewähren einen Aktionsradius von etwa 80 Meilen. Ein Dynamo mit Riemenübertragung dient zum Aufladen einer 12-Volt-Batterie, aber wir benutzen Elektrizität nur in Notfällen oder aus Bequemlichkeit. Für gewöhnlich beschränken wir uns auf Petroleum, wovon wir 45 Liter in Kanistern in einer der Backskisten im Kockpit fahren.

Der Steuerkompaß stammte von Henry Browne & Sons ein sogenannter Gitterkompaß vom „Grid"-Typ. Das „Grid" ist selbstleuchtend; die Nord-Süd-Linie besteht aus einer dünnen, mit Leuchtpulver gefüllten und versiegelten Röhre, so daß die Kompaßflüssigkeit ihre Sichtbarkeit nicht abschwächt. Das Instrument ist unter einer Scheibe aus unzerbrechlichem Glas im Brückendeck eingebaut, wo es nach Kompensierung kaum noch eine Abweichung, wohl aber leichte Krängungsfehler aufweist. Ein Handkompaß steckt in einer Halterung in der Achterstütze des Kajütstisches, wo er uns zur Kontrolle dient, wenn wir uns beide unter Deck befinden.

Wanderer ist als hochgetakelte Sloop besegelt. Die Maximumsegelfläche mit Großsegel und Genua beträgt 56 qm. Der aus Silber-Spruce gebaute Mast ist hohl, während Großbaum und Spinnakerbäume massiv sind. Alle Rundhölzer sind weiß gemalt, um sie in den Tropen so weit wie möglich vor Hitze zu schützen und so den Leim zu erhalten, mit dem sie zusammengefügt sind. Alle Segel wurden von Cranfield & Carter Ltd., Burnham-on-Crouch, hergestellt. Das Großsegel ist aus maschinengenähtem Terylene, aber jede Naht ist zum Schutz gegen Schamfilung mit der Hand übergenäht. Das Verkürzen des Großsegels erfolgt durch ein Schneckenreff; um dessen Anwendung zu erleichtern, ist das untere Drittel des Vorlieks nicht mit Mastschlitten, sondern mit einer Reihleine versehen. Die drei Vorsegel, die im Text als große, kleine und Sturmfock bezeichnet werden und von denen die ersten beiden aus Terylene, die letzte aus Flachs bestehen, werden am unteren Vorstag gesetzt, während die Genua aus Baumwolltuch und der „Ghoster" aus Nylon am Topstag gesetzt werden. Ferner verfügen wir über ein Trysegel aus Flachs von 7 qm und Doppelspinnaker aus Nylon zum Selbststeuern vor achterlichen Winden von je 12½ qm.

Das gesamte stehende Gut, mit Ausnahme der Vorstagen aus rostfreiem Stahl und der als Wasserstag dienenden Bronzestangen, besteht aus galvanisiertem Stahldraht, das wir durch häufige Behandlung mit gekochtem Leinöl schützten. Nach 70 000 Meilen Seefahrt ist jetzt allerdings eine Erneuerung fällig; wahrscheinlich werden wir es durch rostfreien Stahl ersetzen. Alle Fallen und Schoten bestehen aus drei-kardeeligem Terylene-Tauwerk, nur die Dirk ist aus Nylon.

An Bord befinden sich zwei C. Q. R. (Pflugschar-)Anker von je 16 kg Gewicht und 82 m 5/16-zöllige attestierte Ankerketten, zusammen mit 1⅛-zölligen Nylontrossen, die unserer Ansicht nach in flachem Wasser das Einrucken besser verhindern als ein Gewicht am Gleitschäkel. Wir haben zwei 55 m lange Verholtrossen, eine aus Nylon, die andere aus Hanf, ferner eine Trosse von 20 m Länge aus Terylene. Auf ein Ankerspill haben wir verzichtet; dafür haben wir am Stevenkopf eine kräftige Pallklinke, die beim Einhieven die Kette Glied für Glied festhält. Diese Einrichtung ist meiner Ansicht nach auf Fahrzeugen dieser Größe zweckmäßiger als ein Spill.

Das prahmförmige, 2,2 m lange Beiboot aus Leichtmetall wird kieloben auf dem Kajütsdach auf Klötzen liegend zwischen Mast und Niedergang gefahren.

Die Gesamtkosten der Reise einschließlich Proviant, Getränken, Tabak, Kleidern, Brennstoff, Seekarten und erstklassiger Instandhaltung von Schiff und Geschirr beliefen sich auf £ 700 im Jahr. Dieser Betrag schließt jedoch nicht die Unkosten für photographisches Material ein.

Anhang II

Zusammenstellung der Fahrzeiten und Distanzen

	Fahrtzeiten in Tagen und Stunden	Distanzen in Seemeilen
19. Juli bis 12. Oktober 1959 Yarmouth, I. W. nach St. Vincent, Kapverdische Inseln, über Häfen in Spanien, Portugal, Marokko und auf den Kanarischen Inseln		2 930
19. Okober bis 7. November 1959 St. Vincent nach Georgetown, Britisch-Guayana	19 Tg. 9 Std.	2 052
24. November bis 5. Januar 1960 Georgetown nach Curaçao über Barbados und die Grenadinen		1 038
7. Januar bis 13. Januar 1960 Curaçao nach Cristobal, Panama-Zone	6 Tg. 14 Std.	718
20. Januar 1960 Durchfahrt durch den Kanal nach Balbao	11 Std.	40
4. Februar 1960 Balbao nach Taboga		10
6. Februar bis 18. Februar 1960 Taboga nach Hood Island, Galápagos	12 Tg. 4 Std.	940
19. Februar bis 28. Februar 1960 Zwischen den Galápagos Inseln		108
29. Februar bis 29. März 1960 Charles Island nach Mangareva	29 Tg. 2 Std.	2 893
12. April bis 23. April 1960 Mangareva nach Tahiti	11 Tg. 8 Std.	889

24. April bis 19. Juni 1960 Tagesfahrten in Tahiti und Moorea		50
20. Juni bis 29. Juni 1960 Moorea nach Rarotonga	8 Tg. 23 Std.	603
16. Juli bis 2. August 1960 Rarotonga bis Tongatapu, Tonga-Inseln	16 Tg. 4 Std.	858
3. August bis 29. August 1960 Zwischen den Tonga-Inseln		207
30. August bis 4. September 1960 Vava'u nach Suva, Fidschi-Inseln	5 Tg. 5 Std.	461
5. September bis 22. September 1960 Zwischen den Fidschi-Inseln		60
23. September bis 7. Oktober 1960 Ono nach Russell, Neuseeland	14 Tg. 5 Std.	1 090
8. Oktober bis 4. April 1961 In Neuseeländischen Gewässern		650
5. April bis 18. April 1961 Russel nach Nouméa, Neu-Kaledonien	13 Tg. 10 Std.	900
19. April bis 4. Mai 1961 In Neu-Kaledonischen Gewässern		45
5. Mai bis 20. Mai 1961 Ile Ducos nach Port Moresby, Papua — Neuguinea	15 Tg. 1 Std.	1 368
6. Juni bis 19. Juni 1961 Port Moresby nach Horn Island über Bramble Cay und andere Ankerplätze		365
20. Juni bis 7. Juli 1961 Horn Island nach Darwin über Ankerplätze vor Arnhemland		785
18. Juli bis 30. Juli 1961 Darwin nach Christmas Island	12 Tg. 6 Std.	1 512
2. August bis 6. August 1961 Christmas Island nach Keeling Cocos	4 Tg. 2 Std.	534
1. September bis 27. September 1961 Keeling Cocos nach Mahé, Seychellen	26 Tg. 2 Std.	2 565
28. September bis 5. Oktober 1961 Zwischen den Seychellen		10
6. Oktober bis 31. Oktober 1961 Mahé nach Aden	25 Tg. 10 Std.	1 419

1. November bis 14. Dezember 1961 Im Hafen von Aden		8
15. Dezember bis 17. Dezember 1961 Aden nach Perim Island über Ras Imran		102
20. Dezember bis 28. Dezember 1961 Perim Island nach Port Sudan	7 Tg. 23 Std.	583
9. Januar bis 23. Januar 1962 Port Sudan nach Tawila Island	14 Tg. 4 Std.	542
1. Februar bis 4. Februar 1962 Tawila Island nach Suez über Marsa Zeitiya		171
6. Februar bis 9. Februar 1962 Durchfahrt durch den Suez-Kanal mit Unterbrechungen in El Kabret und Ismailia		90
25. Februar bis 12. März 1962 Port Said nach Rhodos über Zypern		484
15. April bis 11. Mai 1962 Rhodos nach Khania über Lindos, Scarpanto und Ankerplätze in Kreta		272
13. Mai bis 18. Mai 1962 Khania nach Malta	5 Tg. 7 Std.	472
24. Mai bis 29. Mai 1962 Malta nach Cagliari, Sardinien	4 Tg. 21 Std.	330
30. Mai bis 3. Juli 1962 Cagliari nach Gibraltar über die Balearischen Inseln und Häfen in Spanien		880
7. Juli bis 16. Juli 1962 In der Bucht von Gibraltar und nach der Bucht von Getares		7
17. Juli bis 7. August 1962 Bucht von Getares nach der Studland-Bucht	21 Tg 6 Std.	1 130
8. August 1962 Studland-Bucht nach Yartmouth, I. W.		18
Gesamtdistanz in Seemeilen		30 189
Bestes Etmal	169 Seemeilen	
Zahl der angelaufenen Plätze		140